当我们在面对"根与翅膀"的时候，

不要去做选择，让我们"把根留住"的

同时"带着翅膀高飞"。

滚滚红尘路上，让我们带着中华民族

的悠悠历史光辉，活得更加精彩。

张谢霞

Stories Of America

滚滚红尘美利坚

[美] 张咏霞(Carol Cheung)　著

中国财政经济出版社
China Financial Economic Publishing House

图书在版编目（CIP）数据

滚滚红尘美利坚 = Stories of America/（美）张咏霞著 .—北京：中国财政经济出版社，2009. 8

ISBN 978 - 7 - 5095 - 1406 - 1

Ⅰ. 滚…　Ⅱ. 美…　Ⅲ. 美国—概况—通俗读物　Ⅳ. K971. 2 - 49

中国版本图书馆 CIP 数据核字(2009)第 134185 号

责任编辑：王　飏　　　　责任校对：张　凡

封面设计：九洲设计

中国财政经济出版社出版

URL：http：//www. cfeph. cn

E - mail：cfeph @ cfeph. cn

社址：北京市海淀区阜成路甲 28 号　邮政编码：100142

发行处电话：88190406　财经书店电话：64033436

北京富生印刷厂印刷　各地新华书店经销

787 × 1092 毫米　16 开　19 印张　300 000 字

2009 年 8 月第 1 版　2009 年 8 月北京第 1 次印刷

印数：1—8 060　定价：28. 00 元

ISBN 978 - 7 - 5095 - 1406 - 1/F · 1201

（图书出现印装问题，本社负责调换）

本社质量投诉电话：010 - 88190744

“三倒”奇翁陆正平先生向作者赠送题词

奇乐大师向作者赠送题词

贺「滚滚红尘美利坚」面世

商海惊涛美利坚，

人生百态地球村！

美國紐約亞洲商貿理事會
New York Asian Business Development Council
U.S.A.

美国纽约亚洲商贸理事会贺

二零零九年八月三日

美国纽约亚洲商贸理事会贺词

贺『滚滚红尘美利坚』面世

带着黄土滚红尘，
龙飞凤舞美利坚！

美国全国华裔联盟
二零零九年八月一日

美国全国华裔联盟贺词

贺[滚滚红尘美利坚]面世

嫦娥奔月神州故事，

山姆大叔美国象征。

美国20/20　卫星眼尖端科技公司

二零零九年八月六日

卫星眼尖端科技公司贺词

“三倒”奇翁以芭蕾舞演员的舞姿倒写的“舞”字

作者（中）被册封为尼日利亚埃邦伊州历史上第一位女酋长

尼日利亚山区部落的女人与她们居住的草房

序一

浩瀚宇宙星回斗转，滚滚红尘变化万千。踏着滚滚红尘，有人梦圆，有人梦碎。然而，“美国梦”在红尘滚滚的世界里，有着难以抗拒的诱惑！

当你选择离开故土踏进美利坚的大地时，你就要准备面对更大的人生挑战，同时要有承受更大生活压力的本领。

你试过用四年的时间去做一件事吗？你试过用四年的时间去专心地做一件事吗？如果你是科学家、专业人士，或者是进入清修的宗教人士，答案可能是肯定的。但是如果你只是普通的凡人，每天要面对滚滚红尘世界里复杂的人生百态和生活中的种种压力，这就变得不太可能了。除非有一种强大的精神力量在背后支持你、推动你、鞭策你，否则就很难啊！

当此书脱稿后，我有一种前所未有的轻松感，因为四年的写作基本上是断断续续的。在毫无干扰的环境下专心写作的时候非常少，一种力不从心的感觉时常困扰着我，我曾经不止一次地想过放弃，因为在美国生活，写作是一种非常奢侈的享受。写作者除了要不断清理脑海中那种中西文化碰撞带来的干扰外，还要应付日常生活中的种种问题。我虽然已经不用像新移民时期那样为糊口奔波，为生存而朝九晚五甚至披星戴月地工作，但是现在生活的另一种忙碌和应酬也没有让我感到生活过得很轻松，另一种压力来自更高的层次。但是这个压力后来成为动力，这动力竟然又让我不知天高地厚地将之理解成是我们华人社会的历史使命和国内外的同胞大众所需！

究竟是什么压力可以变成动力后又让我觉得是使命？是一群华人，

在美国数量非常庞大的华人群体，他们生活在我的周边。这些华人是真正意义上的“竹升”一族，本来“竹升”一词是很久以前的第一代美国老华侨用来形容他们在美国土生土长的后代的，意思是形容这些华裔后代像一根粗竹那样两头不通，既不了解自己祖籍国的文化，又因为那永远不能改变的黄皮肤黑眼睛而无法成为真正意义上的白人一族，不能像其他族裔那样去融入美国主流文化社会。整整150年，“竹升”这个名词就套在这一群在美国出生长大的华裔头上。但是我经过多年的观察，发现了一个很可笑的现象，就是其实所谓的“竹升”现象应该是第一代移民，包括我本人，因为生活环境的转变，第一代移民脱离了原来的文化背景而生活，时间久了会因淡忘而脱节，甚至有些人为了要达到所谓的融入主流社会的目的而刻意强迫自己忘记原来的文化基础，刻意让自己的“原来”变得空白。然而，在我们的现实生活中，因为过去的生活经历和文化基因所带来的影响和干扰，很难完全适应另一种生活方式。如果要深入了解美国的社会结构和总体大环境，就会有很大的难度，加上为生活、为儿女而奔波忙碌，要老大一把年纪来静心学习，谈何容易！因此，很多中国人尽管在美国生活了几十年，但对美国的情况，例如历史、政治、政府结构、商业环境、法律常识等等主流社会的问题知之甚少。这种情况产生的结果就是，遇到问题不知如何处理，加之语言表达上存在或多或少的障碍，往往就容易吃亏。还有一个大问题是无法同下一代好好沟通，两代人的隔阂越来越严重，这一群华人脱离了自己原来的文化，又无法完全适应和理解美国文化。这种处于中西文化夹逢中的边缘人，才是真正的“竹升”族。

因此我想，如果有人将美国的各方面知识，包括社会结构、政治见闻、法律常识、人生百态、发生在异国他乡的爱恨情仇、移民的生活感受等等，用生动的语言表达出来，写成一本带有丰富文学色彩的作品的同时又有丰富的生活知识且具有保留价值，相信这样的著作一定可以成为一本很有品味的“在美国生活的工具书”。因为，通常带有常识性的知识类文章，多少都会令读者感到枯燥无味；纯文学作品，有时又太超离现实生活；一些翻译作品或文章，又是太纯粹的外国人观点角度。假如有一本著作是以一个中国人的观点角度，用中国人的眼光和感受去体会和认识美国，是否会是另一番风景呢？当我把这个想法告诉我身边的朋友时，他们异口同声地对我说：“你是写这本书的最佳人选！”就在我考虑是否要接受朋友们的提议，以一个中国人的眼光和感受来写一本关于美国人生百态的作品时，我很幸运地被美国国会商业咨询委员会任命为代表纽约州的荣誉主席，我是唯一的一名亚裔代表，不久更获得全美国商业女性奖，2006年又获得了美国国会的嘉奖令。由于一连串这样的事情出现在我的生命中，改变了我很多的想法，随着接触面的更加广泛，我又偶然地发现，原来很多中国企业对美国的商业文化了解很有限，哪怕是大企业的一些主管对美国的商业运作也是了解得不够深入，他们由于不太清楚美国商业社会的结构，因而导致了很多误会和片面的决定。因为不了解，所以不理解，最终影响了大局。因此，我认为不但生活在海外的华人要深入一点了解美国的方方面面，生活在国内的或者是其他国家的同胞，也都需要多方面了解美国这个国家，需要以一个中国人的观点和角度去纵观美国，需要在图书架上关于美国的五花八门的介绍中寻找这另一道的风景线。所以我又不知天高地厚地向这个难度挑战。后来在2005—2009年整整四年时间里，压力、动力就不断地在我的生命中交替出现，我经历了很多干扰、很多困难、很多矛盾后，终于下定决心一步一步地完成了这部作品！在《滚滚红尘美利坚》的写作进入最后阶段的时候，我获得了纽约州参议院颁发的“2008年度十大杰出亚裔大奖”。这是社会对我的认同和肯定。

在写作的最初阶段，我首先出了一本简介小册子，最初的书名叫《纵观美国》，我送给我的朋友和《星岛日报》的读者，令我意想不到的是，在短短的几个星期内就有五百多位我完全不认识的读者寄来回邮信封索取。因为报纸发行覆盖面的局限，看到那几期《星岛日报》的读者们主要是美东地区的居民，他们之中有老有少、有刚来美国的新移民、有刚进大学的新移民大学生，但最令我想不到的是有更多的读者是来美国已经几十年的老移民，这样的群体反应是非常令人满意的结果。单单一个纽约地区，就有这样的回响，这只是一个缩影，足以证明这个需要是很大的，这些来信索取的人包括来自中国大陆、香港、台湾地区和东南亚国家的中国人。他们普遍在美国已经有很好的经济基础，但对美国的主流文化了解还是很贫乏，所以尽管经历了几十年的美国生活，依然有很多无奈、很多遗憾、很多空白点！其中有一位姓陈的老先生最令我感动，他写信给我的时候已经87岁高龄了，信中说他是一位来自缅甸的华侨，在美国摸爬滚打了大半辈子，现在已经退休，但对美国的主流社会依然了解不深，希望我的关于美国的这本书能够尽快完成。这是一封令我很感动的信，是对我的支持和信任，我无以为报，只有默默地祝福他！

这五百多位读者是促使我要将《滚滚红尘美利坚》（原名《纵观美国》）这本书尽快完成的最大精神力量，从他们的身上我知道更多异乡华人的精神需要，我看到他们另一面的积极性，是他们令我觉得有使命感，是他们给我最后冲刺的动力。因为他们在我的书还没有面世时对我的信任和支持，这一份支持和厚爱是非常难得的，我作为一个作者能够得到这一切是幸运的。所以，我在此由衷地感激这五百多位《滚滚红尘美利坚》的最早期、最原始的读者朋友，非常非常真心地感谢您们！

当然还少不了我的家人—我弟弟和我女儿、我身边的朋友、特别是我很多年的搭档许伟文以及好朋友崔维德、崔维征两兄弟，他们给我的支持和鼓励是无私的，我会一生铭记的！

值此机会，我还要感谢中国财政经济出版社。同时我衷心地感谢负责《滚滚红尘美利坚》一书出版编辑工作的党海鹏主任和责任编辑王飏女士及编辑部的其他工作人员。因为有了他/她们的努力和支持，我四年的心血结晶才能面世。在与他们相处的一年多时间里，他们非常关心我的写作进展，不停地给我提建议，我们大家曾经为了“书名”一起“绞尽脑汁”，从最初的书名《纵观美国》到现在的《滚滚红尘美利坚》，在这中间我们一起想了近二十个名字，数次修改封面设计图纸和海报。从他们这些专业人士的身上，我学到了更多的人生道理，他们严谨认真的态度、对广大读者真诚负责的责任感，使我领悟到世事瞬息万变、人生风风雨雨，我们不要去捕捉海市蜃楼的幻象，要实实在在地过好每一天，我们只有不断地增加自己生活的常识、增强面对困难和压力的信心和能力，才能在这个红尘滚滚的世界里活得充实些、洒脱些。不管遇到多大的困难，都要珍惜生命、珍惜光阴、珍惜每一份机遇、珍惜每一份情缘，把握生命的每一寸时光！

最后，希望《滚滚红尘美利坚》这本书可以对各位读者在了解美国的时候有所帮助，这是我写这本书的最大心愿！

张咏霞

2009年6月3日写于美国

FORWARD ONE

In the vastness of the universe, the Big Dipper stars turn, life is ever - changing. What will we make of our life? What is the "American Dream"?

The "American Dream" billowing in the world, makes it difficult to resist its temptations. However, once you have decided to leave your native country and live in America, you should be prepared to face greater challenges in life. Have you tried to concentrate and accomplish a single thing for four years? If you are scientists, professionals, or those who entered religious living, the answer is certainly possible. However, if you are just an ordinary person still trying to face the world of complex phenomena and pressures of life, it becomes very difficult, unless there is a strong spiritual force behind you, pushing you, whipping you. When I completed this book, I had an intellect that I never experienced before, because the four years of writing was intermittent. There must be no interference in the environment to continue to concentrate on writing. Sometimes feelings haunt me to give up because writing is such a luxury enjoyment. Because writers must be able to keep a clear mind, away from interference with the collision of Chinese and Western culture, but also try to cope with the problems of everyday life. Fortunately I no longer have to face these daily pressures, unlike new immigrants whom still have to earn a living to survive. I felt that I had a mission to accomplish and duty to the Chinese community. This became a driving force behind *Stories of America.*

Majority of the Chinese community in America live in my peripherals. "Bamboo - stars" has been used for years to refer to the first generation of Chinese born in America. They use this proverb because people felt this generation was lost in between their nationalities and racial culture from the barriers of cultural understanding. They were not completely accepted into either of the social realms in America. For over a hundred years this "bamboo stars" was used to describe these first generation American born Chinese. But through years of observation, I discovered a very funny phenomenon, that is, in fact, the so - called "bamboo - stars" should be referred to the first generation of immigrants, including myself. Due to the changes in their living environment, first - generation immigrants through time begin to forget and become out of touch with their true racial cultural background, and even some so - called in order to achieve the purpose of integration into the mainstream American society deliberately force themselves to forget the basis of their original culture and become blank. However, in real life, because of past life experiences and cultural impact of genes and up bring, it is difficult to completely adapt to another way of life and culture. Therefore, even though a lot of Chinese people have been living in the United States for decades, the understanding about the Country, such as its history, politics, government structures, business culture, legal knowledge and mainstream society is very little known. The result of this situation is that most people do not know how to deal with the problem, coupled with language barriers, more or less often; it is easy to get lost. There is also a bigger problem; trying to communicate with the next generation, the gap between the two generations of people more and more serious, this group of Chinese can not come out of their original culture, yet can not fully adapt to the American culture. This is in Chinese and Western culture; the narrow living edge of every person is the real "bamboo - star" assembly.

Therefore, I began to think that if someone knowledge about all aspects of the United States, including social structure, political structure, legal knowledge, attitudes of life, there's love in a foreign country - his concubine, the feelings of immigrants living and so on, using lively language to express, written with a wealth of literary works with the same time color and rich knowledge of such life in a book would be much useful. I believe such a book would become a great choice as a living tool in the United States. If there could be a book based on the Chinese point of view, trying to make understanding of America for immigrants, it could be very useful. When I told my friends of such an idea, they suggested that I would be the best candidate for the Author.

As I was considering their proposal I was very fortunate to be the receiver of title from the U. S. Congress Business Advisory Council, representing New York and appointed by the President; I was the only Asian -

American representative. I was later awarded Business Woman of the Year in 2004 by the Council. These events changed a lot of my thinking and through extensive and deeper contacts with these networks; I discovered that many Chinese enterprises are limited in there understanding of the American business culture. They lack understanding of how its structure is formed and such ignorance has resulted in a lot of wrong and bias decision makings.

For four years, from 2005 – 2009, I spent a lot of time writing this book. I experienced a lot of interference, a lot of difficulties, many contradictions and after the collision, finally was determined enough to complete this book. While I was finishing the end, I was awarded by New York State Senate, 2008 Ten Outstanding Asian Award. This is the community's recognition and concordance of my efforts.

When I started writing this book, originally called: *A Vertical View of America*; I printed an introductory publication. These prints were available to *Sing Tao Daily* newspaper readers from the North – Eastern U. S. regions. Astonishingly within a few weeks, I had received over 500 requests for a copy. They included men, women, children, elders, new immigrants just arriving to America, overseas university students and immigrants that have lived here for decades. I was most surprised that the majority of the requests came from the Chinese that have immigrated to America decades ago. They were still confused and puzzled about what the American culture was and what the mainstream social structure was like. I was most touched when I received a feedback letter from an 87 years old elder. He wrote that if he had read my book earlier in life he would not have so much regrets and frustrations in life while living in America. I was very touched by his words.

Finally I would like to thank the feedbacks from my readers of the introductory publication. As well as the many people whom supported me spiritually and emotionally while I was completing this book. They include my family, my brother, my daughter, my friends, my partner (Raymond Xu), as well as a very good friend cui wei zheng, cui wei de two brothers, they gave me noble support and encouragement. Of course I must thank China Financial and Economic Publishing House, and its staff: dang Haipeng, Miss Wang Yang Editor, and other editorial staff. I have been working with them for over a year now and their ever caring love is so appreciated. Their hard work and dedication in help me make this a wonderful book; like trying to pick the best title from over 20 different ones, re – editing many times the cover, design and drawings, and so much more work I must thank them for doing. Thank you very much from the bottom of my heart.

Lastly, I have learned that things are ever - changing, time keeps moving forward, there are ups and downs in life, but most importantly we must live each day to its fullest. We must enhance our knowledge, we must enhance our abilities in facing the obstacles in live, and we must try the impossible and do the miracles. No matter difficulties life encounters, we should cherish life, treasure the time and cherish every opportunity, every love one, and grasp every second!

My greatest desire is that the readers of *Stories of America* will find something that is useful and helpful to their life.

Carol Ching

序二

感性与理性并存的美国

感情在这个国家变得很现实，亲情在这个社会受到了很无情的冲击，爱情在这个地方变得很儿戏。唯一可以体现感性的地方，是宗教信仰和民间的爱心。

感性观在美国这个多元化的国家只能够成为软件组织，尽管有时能够影响硬件的国家体制，但在很多时候，只会在各族裔自己的圈子里产生最大的影响。生活在这个国家的国民带着不同的国家文化背景，不同的感情和情绪来感受这个社会，感觉当然很不一样。有人觉得美国是天堂，有人觉得美国是地狱，其实天堂与地狱只是一条界线，在乎每一个人的感觉和对这个国家的认识程度。美国的历史告诉人类一个铁一般的事实，美国就是从地狱变天堂的，每一年的感恩节，就是美国人民感谢上帝的节日。当年美国的开国先驱，在这块土地上经受着饥寒交迫，充满绝望，在地狱般惶恐之中，是上帝带他们逃离苦难进入天堂。所以，感恩节是属于美国的传统节日，是美国的节日里面唯一一个充满感性的法定节日，每一年的十一月份的最后一个星期四，是法定的公众假期，这和感性的母亲节和父亲节不同，母亲节和父亲节，都是定在周日，不算带薪的公众假期。

感恩节这一天，是每一个家庭团聚的日子，每一个家庭都会在这一天里感受亲情的温馨。这个节日给国民的提示除了告诉大家，美国的开国先驱曾经怎样在生死线上挣扎、过着地狱般的生活，一批大英帝国的囚犯和清教徒是怎样以不屈的精神跨过地狱，自创天堂的故事外，还讲明一个道理，就是不要轻易放弃，要去争取，人生只要去争取就会发生变化，变幻才是永恒！

如果我们尝试用理性的，直观的角度去看美国这个世界超级大国时，这个国家给你的感觉是一个硬件，是移民在一片土地上建设起来的家园，是开拓生活的一条艰辛路。历史的原因，使这个国家所有的运作都是如此按部就班、毫不松懈，这个国家的法律观念相当强。这个国家的法治为民主奠定了基础，法治成为社会的一个基本元素。法律是国家套在每个国民和外来者头上的紧箍咒，上至总统达官贵人，下至走卒贩夫，无一例外。但与此同时，也给这个国家造就了一大批社会的弄潮儿——律师。庞大的律师队伍是美国的一大社会特色。因为美国社会是由美国法律这个硬件带动这个社会运转的。

FORWARD TWO

Rational and Sentimental View of America

Feelings in this Country are very realistic; family in this society is impacted with ruthless emotions, while love is like a child at play. The only reflections of sensibility are in religion and civil society.

People in this Country come from very different cultural backgrounds, different emotions and feelings. Some find that America is like paradise, while others may find this place like hell. While these differences exist, a common trait is found during the Thanksgiving Holiday. On this day, the pioneers finds plentiful of food and ended there stride of hunger and fear while escaping their homelands. Hence on this nationally recognized Holiday, falling on the last Thursday of every November, families travel together for a feasting reunion. During this day everyone is filled with love and affectionate while celebrating. Regardless of what each person feels of this Country, Thanksgiving brings out the paradise in this Country. It also reflects the basis of why these people are here: they all have come to this Country in search for a new world and for a better land.

When we use a rational view to study America, we realize that it's a hardware made by legal standards. The Country was whole by hard works of its immigrants and settlers. Its founding fathers sought for equality and justice for its citizens. Thus the American society revolves around its legal system. This reality brings justice to its citizens, but unfortunately it also shaped a large group of lawyers that abuse this condition.

目　录

感　想　篇

人　物　篇

文　化　篇

商 业 篇

宏 观 篇

故 事 篇

Chapter Titles

Emotions

Chinese Immigrants

Culture

Corporate America

Headline

Chronicles

感 想 篇

花旗故事

将美利坚合众国称为"花旗国"是中国人的专利。

我刚来美国的时候，一位八十岁的老人给我讲了一个关于花旗的故事。他说："晚清时期的中国已经开始和西方接触，当时中国人看到代表外国的五颜六色的国旗很头晕，而美国国旗更加多色彩，加上一大堆星星和十三条横杠，就愈发感到眼花缭乱。后来在1872年，清政府派出了一批小学生到美国留学，中国的南方又有大批的劳工被输送到美国开采金矿和修建铁路。因此，民间对美国已经不再陌生，当人们开始关注这个新大陆国家时，他们发现美利坚合众国这个长长的名字不好记，特别是那些劳工，没有什么文化，只记住了那面满天星星的国旗，所以就把美国称作'花旗国'，将美元称为'花旗纸'"。

Stories of America

Calling United States of America "Hua Qi" (Colorful Flag) is a Chinese proverb.

When I first arrived to America, an 80 year - old man told me a story about the proverb's origin. "In the late Qing Dynasty, the Chinese began establishing relations with the Western world. The vividness and abundance in color of these Western Countries flag was striking, and almost made them dizzy. But the multitude of stars and 13 strips of the United States flag were even more dazzling and vibrant. Later in 1872, the Qing government sent a group of primary and secondary school students to the United States to study. Also during that period, a large number of southern workers were transported to the U. S. mining and railroad industries to work. Therefore, the United States was no longer peculiar to the Chinese anymore. They found "United States of America" as a long and dreadful name. Without any understanding of the American culture, they could only vividly picture the colorful stars and strips of the American flag. Hence they started calling this Country "Hua Qi" (Colorful Flag) . The dollar was known as "Hua Qi Zhi" (Colorful Flag Paper)" .

将美利坚合众国称为“花旗国”是中国人的专利。

我刚来美国的时候，一位八十岁的老人给我讲了一个关于花旗的故事。他说：“晚清时期的中国已经开始和西方接触，当时中国人看到代表外国的五颜六色的国旗很头晕，而美国国旗更加多色彩，加上一大堆星星和十三条横杠，就愈发感到眼花缭乱。后来在1872年，清政府派出了一批小学生到美国留学，中国的南方又有大批的劳工被输送到美国开采金矿和修建铁路。因此，民间对美国已经不再陌生，当人们开始关注这个新大陆国家时，他们发现美利坚合众国这个长长的名字不好记，特别是那些劳工，没有什么文化，只记住了那面满天星星的国旗，所以就把美国称作‘花旗国’，将美元称为‘花旗纸’”。

现代的中国人，已经很少这样称呼美国了，“花旗国”的昵称已经在人们的生活中以另外一种方式永存，例如：我们永远不会改变称呼的“花旗参”、“花旗银行”等，小学生或许不知道中国人对美国的别称是“花旗国”，但他们一定听说过“花旗参”这种珍贵植物。

主流社会塑造的美国神话，是关于成千上万的移民到新大陆寻找平等、自由、民主和财富的，伫立于美国东岸面向大西洋的自由女神像，就是这个神话的象征。但这仅仅是“美国梦”的一个版本，而中国人又是怎样编织他们的“美国梦”的呢？中国人带着五千年的文化底蕴，应该怎样理解只有三百年历史的美国呢？

当你生活在美国以外的地方，当你站在地球的另一端远观美国的时候，美国在你心目中是一幅怎样的图画呢？

当你身处美国，以一名美国公民的身份去感受美国时，美国又给了你怎么样的体会呢？

当一个中国人面对语言障碍、文化落差、乡愁困扰时，应该怎样度过在异国他乡的每一个里程呢？

后面的章节将向你展示一个个真实的故事！

这些故事你也许似曾相识，也许可以帮助你更加准确地、更加中肯地分析和了解今日的美国和明日的世界。

去年的美国令世界进入惊慌期，今年的美国让世界感到动荡，明年的美国又会怎么样呢？明天的世界又是否会被美国带着走呢？

如果你不想人云亦云、如果你想有一个可以对自己负责的观点和答案，就要多一些了解美国，因为她的起落沉浮，可能会影响到你的事业、你的生活、你的前途……

今日社会，人人都处于一种茫然的状态之下，对未来的渴望也因而越来越炽烈，就如同一个瞎眼的人，必然执著地以手往前探触这个世界。他所渴望知道的就是未来对他是否有危险性，他希望能在身体未遇到危险时先避开它，这正是现代社会大众的心理。

然而，人类预知未来只有一个途径，就是在了解事物本身的基础上，能够准确地分析将来。纵观美国，不难发现，美国的政治体制是相对透明的，从第二次世界大战以来，可以很清楚地看到美国政治上的霸权与商业上的垄断，这两种情况产生的结果，在为美国近代史画上超级强国标志的同时，也带来了种种危机和隐患。但是美国的成功、美国的挫折、美国的国际问题和国内问题，在人类的发展史上，都是一本很好的教科书。不管它用政治的手段进行商业的运作，还是用商业的观点和角度来演绎政治舞台上的每一个角色，都有很多值得人类借鉴的地方。美国是一个俗称“地球村”的国家，这里不提倡民族主义，这里要国民合众为一，所以，它的名称叫“美利坚合众国”。这里用法律来约束人民、约束政府和族裔社会。这里的国民坚信一个原则，在这片土地上，你要得到认可，你要获得成功，就必须要争取，只有去争取，才会得到权益。

今天，我们不要去评论美国是好是坏，也不要在乎你是否喜欢或者憎恨美国，我们的观点和立场无需太鲜明，也不要加入太多的民族情感和政治因素来审视美国社会。你只需要将美国看成是一本教科书，然后读懂它，你将会有意外的收获并得到很多人生的启迪。

美国与海

美国是一艘离岸的邮轮，人们生活在这艘大邮轮上，会感到里面的一切都很现代化、很舒适，到处灯红酒绿，但脚下不踏实。大海有很多暗涌、漩涡，表面可能很美丽平静，但当伸手不见五指时，你可能找不到方向，你可能感到恐惧。发生意外时，你会感到十分彷徨和无助，亲情在这里……

America and the Sea

America is a large cruise ship traveling along the sea. The inside is very modern, comfortable and entertaining. Yet these may be all false impressions of the true reality. As you look out to the sea, you see nothing, you have no direction, and it's then that you feel the loneliness and helplessness of life.

有人说，美国是天堂，又是地狱，但我一直在想，是否真的应该这样形容它呢？

当某一个人决定来到这个国家生活的时候，如果摆在他面前的路除了天堂就是地狱的话，是否太可怕了？但无论如何，这个比喻已经深深地印在人们的脑海中。尽管一直以来，我都觉得这个讲法很有问题，但我又找不到更适当的词汇来描述我们对这个国家的最为贴切的感受和比喻。直到有一次，我坐上一艘超级邮轮去度假。当我站在房间的阳台上望着茫茫大海时，产生了很多遐想……

这是一艘极尽豪华的高级邮轮，3000位客人，配备1500名工作人员，平均两位客人就有1个服务员。邮轮里面应有尽有：各种等级的客房，各国风味的高级食馆，各种档次的娱乐表演，酒吧到大堂的乐队演出、正式大剧场的歌舞和魔术表演，加上全功能赌场的刺激搏杀，还有健身房，顶楼上豪华的泳池加BBQ美食，和着时而摇滚音乐时而华尔兹舞曲的现场节目表演，那时的感受是世界真的很美好，那一刻看到的尽是阳光下的写意人生。各种各样的体育活动到高级的美容中心，所有这些设施、所有这些场所，加上1500名船上工作人员的热情服务，令3000位客人陶醉在欢乐的享受之中。除了偶然之间感到船在航行中产生的摇晃之外，人们会完全忘记自己身处无边无际的汪洋大海之中，完全察觉不到自己可能已经身处鲨鱼群的包围之中，可能正在与闻之色变的百慕大魔鬼三角擦身而过。直到到达百慕大和巴拿马小岛，捧着沙滩上独有的粉红色幼沙，望着海天一色的美景，再联想一下我们这班游客离开后，这个小岛是那样的孤清、人迹罕见的情景，才蓦然想到原来自己已经经历了一次惊险却又美丽的冒险旅程。几天的时间，已经跨越了令人类闻之色变的百慕大三角，这个地方不是随便可以到达的。我听船上的水手说，这条旅行航线是很有季节性的，因为天气的变幻莫测会令灾难发生。所以，为了安全航行，船只只能沿着三角线上航行，绝对不能进入三角区的内围。

白天的大海，无风无浪、无边无际，蓝天白云和大海一片蔚蓝，阳光洒落在水面上泛起片片金光。那时的感觉很舒服、很轻松、很惬意。好像世界就是这么宁静、这么可爱。所有出发前的生活琐事、工作烦恼全部忘记了。

有一个晚上我站在露台上，看着大海，阵阵海风扑面吹来，远处漆黑一片，只能听到船在航行时的乘风破浪声，低头见到航行时由船边发出的灯光投射在海面，令海面上泛起一点点微光。放眼向前是无尽的黑暗，看不到任何东西，突然间一种非常恐怖的感觉控制了我的整个脑海！试想，如果在那种情况下人掉进这黑暗的海里，是什么结果？将会怎样？我不敢再想，马上退回房间，毛骨悚然、心跳加速。突然间，我很想尽快结束这次旅程，尽快到岸回家。尽管回家可能要面对很多不那么顺心如意的事情，尽管那个地方不那么惬意，尽管那里的大陆有很多烦恼、很多无奈、很多困难，但那片陆地很踏实，那个海湾可以停泊。

这种感觉，令我觉得很像我们这些炎黄子孙在美国的心情！

美国就像是一艘航行在大海上的高级邮轮。每一个人在船上都是乘客，这艘大船给你享受的机会，同时也给你工作的机会。你可以选择，这是两个完全不同的角色。如果你选择享受，你必须先付出金钱，如果你要得到金钱，你必须先付出（劳力、脑力或任何能力），但这两个角色很容易转换。当某一日，你觉得已经有能力或者需要去享受，也会很容易达到目的，甚至你觉得已经有足够的能力去当掌舵人了，你都有机会去实现梦想。或者当某日，你需要金钱，你只要肯付出、肯努力，就会得到回报。你可以根据自己的实力和需要，成为你梦中的人物，去感受、去做你梦中想做的事。在那里，一切事情都有可能实现。

在邮轮上，有三种人，一种是掌握前进方向的船长和机组人员及随时保护航行安全的水手们；另一种是享受的、得到服务的人；第三种是提供服务的人。这些人都来自全世界不同的地方，不同种族、不同文化背景、不同信仰、不同肤色，不同……很多很多的不同。

但是，在那里，这些很多很多的不同都有机会一同。这些完全不同的人，会一同去吃法国餐、中国餐、日本寿司餐，一同去看魔术歌舞、中国杂技，一同去百慕大三角冒险，一同在大海上航行。尽管他们的根同样不在脚下，尽管他们的脚下同样不是家乡的实地，但是这些不同的人，会一同去做很多相同的事，问题只是，哪些国家的东西会令他们一同感兴趣，哪些种族的文化会吸引他们一同去欣赏，哪些信仰、哪些事件令他们有冲动一同去进行，这就是要看事物本身的吸引力了。例如，有很多不同的人一同去吃中国餐、去看意大利歌剧、去百慕大的海滩游泳等等。对于这些提供服务的要赚钱的地方，机会是平等的，但成果会不同。因为每一样东西除了它本身的因素之外，推介的手法和宣传的力度、处事的方式各不相同，这一切都是非常重要的。

同样，生活在美国的人，一切的结果都是由选择和努力产生。因为这个国家比其他地方多了很多机会让人们去选择。但是，做出抉择还需要努力。这里没有遍地黄金，没有天堂也没有地狱，只有机会！在美国你可以发梦，但是否可以梦想成真，就要根据各人的命运、造化、机遇、努力来决定。

生活在美国的人们，面对的就是邮轮与大海的关系。美国这个国家就像汪洋大海上的一艘邮轮，上面有不同国家、不同种族、不同文化背景的人，他们可以自由地去各个地方。只要觉得有必要，任凭个人喜好可以留在任何地方。美国护照可以帮助你很轻松地出入世界上任何一个你想去的地方，在美国出外的自由度非常高。

但是，同一时间大大小小的压力会将你包围，犹如汪洋大海上的一条船，遇到风险风浪的机会也会非常多。如果不同心合力，如果不守望相助，如果没有完善的制度条约，如果发生内部斗争，其结果将会非常可怕。我们只要纵观美国历史，就可以看到这样一个过程：从英国人与印第安人的战争，美国的南北战争、种族纷争，到废除奴隶制度、制定宪法、订立独立州制、制定联邦大法制，从 13 个州发展到 50 个州，立国口号“合众为一”，再到国号美利坚合众国。所有这一切，都贯穿了四个字—齐心合力。犹如中国人的一句话：“同舟共济”。既然同坐一条船，就必须合力才能生存。至于是否齐心或同心，我看就未必了。人总是各怀心事，哪能事事同心。但是，来到这里的人都有要实现自己梦想的决心，但又有多少人知道实现美国梦不能坐享其成。实现梦想只有靠自己努力，这条路上所有的艰辛、困难险阻，只有过来人才会有真实感受。

所以，当你踏上来美国生活的旅程时，你就应该知道，美国是一艘离岸的邮轮，人们生活在这艘大邮轮上，会感到里面的一切都很现代化、很舒适，灯红酒绿，但脚下不踏实。大海有很多暗涌、漩涡，表面可能很美丽平静，但当伸手不见五指时，你可能找不到方向，你可能感到很恐惧。发生意外时，你会感到十分彷徨和无助，亲情在这里没有太大的帮助，乡愁时时困扰着你，这里的生活实实在在。你可能在这里接触到很多以前无法想像的东西，这会使你增加很多见识、见闻。你生活在这里，可以想像自己是生活在全世界。各种人种、各种文化、各种生活、各种娱乐设施、各种食肆、各种服务，会令你大开眼界，但千万不要把美国想像成天堂或者地狱。这里是实实在在的人间，很多机遇伴着很多困难，你可以从无到有，一切都可能发生。你今日可能是一个每小时只能赚取最低工资的打工仔，明天你就可能是老板、亿万富翁。“美国梦”就是只要你努力去争取，一切皆有可能实现。所以，生活在美国，要乐观地面对困难、面对现实，你会生活得轻松些、潇洒些。真的，信我！

美国不是天堂，不是地狱，美国是大海上的一条邮轮。所有人都会公开认同的就是：“金钱是人生很重要的东西，在生命中重如泰山！”他们绝对不认同的，是我们中国人常说的一句话：“视钱财如粪土！”

所以，美国人很积极地去争取他们需要的东西，这就是美国！

女人与母亲

在美国当中国女人、当中国孩子的母亲是一件很不容易的事情，在中西文化的夹缝中没有多少空间让她们去活动，既要承受她们的上一代的中国式压力，又要接受下一代的美国式的自由、反叛。

现代的时尚年轻女人努力逃离了中西文化的夹缝，一头钻进西方文化的大门，但又不知道自己是谁！

Mothers and Ladies

I address my mother as "mother", while my child addresses me as "Carol". You have become the sealer of this cultural gap. Sometimes you get lost in between and start to question what your culture is. In whim you choose to become the modern and contemporary western women.

某一年的母亲节感言：在美国当中国女人、当中国孩子的母亲是一件很不容易的事情，在中西文化的夹缝中没有多少空间让她们去活动，既要承受她们的上一代的中国式压力，又要接受下一代的美国式的自由、反叛。

现代的时尚年轻女人努力逃离了中西文化的夹缝，一头钻进西方文化的大门，但又不知道自己是谁！

（一）

罗曼·罗兰有一句名言说：“上帝没有办法去照顾每一个人，所以创造了母亲。”

每一年的母亲节，美国社会及家庭都会对做了母亲的女人表示敬意，对母亲伟大的爱和贡献做一个肯定。年复一年，这个形式持续已久。但现实生活中，做母亲的艰辛、压力却只有成为母亲的人才能深刻感受到。而女人为什么要做母亲，成为母亲后带给她们的是什么？她又得到了什么？失去了什么？尽管这些问题因人而异，但前提却永远是一样的，就是首先毫无怨言地、忘我地付出，没有这一点成不了母亲。

在现代社会，做女人已经够难了，做母亲就更难。在母亲这面镜子里，映照出四种女人，其中有三种是天使，有一种是魔鬼。

（二）

第一种女人，天性善良、母性泛滥，认为多子多福，一结婚就“化做春泥去育花”。年复一年，默默地为儿女、丈夫奉献着，宁愿化做泥土，让丈夫和儿女植根于自身而健康成长。这种带着本世纪初女人的人生观进入现代社会的女人，对于她们的付出，到晚年的结果只有两个：幸福与不幸。属于前者的只有一个模式：儿孙孝顺、丈夫体贴、物质生活富足、生活惬意，真正活出“夕阳人生”的精彩。这种当年奉献了自己而结局完美的伟大母亲，曾令多少同性晚辈去效仿。殊不知，这就像走入一所五花八门的赌场一样，有人是赢家，而更多的是输家。因为支撑着这幸福的支柱，有其特定的条件和环境，最主要的是晚年自身的经济能力和其后代的思想本质是否善美。这就像任何一个赌徒都会承认的一个事实一样，“运气永远是最重要的”。而其结果不幸但又十分伟大的母亲就恕不列举了。让我借用大作家托尔斯泰的一句名言：“幸福的家庭都是相似的，而不幸的家庭各有各的不幸”。

（三）

第二种女人，属于肯思考、冷静的事业型女性一族。在面对母亲的责任时，她们胆怯、退缩、悲观。其实这些知识女性，有着更多的人性弱点，为了逃避而选择披上强人外衣去挑战人生，但要面对的却是更多的艰辛。这种不被男人认同的女人更多地寄情于事业，但换回来的可能更多的是排斥、是非议、是压力，是没有真爱的日子。这些在事业上走入男人世界的女人，在更多的时候并不能得到男人的怜惜、赞赏和支持，甚至被认为是在与男人争饭碗。因此，她们步履维艰，当摽梅已过，连找一个好男人的肩膀休息的机会都没有，午夜梦回才发觉情感世界并不是这么简单。尽管今日社会女人在追捧独立，但女人真正需要的是什么，只有女人自己知道。多少女人在别人的故事里流着自己的眼泪，却在自己的故事里欲说还休。

在男人眼中的好女人和女人眼中的好女人完全是两回事。世界就是这样地颠颠倒倒、阴差阳错。因此，一个经历了“强”的女人，到头来她的心态可能会比原来不强的女人更弱。当她们稍为清醒的时候，会意识到其实女人是可以不成功的，她可以退回家，做一个好妻子、好母亲。社会没有给她做个成功女人的任务，也没有留下太多的空间让女人去发挥。所以说，一个女人要成功，难；要平庸，可以。用我们中国人的话来概括：“女子无才便是德”。已故女作家三毛曾说过，如果让她再选一次人生，她想去做一个平常的女性，生一大堆孩子，并和他们做朋友。

成功和失败，你所需的和你所不需的，其实在人生的各个阶段，看法都是不一样的，当你触摸着人生的无奈和伤痛而倍感凄凉时，或者命运会出现一次交叉。这时候，本性不拘泥于世俗的女人就会想，既然无机会做一个好妻子，或者可以做一个好母亲，于是这个女人就会义无反顾地重回原先让她们胆战心惊的母亲河里“潇洒走一回”，再一次向世俗挑战，做一个令世人瞠目结舌的决定。这就是近二十年来的一个社会产物，未婚妈妈或不婚妈妈，这类女人通常都是有一定能力的，特别是经济能力。

第三种女人，是最可怜的女人，她们在事业上强不起来，她们适应这个社会的能力很弱。她们无法深刻了解这个社会的政治、文化，她们做着平凡的工作，没能拥有文凭、职称等尘世看重的东西，她们外表平庸，没有刻意修饰的仪表，她们站在人群中并不起眼、并不飘逸、并不典雅，而当年还可拥有的一点青春和活力，随着时间的流逝在渐渐褪去。这时，更面临家庭问题的威胁、感情的困扰、婚姻的危机。她们以后的人生路，可能是面对失败的婚姻、面对人生的无奈，更多的女人会带着孩子孤身走我路。这时候的女人，将人生的韧力发挥到最高的境界，她们坚忍、刻苦，但却无奈地承受着生活的种种磨难，支撑着她们去跨越这一个个难关的信念，是她们为之忘我地付出的儿女。这些母亲的骨子里融合了不可根除的中国保守女性的行为规范，她们是中国文化里最后的三重四德，她们背着等待的包袱，在人生的路上艰难地前进。然而，她们一生的等待，换回的可能是儿女成家后自己彻底的孤独，或者永远跳不出那生活的范围，从带儿子变成带孙子。有人讲，这已经是最好的结局了。看到社会上有些老人成了家庭中的皮球，被忽略、被遗弃，就更觉唏嘘。这类老母亲通常没有社会地位，经济能力不足，唯有被现实无情地抽打着已经年迈的心，还有什么样的结局会比这样的伤害更叫人黯然神伤？她们枯竭的感情世界空洞、失落，她们用一生的等待总结了最后的哀鸣：“来生不要做女人，特别是不要做穷女人。”结果呢？美国政府来救济这些风烛残年的老女人，但是美国式的老人院只适合西方人，她们不会沟通、不习惯那里的饮食，她们在那里没有朋友。在美国政府的帮助下，中国人建了自己的养老院，全部生活费由政府承担。这些老人又感激涕零地逢人便说，感谢美国政府，美国总统才是她们可以依赖的儿子，她们不知道，这是她们应得的，是这个社会应该给她们的回报。

（四）

第四种女人是魔鬼的化身，她们青春年少、放荡不羁，不受道德束缚，认为现代女性应该是前卫的、奔放的、无所顾忌的。因此，在不适当的时候，稀里糊涂地做了母亲，但终于发现，母亲这副担子自己的确无法胜任。而且，最主要的是不想放弃她原来的生活方式。这时，她的魔鬼本性会暴露无遗，她们会扔掉、杀掉自己的骨肉。她们人生的目标很迷惘，最终走向深渊……

四种女人，四种母亲，90%是称职的，是无愧的，至于“魔鬼”般的母亲，那是极少量的。正因为如此，才有了母亲节。那花团锦簇、万紫千红的场景，缤纷璀璨、绚丽的色彩，耀眼的光环，抚平了母亲心灵的伤痕，慰藉着母亲感情的空白，同时也煽起女人的激情，导致一个个女人跳进了母亲河。一代一代的女人在自己的人生旅程中树起母亲的里程碑，这样的循环交替，使人类的长河奔流不息。

但是除了女人，人类社会的另一半——那些高高在上的男人们，是否知道，每一个女人、每一个母亲都是一本书、一个故事。你们有否去阅读女人？有否去听母亲的故事？有否去让那些做了母亲的女人继续飘逸、继续典雅，继续拥有尘世眼里的“美”？

其实女人的故事可以很简单，每个女人的书，都由她的男人来写，女人自己写的书，不完美，太苍凉；男人的书要由男人自己写，由社会来肯定。

这个世界是属于男人的，女人可以不强，但要有爱。有时，我会仰首问苍天：既然上帝只创造了男人和女人，本来很简单，为什么又要将人类的情感这么复杂化呢？甚至可以让男人和女人用情感作为武器来伤害对方。人生本来就是苦难的历程，上天早已匡定了生老病死的路，无可幸免。既然如此，男人为什么不好好地帮助女人写好女人的书？其实，绝大多数女人非常由衷地想做男人后面的女人，而不是男人前面的女人，男人不要逼迫女人去狂躁、去发疯，不要逼迫女人走在前面。因为一个男人会被无数个女人诱惑，并爱上她们。而一个女人却会为爱上一个男人而满足，为他倾心、为他付出，愿意守着他过一生。但愿天下多些男人用真情、真爱去帮助女人写好女人的书，编好母亲的故事。

一年一度的母亲节循环不息。昨日的少女今日的母亲，今日的少女明日的母亲。往年的母亲节我会写一篇辞藻华丽的颂文献给天下伟大的母亲，但今年的母亲节，我谨以此文，献给天下的男人们。我用女人的感情、触觉，用女人的故事，用母亲的心声，告诉男人：做女人不易，做母亲更难！

第一非洲女酋长的感受

结束了十五天的非洲之行，我带着女酋长的桂冠和大红袍，踏上了破旧的从南非飞往纽约的飞机，我不停地问自己，我还会再来这个地方吗？那些单纯得像白纸一样的部落村民，什么时候才能了解外面的世界？如果让他们看到外面世界的光怪陆离、风云变幻，面对滚滚红尘他们又会怎么样呢？但是留在我脑海里最多的画面，还是那些用头来搬运东西、用头来顶着大盆水带回家去给丈夫洗脚的非洲女人，还有那些用土法制盐的山里人。我同情她们，我很想帮助她们，但我却无能为力，我除了无奈还是无奈，是真的很无奈……

Africa's First Woman Chief

Woman around the World enjoy different social status and freedom. American woman enjoy equal freedom and rights as that of man, but African woman are very far from that. Why is the indifference so far apart?

时光在风云变幻的现实世界里匆匆流逝，但我一直没有忘记八年前的一次非洲之行，无法忘怀那些一脸纯真的部落村民，更无法忘记那些围着大红花布、赤着双脚、头上顶着丈夫的洗脚水的非洲女人，她们用土法制造盐巴，去城里换回一块大红大绿的花布，这就是她们生活的全部。

在八年前，就是公元2001年的7月，我跟随纽约亚洲商贸理事会对非洲尼日利亚及周边国家进行了为期两周的考察访问，当时的访问团一行十一人，来自不同的阶层。其中有理事会总裁许伟文，理事会副总裁叶明丽，美国企业的代表徐大椿、张润华，中国企业界的代表黄智雄，还有来自加州的台山商会会长殷小乔，来自美国德州的非裔电脑工程师 Peter Ekeanyanwu，纽约商人 Anrhnia Osifu，纽约州政府官员 Thomas Christian，纽约州农业部专门派出高级主管 Thomas Kilcer 随行，以便协助理事会帮助尼日利亚解决农业方面的技术问题。

访问团首先造访了埃邦伊州，当时是尼日利亚总统和埃邦伊州长联合发出的邀请，所有费用包括来回机票均由州政府支付。因为在未来的5年，美国纽约亚洲商贸理事会将担任尼日利亚政府的经济发展顾问，所以我们的访问团里面都是经济和农业方面的专业人士，大家都很认真地考察当地环境。初时的感觉是，这个国家因为出产石油所以政府很有钱，但由于宗教派系的激烈纷争而使政局不稳定，人民生活很贫穷、物资很缺乏。但是后来发现那里的土地相当肥沃，资源十分丰富，当地人民单纯热情，现任政府架构完善，政府官员有文化、有见识、有理想，不少还是留学美国的学者。该州十分重视教育，有州立大学，每年派出不少学生到中国的北京大学深造。该州实施免费教育，时任州长 Sam Egwu 眼光远大，将改善非洲的抱负延伸到下一代。副州长则是举家从纽约回国任职的，他在纽约受教育并生活了十几年。因此在这些官员的带动下该州首先实施了联邦法制，有州会和参、众议院，最高法院等结构。该州是一个新州，由于灌输了美国的管理制度，所以给外人意想不到的文明感。他们首先建设公路、电网等主要设施，因此这个州成为非洲国家的典范。同时由于当地政府的开明和地理资源的丰富，获得许多国际大型企业、集团的垂青，例如德国的奔驰（BENZ）汽车公司在那里设立了生产厂，美国希尔顿酒店正准备进军该州。

与此同时，该国有一个致命的问题：人民的衣食住行等所有的日用品全都靠外国进口。商场集市上出售的多数是美国、欧洲和中国的商品。有相当多的台湾人和香港人以及中国江浙一带的商人在那里发展贸易，在古老的海滨城市拉哥斯居住着很多中国人，他们主要做贸易，那里的城市有一个华人商会，会长经营赌场和餐馆，在当地有一定影响。

尼日利亚是世界最大的石油储存国之一，石油输出世界排名第六，是非洲最富裕的国家。政府非常有钱，其国家足球队在世界五强之内。周边的非洲国家有大批国民涌入该国谋生。由于以前由军政府掌权，人民全部从事石油开采工作，荒废了所有副业，日用品全部依赖进口，从而带来了极大的隐患。同时产生贪污腐败、市政混乱、贫富悬殊等问题。由于商会太多，而产生了一部分商业骗子，因此政府意识到整顿和发展的必要性和严重性，决定从最新的、存在最大商机的埃邦伊州开始，吸入西方的管理，以求将该国带入文明进步的治国模式。所以，该州从州长到参议院、立法院一致通过重金聘请纽约亚洲商贸理事会为其政府总顾问。理事会受聘后，首先决定用西方的金融管理手法帮助该州，用滚动式的方法调配国家每年发给该州的数千万美金的巨款，用钱生钱的方法带动该州经济发展，并在该州设立国际规模的银行以及将该州现有的、在军政府时期已经停产的水泥厂、矿石场、棕榈油厂、粮食加工厂等重要的经济项目重新启动起来。同时建设一个卫星城市以及五百套高级别墅，由州政府包售。除此以外，纽约亚洲商贸理事会在该州拥有经济发展的特权待遇。当地有无数的商机，随行的中国企业家代表兴致勃勃，认为有当地政府的重视和信任，配合市场的动态，这里的确是竞争激烈的国际市场上的一片商业绿洲。天时、地利、人和，确实是一块前途无限的商业处女地，他们认为很像20世纪80年代刚开放时期的中国大陆，处处是商机、处处是希望。

当地的民间部族为了表示对当地政府的支持和对理事会的信任和重视，以十分隆重的民族礼仪册封理事会总裁许伟文为非洲酋长，封地100

亩，配女侍10名，男工10名。当时由他们的族长联盟主席很郑重地宣布，当地人载歌载舞表示庆贺，那一刻让我想起了古代皇帝封侯划地的故事，那些没有见过世面的部落村民单纯得令人感动，他们只知道跟着族长的指令做。当天各部落的青少年全部出动，光着上身，顶着烈日站在公路的两旁起劲地敲着他们的非洲鼓来夹道欢迎我们，我们坐在州政府贵宾专用的豪华冷气车里面，看得出同行的人和陪同的当地官员都很有优越感，但不知道为什么，在那一刻、在那汽车扬起一道风尘的时候，我的心很难过，说不出来的滋味，因为那近乎生活在原始社会般的部落，实在与我们这些来访者很不协调，一时间我好像走进了时光隧道，去到古时候……

州政府的设施还算现代，上下议院还算像样。州长的电话是一个小型的卫星接收器，可以接收全世界的电话信号，因为当地的电信设备很落后，打电话要去很远的电信局，非常不方便。那时我们经常要借用州长那台像一只大球鞋般的巨型的卫星电话。

当地很多官员都出外见过世面、留过学，回国后很想用外面先进的管理制度和进步来改变他们的国家，精神的确可嘉。因此我们的访问团都用很真诚、很认真的态度对待整个行程。尼日利亚总统府一心要将埃邦伊州打造成经济发展的样板州，所以我们的访问行程都有总统府派来的电视台全程跟踪摄制，然后在全国电视频道播放，当年算是轰动一时的新闻。所以为了表示他们愿意接受文明，埃邦伊州经各部族的族长同意表决后，决定打破男尊女卑的历史习俗，正式册封理事会副总裁张咏霞为他们历史上的第一位女酋长，以表示他们对现代女性的尊重。

我当日在很多人的欢呼声中接受了他们的册封，他们送给我一套大红的裙褂，一个穿满珠串的凤冠。我坐在中间，他们的全部族人在各族长的带领下，排着长队环绕着我。走到我面前时，女人和小孩每人摸我一下，男人向我扔钱，结果在受封仪式结束后，我的脚下是一大堆尼日利亚的1元、5元和10元的零钱（1美元=106尼日利亚元。）那是当地的习俗，表示祝福。但我当时的第一感觉是马上想起武侠剧里的场面，就像是丐帮封帮主，每人向新帮主吐口水表示祝贺。发生在21世纪是不是很滑稽的场面？但是我后来才知道，他们打破习俗册封一个女人为酋长，原来是经过一番激烈的讨论才决定下来的，当时一些保守的族长是坚决反对的。本来这个头衔对于我来说真的没有什么大用途，因为我根本不会去那里生活，所以完全用不上酋长的特权，更无福享受那100亩土地和那些男女侍从。只是当我知道这个头衔原来这么得来不易时，就产生了好奇，首先很想知道他们当地的女人是怎样生活的。真是不了解就不知道，也想不到。原来当地稍有权力或财富的男人都会娶八九个老婆，那是很正常的事情。他们的女人要下地干活，要顶水回家给男人洗脚，什么叫顶水？非洲的女人都在头上放一个用布结成的头环，一大包一大包的东西，一大盆的水都是她们用头顶着来搬运的，她们的头就代替我们的肩膀，中国以前的农民用肩膀扛东西，她们就用头来扛东西，但只有女人是这样。这些女人每天要去矿场碎石头，然后在日落时分成群结队地到一个米糠场去淘碎米，她们爬到那堆积如山的米糠堆上去筛出剩下的碎米粒，通常这些女人为了捡到一碗碎米粒，而吸入很多米糠和尘埃。为此，我们出于对那些非洲女性的关爱和健康的目的，很认真地向那些陪同的政府官员投诉，希望政府能够关心当地女性的健康，不要让她们去淘碎米。陪同的官员说，政府也不提倡她们这样做，但她们就是不听，每晚就是为了那丁点碎米粒而去犯险。作为客人，我们真的搞不清楚到底是谁之过，看着那些穿得红红绿绿的女子，尽管现实对她们这么不公平，生活是这么的残酷，但她们的脸上却挂着天真的笑容，似乎可以得到一块颜色鲜艳的花布做条裙子就是她们的人生乐事。她们不知道在她们生活的那个世界以外，女人是社会的一个很重要的群体，她们可以得到很多权利，得到很多爱护，她们其中有人生活得很丰富多彩，也很富有。

尽管面对贫穷的环境、生活在男人的阴影下，她们依然带着感恩的心，感谢上帝，因为她们每天吃饭前都要双手合十地向她们心中的上帝祈祷。我看着她们真诚的表情，心里在想，通常信教的人不外乎两种心态，一是感恩，二是祈求。到底她们在感什么恩呢？又或者在祈求什么呢？那些住在山上的人，住在用长长的野草搭成的草棚里面，要弯着身子才能进去，每天从附近的盐湖里面取来盐水，放在一个吊在火堆上面的陶罐里，再用几个小时将水熬干，就见到一层白白的盐巴，然后拿到镇里卖，再换回一块花布。在几天的行程里，我发现尼日利亚的女人很喜欢打扮，在她们的能力内会把自己打扮得漂亮些、花梢一些。周而复始，年复一年，这就是这些山里女人生活的全部。她们不知道外面的世界，我看着她们无知的眼神、呆呆的表情、傻傻的笑容，一种说不出的感觉，让我真实地感到人生是如此的不公平，特别对女人。但是跟我一起来的同事却这样回答我，他说："这正说明上帝是公平的，你想想非洲的土地肥沃，深埋地下的丰富石油，还有钻石宝藏，如果他们的人种还像你们中国人那样聪明，这世界就轮不到别人来说话了。就是因为你们中国人这么聪明，所以上帝并没有分给你们太多优质肥沃的土地，这就说明上帝其实很公平。"我听着同事的歪理论，想了想，也不无道理，我也不知道怎样去反驳，只能感叹！只有无奈！

还有一个小插曲，就是埃邦伊州那位位高权重的州长竟然托人来说媒，原来他看上了我们访问团的叶小姐。叶小姐当年才21岁，还在读大学，当初我们以为来说媒的人在开我们的玩笑，后来那位州长助理十分认真地说，他们的州长很认真、很希望叶小姐能留下来当他的第八位太太，还郑重地说，尽管是排名第八，但因为她的身份特殊，他会让她当妻子的统领，就像中国皇帝的皇后。

我们大家开始的时候以为是开玩笑，所以就笑弯了腰。后来知道是真的，就有点心里发毛，也笑不出来了，我们马上露出了很严肃的神情。我们的领队许伟文先生很严肃地告诉来说媒的人，这是根本不可能的事情，我们一行只是公事访问，请州长先生明白，也请他自重。

结束了十五天的非洲之行，我带着女酋长的桂冠和大红袍，踏上了破旧的从南非飞往纽约的飞机，我不停地问自己，我还会再来这个地方吗？那些单纯得像白纸一样的部落村民，什么时候才能了解外面的世界？如果让他们看到外面世界的光怪陆离、风云变幻，面对滚滚红尘他们又会怎么样呢？但是留在我脑海里最多的画面，还是那些用头来搬运东西、用头来顶着大盆水带回家去给丈夫洗脚的非洲女人，还有那些用土法制盐的山里人。我同情她们，我很想帮助她们，但我却无能为力，我除了无奈还是无奈，是真的很无奈！

飞机在一片白云上飞行，我不知道那一刻蓝天白云下面是什么地方，我向蓝天祈祷，我向大海请求，希望有一天那些一脸单纯，用红红绿绿的花布围着身子、赤着脚、头上顶着大盆洗脚水的非洲女人，变成手拿公文包，带着小电脑的现代女性。哪怕现在只是我心里的一幅美丽蓝图，是现实世界的海市蜃楼，但我真的很希望、很希望历史的将来可以改变这些非洲女人的命运！

十年前的小城故事

十年前，一位老朋友对我说：相传在清王朝摇摇欲坠的年代，有一位易学大师发现在中国南方的上空出现了一颗非常明亮的星，当时这位大师就断言：这颗星预示一位伟人的诞生，太空上这颗星与地球相对的点，是一个鸟语花香的小城……

A Small Town Story

A star was born in a small town.

相传在清王朝摇摇欲坠的年代，有一位易学大师发现在中国南方的上空出现了一颗非常明亮的星，当时这位大师就断言：这颗星预示一位伟人的诞生。太空上这颗星与地球相对的点，是一个鸟语花香的小城。此地已经有二百年历史，东临珠江口，是珠江三角洲的腹地，与深圳、香港隔海相望，南与珠海、澳门毗邻。城内环境优美，四周绿水环抱、藏风聚气，城里有一座五梧山，花木葱渺、香飘四季。不知从哪一个年代开始，人们给这座小城起了一个美丽的名字“香山”。

在那个预言之后过了几十年，从这座小城走出了一位民主革命的先躯，他推翻了腐败的清皇朝，从此将中国带入一个没有封建帝制的新世纪，这位伟人就是后来流芳千古的孙中山（即孙文）。人们为了纪念他，将这座城市原来的名字“香山”改名为“中山”，并成为中国现代史上最早一个以名人名字命名的城市。

那一年的五月，一个春暖花开的季节，我受老朋友—当时在任的中山市市长黄子强之邀，带着我的美国朋友开始了难忘的“中山之旅”，令我有机会一睹历史名城风貌。踏足之处，风景怡人、空气清新。令每一个刚从烟尘滚滚的大城市转来的人，恍如进入了世外桃源，这里没有汽车喇叭震耳欲聋的声浪，闻说进城的车辆都有一个声音的高度限制，也没有汽车驶过后扬起的滚滚风尘。

当我们的车驶人市区后，收入眼帘的，已经不是想像中的“红墙绿瓦小庭园，拱桥之下小船过，清清河上唱儿歌”那种真正的小城风貌，而是现代化的建筑群。市政府大楼气势磅礴，坐落在市中心。市政府大院绿草如茵，四周是一幢幢规划整齐的群体高层建筑。曾经有人告诉我说，中山现在建设得很“靓”、很现代化。还说中山是一块宝地，人杰地灵，市府大楼前的大草坪就像一个聚宝盆。当我亲临其境时，果然感觉不同凡响，不知是巧合还是他们的设计师别出心裁，在大楼与绿草坪中间，有一个八角型建筑物，高出地面约20—30厘米，中间是一个用深红色鲜花与绿色分隔组成的里外两个八角型大花坪。从风水学的角度看就像一个八卦，如果在高空俯视就像在一个大盆的底部有一个八卦阵，利用五行相生相克的原理，吸纳天地灵气。真是妙不可言！尽管风水之说不可尽信，但也实在不可思议，纵使抛开一切什么学说，就单纯欣赏一件建筑艺术的观点来看，也是一件乐事、一种享受。

这里除了拥有城市必备的公共设施和政府机构外，有几处特别的地方值得一提，其中有著名的中山温泉浴宾馆，他们利用先天的地理环境建造了泡温泉浴的配套设施。浸在泉水中，一种飘飘欲仙的感受，令您疲劳尽消。在温泉区域内，还有一个很大的、先进的高尔夫球场，这是中国第一个具备三十六洞，可举办锦标赛的标准高尔夫球场，其独特之处是由两位世界闻名的职业球手阿诺帕玛（Arnold Palmer）和杰克·尼克劳斯（Jack Nicklaus）悉心设计而成，堪称世纪佳作。中山球会建于1984年，是率先带领和推动发展中国高尔夫球运动的祖师。1998年球会首次举办中国第一个大型国际高尔夫球赛——登喜路杯太平洋区决赛，令国际瞩目。球场设在温泉区内，球员可随意享用温泉浴池。网球场、游泳池、中西式餐厅、商场等设施应有尽有。场地周围山明水秀，四野郁郁葱葱，据说当时两位设计师是配合中山原有的地形环境，规划坡度、高低层次和沙泥水塘的分布结构而设计。他们认为，球手在优美的场地才能高度发挥球艺。我观赏之后赞叹不已！与我同行的纽约州州长顾问委员会秘书长C. Mark Lawton先生以及美国纽约亚洲商贸理事会总裁许伟文先生等见到中国有如此出色、如此高水准的场地和配套设施时，都赞不绝口。

城内设有中国科委和中山市政府共同创办的数所高级科技机构，如“国家健康科技产业基地”以及“中山火炬高技术产业开发区”。我们详细参观后者，那里的规划和产品已经进入了国际轨道，的确可以走入中国第一之列。这两个基地，中国中央政府都非常重视，很多领导人曾多次视察此地。

我们离开市中心，在高速公路上行驶了约十分钟，便见到一大片别墅式的、颇豪华的花园式私人住宅。据说，这片地产的主人是五兄弟，是那小村的村民，原来很穷，中国改革开放的春风带给了他们无尽的商机。这五兄弟抓住机会发展地产，现在富甲一方，产业发展到香港地区和其他国家，成为当地的一个传奇。

这里的民宅设计很美丽别致，当地沙溪镇的农民新居建在碧绿的湖边，一幢幢三层高的小洋房傍水而建，很有威尼斯水城的建筑风格。返回市区，我们又参观了柏苑、竹苑、东明花园等一批环境优美、设施配套的高层住宅小区，这些住宅群曾获得全国和全省优秀住宅小区奖。中山市政府多年来致力于改善民居条件，较好地解决了市民的住房问题，使百姓过上了安居乐业的舒适生活。

中山是一个园林式的城市，踏足之处，多见绿草如茵、百花齐放。1995 年城区的绿化覆盖率已达到 35%，人均公共绿地面积为 8.8 平方米。市政府决心到 2010 年使城市绿化率达到 46% 以上，人均公共绿地 17 平方米以上，绿地覆盖率 50% 以上。而最令我流连忘返的是紫马岭生态公园，广场上遍地的和平鸽时而振翅高飞，时而与人漫步。美丽的丹顶鹤在湖边的鹅卵石上起舞，远处湖中央，一群白鹅“浮绿水”。这大自然的清新美态令人心旷神怡，让人陶醉……

临别，站在“孙文纪念公园”最高的平台上，抬头仰望中国民主革命的先行者孙中山先生的铜像，浩气长存、毅然屹立，一种无限崇敬之情由然而生。放眼望去，前面是城市的主干道，两旁绿树婆娑、高楼林立，道路中央的安全岛花团锦簇，笔直的柏油路上车水马龙，好一派兴旺发达的景象。

我相信，中山，这个历史名城，在今日现代化建设的衬托下，将会给每一位到访者、旅游者留下永远难忘的美丽回忆。

当我们圆满结束中山之行回美国后，喜闻联合国“人居奖”在中山市颁奖，市长黄子强被授予“人居荣誉奖”。中山市再度辉煌，市政府会议中心内喜气洋洋，中外政要嘉宾云集，联合国人居中心信息与对外关系部主任克里斯蒂娜·恩格菲尔德女士、中国建设部时任副部长谭庆琏等在大会上致词。恩格菲尔德女士宣读了时任联合国秘书长安南和助理秘书长恩道在世界人居日的讲话。同时，恩格菲尔德女士更赞美中山市的建设并肯定中山市人民的成就，谭庆琏副部长希望中国其他城市以中山市为榜样，并鼓励中山市政府和人民再接再厉、再创辉煌。

黄子强市长在答谢词中谦虚地说：“这是中山市人民的光荣，是我前任、历届政府领导和我的同事以及建设系统全体员工、全市人民多年来致力实施‘中国政府安居工程计划’结出的硕果，荣誉归于他们，我是代表他们来接受这一崇高荣誉的。”

无论黄市长如何谦逊，中山市得到这个奖，足以说明中国的城市建设正在大步前进，实在可喜可贺！这次的联合国“人居奖”，全世界共五名，中山市黄市长是其中一名，这是中国第五次得奖。

黄子强市长曾多次到访美国，我们作为黄子强的老朋友为他今日的成就而高兴。纽约州州长顾问委员会秘书长麦克·罗顿先生特别准备了一份古雅典帝国的神圣宣言送给黄市长，希望他做一个成功的人民公仆。这个神圣宣言有一个典故：

古希腊雅典帝国（2004 年的奥林匹克运动会在雅典举办）是世界上第一个废除皇朝制的国家，那时他们用人民制定、大众通过的一套管理国家的法案来治国。事实证明，他们的法案令他们过上了国泰民安的日子。后来，美国建国时借鉴了他们的法制，成为世界上第二个用那套制度治国的国家。这个宣言，是他们国家每一个踏上政坛的人都必须宣读的文件。美国著名的政法学院 Maxwell School of Citizenship and Public Affairs，于 1924 年在美国纽约州的 Syracuse 市建校时，该校创办人从雅典国取得这个宣言，成为他们的镇校之宝和座右铭，以后每一个毕业生都会在毕业典礼上宣誓并拥有一份。这所学校的宗旨是：“做一个人民公仆，做一个实干派，不分党派，不介入两党之争”。后来有一个约定俗成的规矩就是：这里的毕业生，从来不去竞选总统或州长之类的职务，但会接受任命，成为高层领导的左右手，或“军师”、顾问。他们认为竞选有太多的政客手段，因为竞选要千方百计地打倒对手。而他们的宗旨是做人民公仆，他们愿意接受任命。所以，这个学院的毕业生大多成为联邦部长、州部长的人马，是典型做实事的实权派。这是美国政坛上人所共知的事。

他们在接受这宣言时，要心平气和、充满信心、挺胸抬头、目视前方站立，将右手放在宣言上，很有韵律地将宣言上的文字读完，这个颁授仪式便完成了。不知是巧合，还是冥冥之中真的有另一股力量的存在，凡是接受了这个颁授仪式后的学生，都平步青云、位高权重，并且业绩显赫，麦克·罗顿先生就是其中的一位。

麦克·罗顿先生为了表示他对他的中国朋友的友好情谊和期望，特将这充满幸运的神圣宣言转送给黄市长，祝愿他成为一位受人爱戴的中国人民的公仆，创造更多的骄人业绩，流芳百世。

我受罗顿先生的重托，担任将宣言翻译成中文的全套工作。罗顿先生特别嘱咐，因为在朗读时要充满感情和节奏，希望我既要保持原意又要有韵律，就像中国的古诗词一样。对于我这样才疏学浅之人，真是高难度了，但既受重任也唯有献丑了。在本文结束时，获得罗顿先生的同意，现将宣言的雅典文原意和翻译公开，与各位读者共勉。

古希腊雅典国从政宣言之中国诗词韵律翻译：

鲲鹏展翅搏长空，
万民一心向前冲。
泽国江山黎民事，
从此肩挑成己任。
无论平地与山尖，
誓与众民步向前。
国泰民安万人仰，
流芳百世话今朝！

雅典文原意：

为了理想和神圣的事物：
我们将会永远和这城市的所有人们一齐出击。
我们将会不断的尝试去加速公众责任的意识。
我们将会尊重和遵守这城市的法律。
我们将会把这城市建设得更好、更美丽。
将更多的成果留给下一代。

百般滋味在心头

这是我这么多年的写作生活中，最不愿意写的一篇文章，当我举起沉重的笔杆时，发生在我身上的一件丑事，在令我备感唏嘘无奈的同时，也深深地思索我们的民族到底缺少了什么，而令全世界有关知识产权保护的问题，矛头直指我们的中华民族。中国五千年的文化，五千年的历史，我们到底缺少了什么？……

Literature Thieves

The world sees China as a huge intellectual property thief. I never wanted to acknowledge. But unfortunately I was a victim of such disgrace behavior and it has left a very deep and bitter experience in my life.

这是我这么多年的写作生活中，最不愿意写的一篇文章。当我举起沉重的笔杆时，发生在我身上的一件丑事，令我备感唏嘘无奈的同时，也深深地思索我们的民族到底缺少了什么，而令全世界有关知识产权保护的问题，矛头直指我们的中华民族。中国五千年的文化，五千年的历史，我们到底缺少了什么？

作为身在美国、深受美国法律约束的华人，对一直以来以美国为首的西方国家对中国的盗版侵权等一类知识产权问题的指责，感到很无奈，也感到这些侵权公司很不争气，只有希望中国的知识产权法尽快完善，免得让这个问题成为别人的话题和把柄。因为很多时候，一些美国朋友提及这个话题时我都不愿深谈。我通常只会轻描淡写地回答：传媒可能有些夸大了吧。便会随即转变话题，怎么说呢？事实如此，我也深受其害。远的，远到在中国，远到当时中国还没有定立版权法的 1991 年；近的，近到在身边，近在我生活的纽约，近到在最近，我已经快要完成这部书的现在，这些对于一名作者最不幸的事情，都曾发生在我身上，受其伤害的我可以说些什么呢？

远在 1991 年，远在中国北京，我的作品《一个原国民党军事官的故事——黄埔情》被北京电影学院一名姓秦的导演改编成电视连续剧，在中国中央电视台播了一次之后，我通过中国驻纽约总领事馆进行追究，中国总领馆交给中国国家版权局处理。姓秦的导演知道自己绝对理亏，因为那是我一篇影响力颇大的作品，除了曾获 1988 年中国中央电视台“文学奖”一等奖外，还在同年中国全国广播节目评选中获得最高奖项，也是唯一的一个特等奖。我的这个作品在如此高层次的奖项光环之下，使姓秦的导演开始时不敢乱来，他亲自到中央电视台讲明来意，要求中央电视台提供原稿给他拍电影之用，中央电视台认为他必须跟作者本人联系，得到我的同意才行，他又通过中央电视台跟我取得联系。当时，我认为这是一件好事，而且他后来送过来剧本，也写清楚我是原著。在那时，我和北京电影学院的这个合作就敲定了。在以后的拍摄过程中，我远在美国，鞭长莫及，就没怎么过问。

但是，我万万没有想到，在后来的对外宣传中，这部电视连续剧的原著人竟变成了北京电影学院的这个姓秦的导演，我的名字已经无影无踪了。我知道之后也实在很生气，这是一种明目张胆、肆无忌惮的侵权行为。当时，我身边的朋友和国内的朋友都很为我抱不平，如果当时我要打官司，是赢定的，所有道理证据都在我这一边，而且还有中国最权威的中央电视台和中央人民广播电台、中国驻纽约总领馆为我作证和支持我。但是可惜，当年中国的知识版权法还未完成，知识产权这个名词在当年的中国还是一个很新的词汇，是一件很新鲜的事情。而且，根据中央电视台当年给我的回复函件中讲，在这部电视剧播放了一次之后，正当各省级的电视台来洽谈转播事宜时，姓秦的导演突然很匆忙地到中央电视台要求取回影带，白白放弃了机会难得的全国省市级电视台的播放。到底发生什么事，中央电视台当时也不清楚，但却觉得很可惜。在当时可能除姓秦的导演本人之外，只有我是最清楚了。因为当时国家版权局已经找了姓秦的导演，真是何必呢！本来，无可否认姓秦的导演是一个聪明人，社会触角很敏锐还很懂得抓住机会，因为这部影片的主题非常适合当时的政治形势，当时中国正试图用较温和的手法和态度去解决与台湾之间的政治冲突问题，而影片《黄埔情》的原著《一个原国民党军事官的故事》正是讲述一个老年后的黄埔军人对当年那场内战的反思。中间穿插的人性和亲情，令读者和观众产生了强烈的共鸣。这种写作基调，在当时的中国大陆是比较特别的。那时的中国文学作品，有的过于政治化，市场上的大部分是伤痕文学，这批同一个风格内容的文学作品，是当时中国文化市场上的特色。一个没有国外生活经历的国内作家，是无法写出这样的作品的。而且这篇文章得到当时中国政府的认可，并得到中国传媒界的最高奖项“全国广播节目评选特等奖”。这个姓秦的导演看中了这些天时地利，抢先拍摄这部影片可谓眼光独到。但聪明反被聪明误，他取了天时地利后，没有处理好“人和”。千辛万苦将影片拍成后，在我的追究下，自知理亏而被迫放弃了最有前景的大陆市场。结果，姓秦的导演抱着一叠胶片跑去台湾，找到了当时还在位的蒋纬国，因为题材好故事感人，所以得到了蒋纬国的大力支持，也引起台湾黄埔军校同学会的关注和共鸣，在台湾大放特放，名利双收。可惜，台湾只是一个小地方，影响力有限，祖国大陆才是最大的市场，而且按当时的时间配合，他本可以靠这部影片一炮而红，打响自己在电影界的知名度。可惜，姓秦的导演因一念之差，被迫将到口的肥肉吐出，可惜啊！

远期的事件讲完了，另一件近期的，是近在美国，近在 2007 年 5 月。我想不到，17 年后，同样的侵权事件在我身上重演，只是令我更加气愤的是，这件刚发生的事件，是发生在法律完善的美国，发生在受美国法律约束的华人社区。真是一件家丑啊！

2007 年 2 月 22 日，我将一篇以我本人的亲身经历为题材，用第一人称写的文章《盖房子的经历》送给多维网，参加他们和福特汽车联合举办的“北美华人消费明星”征文大赛。这篇《盖房子的经历》是我《滚滚红尘美利坚》这本书里边的其中一篇作品，只是我看到多维网的征文大赛宣传活动很具吸引力—华人在美国消费的经历。每个人都有自己的故事，大家写出来分享，的确可以减少很多麻烦和避免上当受骗，是一项很有意义的活动。所以，我就将《盖房子的经历》一章节抽出来参加比赛，目的并不是真的希望得什么奖，当然，如果获奖是一件令人高兴的事。我最主要的目的是因为这一篇以第一人称写的文章是我的亲身经历，对于在美国生活的新老移民，当他们到了要拥有自己房屋的时候，这是一篇很有价值的参考资料。

当我将作品送上多维网之后，基本上已经忘记了这件事，直到 2007 年 8 月份的某一天，我在纽约奥本尼市的一家华人超市柜台上，很偶然地瞄到一份对全球华人很有影响力的杂志，这份叫《彼岸》的月刊，印刷精美。在我骤眼望去时，在封面上有一个很醒目的大字标题“美国盖房记”，这个标题吸引了我，我随手买了一本回家，想分享一下别人在美国的盖房子经历。那篇作者叫沈莹菲的文章，是该杂志在那一期重点推介的文章，还附有作者的相片和简介。

当我见到在目录的一栏里，有这么一段点题介绍：“在美国盖房子……”，我的神经马上紧张起来，这不就是我那篇在年初送去多维网的《盖房子的经历》文中的那一段开篇语吗？竟然一字不漏、一字不改，但作者明明写着是沈莹菲。以往的经验告诉我，这绝不会是巧合或雷同那么简单。果然，我翻到正文一看，简直是怒发冲冠，原来这一篇《美国盖房子的经历》是将我投稿给多维网的《盖房子的经历》原文照搬过去的。该杂志还为她开了一个专栏叫“第一人称”，这个叫沈莹菲的人竟然够胆量剽窃一篇别人以第一人称写的作品，而且一字不改地变成自己的东西。是可忍孰不可忍！如果让外国人知道，会怎么想呢？在美国境内，都可以这样，何况在中国呢？

在我要决定是否追究的时候，我的确有所顾忌，因为要追究一定要公诸天下、上法庭。在外人掌控的法庭上，用外国的法律来让外族人审理一件家族丑事，而且案件主题是别人一直攻击中国人的盗版问题，真的不太好受。

当我正为难的时候，我身边的朋友不停地提醒我：要我慎重处理此事。因为我的《滚滚红尘美利坚》一书即将出版，如果读者看到我的这篇《盖房子的经历》与《美国盖房记》都出自同一人的手笔，到时就讲不清是谁剽窃谁的作品。说不定对方在看到《滚滚红尘美利坚》一书后，会先发制人告我，到时候就真的自找麻烦了，因为对方是一个无耻之徒。做了一件无耻事，难免不做第二件，小心啊！

我再三思量，为了保护自己，在此书印刷之前，决定还自己一个公道，将这件事交由我的律师处理。纽约州法庭接受了这件案子，经过了一年多的调查。正当本书在出版社即将印刷出版前夕，美国纽约州最高法庭判我胜诉！

美国《彼岸》杂志社必须赔偿我的全部损失！美国法律终于还了我一个公道。但我百般滋味在心头，欲说还休。

《彼岸》杂志社用停刊来逃避法律责任，我原来希望通过我的律师跟他们沟通，尽量低调处理，不把判决结果公布天下，本想为他们保留一点面子。看来他们并不领我的情！很多中文网站还继续转载了这篇换了另一个人名字的作品！广大读者还不知道这篇文章背后的故事。

下面请阅读这一篇风风雨雨的文章，本人的《盖房子的经历》！

在美国盖房子的经历

在美国生活，买房子的人很多，盖房子来卖的人也很多。前者是为了生存和生活，所以希望拥有一座房子，一个空间，而后者多数纯属做生意、做买卖。而我，却只是为了拥有一座完全按自己喜好而设计的房子而去盖房子，一个完全不懂建筑行业的人去盖房子，这段经历就真够精彩了……

Experience of Constructing a Home in U. S.

My endeavor in building my perfect home was a very intriguing experience.

在美国生活，买房子的人很多，盖房子来卖的人也很多。前者是为了生存和生活，所以希望拥有一座房子、一个空间。而后者多数是纯粹做生意、做买卖。而我，却只是为了拥有一座完全按自己喜好而设计的房子而去盖房子，结果就有了一段我在美国的盖房子经历。回想起来，真的是不知天高地厚，想不到买房子和盖房子是两件完全不同概念的事情。买房子的经历，在这里就不写了，因为相信很多人都拥有自己的房子，当然就会有了买房子的经历。而我，一个完全不懂建筑行业的人去盖房子，这段经历就真够精彩了。

我在美国生活了20多年，七年前一直是住美国人20年前设计的房子，一种固定格局、代表了那个时代、那个地区的建筑风格的住宅。但是我一直都希望有一间按自己的要求设计的房子，特别我很相信风水这东西。本来这也不是一件很困难的事，只要将自己的意思和要求，告诉一个地产发展商便可以了，顶多是在原来的房价上加钱。终于在一次机缘巧合之下，让我在一个非常好的地区找到了一块空地，这是闹市区内的一片非常幽静的住宅区。正常情况下，这个地方基本不会有空地建屋。我当时毫不犹豫地买了这块空地，尽管不大但足够可以建一间自己梦想的小屋。

当我买下了土地之后，就开始找建筑商承建，结果发现，有些规模的建筑商根本不感兴趣去承建单独一间屋，起码要十间八间一齐承建，他们认为建单间不划算。结果只能去找一些小建筑商，其实是个体户，他们连办公室都没有，平时接到工程就召集一班工人开工，一个工程完成后，就解散了。原来在美国也有很多没有规模的建筑商——个体户公司，因为大的建筑商在开始一个工程时，都会根据建筑的项目，按不同的专业分包给小建筑商。建筑行业不论大小都不会长期养一支建筑工程队伍，最下层的工作都是临时整合的。中型的建筑公司，从画图设计师，到工程师、电工、小工、木工，全部都是临时组合，平时的办公室人员只是负责接工程、办手续、报建等文件方面的操作。所以，无论工程项目大小，工作程序都必须这样操作。后来，我终于明白为什么那些中大型的建筑商不肯单独为我建屋的原因了。

无奈，只有去接触那些建筑商个体户，开始他们都拍胸口，承诺这、承诺那。找了第一个承建商，签好合同，交了首期定金，我以为就可以坐着等搬新屋了，结果是那个承建商要我自己去找设计师画图，去政府部门报建审批，结果又一次无奈地和我刚读大学一年级的女儿一起，从一片空白摸索着完成了这些工作。由于政府审批的结果与原来的设计有出入，承建商要重新定价，最后和这个承建商合作没有成功。幸好，我所有的合同文件都做好了保护自己的措施，定金由我方律师保存。不然，就这一点已经够我麻烦了。

第二个承建商在我申请建筑贷款的期间，家庭出了问题。他的老婆要跟他离婚，他本人几乎精神崩溃而无法开始工作。我一方面同情他的境况，另一方面也为我自己新屋的建筑安全着想，所以，双方同意在不作任何赔偿的情况下终止合同。他很感动地握着我的手说："好人有好报，愿上帝保佑您！"

再一次无奈！我找了第三位承建商，双方谈妥条件，签了合同，他也承诺半年内交房。他收了定金，过了四天，我到工地果然见到他正在将十几棵大树砍倒，准备运走。又过了几天，我再去工地上，看见一班人正在挖地基，挖好地基就可以倒水泥建房子的土库了，即"Basement"。那时我在想，这一次我可以安心了。但真没有想到，真正的麻烦却在后头。因为一个月后，我再到工地上看时，连个人影都没有。原来挖了的那个地基，储了一大潭水，周围再次长满了青草。我傻了眼，马上找到了建筑商，他告诉我，做Foundation（地基）的部分，他是分出去给人承包的，最近那个承包商有太多工程忙不过来。后来，我通过别人找到了那个挖地基的承包商，他却告诉了我另一个版本，他说我的承建商没有付钱给他，当我又去找我的承建商时，他又以各种理由去解释。过了一段时间，依然没有任何进展，当我很气愤地去找他时，他说他现在没有钱请工人，我的贷款银行这一期给他的钱只够买材料，因为银行在房地产贷款方面控制很严格，建筑贷款是最难的一种，这些是我从来不知道的。买屋贷款不难，只要你的收入可以供每月的还款。但是建筑贷款就不同，银行要承担很大的风险，所以做建筑贷款非常困难，贷款人要很有实力担保才行。但我好不容易拿到建筑贷款时，更大的问题又出在承建商身上，因为银行会很严格地监督承建商。银行不会一次性付款，而是按工程进度支付每一笔款项，同时只是购买材料按收据付全款，工资只付一部分。换言之，承建商要先垫付一部分工资才能让工程顺利进行，而且，每一个付款阶段银行都委派专业的检验员来盖印、写报告，才会支付下一期的贷款。而检验员每一次的工作费用都会加在贷款人身上（每一次约600元左右），我自己又必须购买工地建筑保险，这样一来，如果工程拖下去我又需付银行利息、保险等一大堆费用，先不论时间，就那些费用我也拖不起啊！

承建商看中我的弱点，于是逼我支付工人工资，他才可以继续开工，他在最后的结算里扣除我垫付的那部分。我明知是敲诈，但为了让工程可以继续进行只有答应他。开始的第一个星期他的确找了十几个工人来开工，工程总算见到一些起色。但是，从第二周开始开工的工人越来越少，最后，只见到他本人和他的舅父两个人在工作。后来我知道，他从我这里拿了支票后，并没有按时支付工人工资。那些建筑工人是每周结算一次的，哪里准时支付工资，就到哪里开工，他们非常现实，也非常松散。

无奈，我又开了支票给他。另外，因为他没有按时完工，银行拒绝支付下一期的贷款。但是与此同时，有些材料又是必须购买的，我只好跟着他去材料公司用我自己的信用卡买材料，后来有几次我无时间跟他去，就打电话到材料公司确认，由他自己去提货，也就因为这样，我吃了一个大亏。不久我发现，有两次他订购了一批工具运到他家，工具不是材料，不属我支付的范围。那些工具，一共5000多元，是没有经我电话确认的，我也没有在信用卡收据上签名，只是由于他已经和那些售货员混熟了，他们便相信他，但这个亏我可不能吃啊。我跟材料公司理论，他们一定要我认这笔账。我也不是那么好欺负的，于是，我打电话去信用卡公司拒付。因为我没有确认，也没有我的签名，信用卡公司就拒付了。但材料公司火冒三丈，把我告到法庭上。因为道理在我这边，法官不接受材料公司这个案子，没有开庭。后来，这个亏就由材料公司吃了。这件事情，让我学会了怎样用法律来保护自己。

为此，我跟这个承建商已经无法合作下去了，但我支付给他的款项，远远超过这个工程的实际结果。但无论如何，我是不能再依赖他了，因为他的另外几个客人同时经历了我的遭遇。这几个白人找他来只是改建和装修房子的，还不是盖房子呢，结果也是收了钱不完工。这几个白人决定来找我一起把他告上法庭，他知道我们告他，就到联邦法庭去申请破产保护。我们几个受害人又一起到联邦法庭上，反对通过他的破产申请。这样一拖就几年了，尽管我们都得到了联邦法官的支持，判他必须分期还债，但他后来又以没有收入来应付，到现在我还没有拿到他该还我的钱。

事情还未完，因为当时没有办法跟这个承建商继续合作下去，房子只盖了一半，电工、水暖部分还没有开始。我只能找另一个承建商来继续，但是那时候，我的建筑贷款时间还剩两个月的期限，如果超过两个月，就要加利息。所幸的是我在那一年的经济收入还不错，所以就干脆中断了银行的建筑贷款，我在这个建筑贷款中付出了好几万美元的费用和利息，真是亏啊！

再一次无奈，我找了第四个承建商，这个承建商做了三个月，还是没有按时交货，工程又拖下来了。最后，他要求增加建筑费用，原因是材料涨价了。我一气之下，终止了跟他的合作关系，那时候，我也清楚地知道了美国建筑行业的结构，也认识了一些这个行业的人。我干脆就自己做承建商，来完成最后的工程。我找来专业电工、水暖工分别来完成最后的工作，找来个体的建筑工人完成其他未完成的部分。只要你按时支付工资，他们就争着来你的地盘工作。但这些工人很会偷懒，他们每天上午 7 点到工地，下午 3 点就收工了，中间还有午饭时间、小休、喝咖啡时间等，真正做工的时间只有 5 小时左右，而他们是按每天计工资的，不是包工，工程进度慢，我就吃大亏了。那段时间，我和我女儿及我先生，还有一位多年深交的好朋友，轮流到工地监工，去 Home Depot 建筑材料店买材料。我和女儿每天穿着运动衣、球鞋到工地去跟这些建筑工人打交道。开始，这些男人还看不起我们女人，但由于我们吃亏多了，经历了对这一行业的由不懂到稍懂的过程，特别清楚这一行业的人际关系，后来，他们还算服服贴贴的。有时候，我们还会带他们去吃中国自助餐，又买咖啡给他们。这样，两个月之后，我的梦想小屋终于挺立在一方土地上。

这次经历之后，我对美国的建筑行业基本上了解了，很清楚地知道每一个环节。从画图、设计、报建、贷款，到建筑的每一个步骤，都了如指掌。现在回想起来，连我自己都不敢相信，一个女人，居然在对建筑行业的认识完全空白的情况下，自己去盖房子，真的不知天高地厚。尽管经历了很多挫折，被那些建筑商欺负、欺骗，但是这一段经历，却让我增加了很多知识，丰富了我的人生。我深深体会到，在美国生活只要你不气馁，勇敢尝试，就会有新的希望。

各位朋友，读完我的盖房子经历后，是否还有胆量在美国自己盖房子呢？特别是在自己对这一个行业的认识完全空白的情况下。抑或是读完本文后，感到很有挑战性，决定去尝试一下这美国生活的高难度动作呢？

无论如何，我都在此祝福各位，在美国生活，衣食住行，顺顺利利！

我 是 谁

……浪长一段时间，整整两三代华人，一辈子生活在美国主流群体的阴影下，生活在别人的世界里，跟着别人哭、跟着别人笑。在别人的文化里不知道自己是谁，在群体的聚会中永远是客人。这些人经历了人生的跌撞，生活的尴尬，岁月的洗礼，终于开始思考问题，无数个不眠之夜，他们问苍天，我是谁？我应该是谁？……

Who Am I？

For a long time, almost three generations, the Chinese in America struggled to "blend in" with the social realm. They lived in the shadows of the realm and wondered who they really were.

（一）中国小孩在美国家庭

大约十年前，我的一位美国朋友收养了一个中国女孩。他们经过了那些繁琐的手续和漫长的等待后，终于兴高采烈地从中国带回来一个一岁左右的小女孩。这一对英国裔夫妇是成功的地产商人，男的是一家地产发展公司的资深副总裁，女的是总裁助理。他们的年收入近百万美元，自己养了几匹马。放假的时候，夫妇俩一齐骑着马儿奔跑作乐。在美国他们属于高收入家庭。十年前，他们30岁出头，没有小孩，就去中国申请收养。经过两年的等待，他们带回了一个从中国合肥福利院送出来的女婴。为了这个孩子，女的辞掉了高收入的工作，专心养育这个外族的小孩。出于好奇，我和几个朋友一起去看望了这个来自中国的女孩。只见她圆圆的小脸，红彤彤的，一副中国北方小孩的模样，这对夫妇为她起了一个英文名字叫海伦，没有特别的意义，一个很普通很容易叫的名字。

好奇心过后，我也忘了这件事。几年后，在当地一个华人社团每年举办的春节联欢晚会上，我再次见到了这个小女孩和她的养父母。这个当年只是婴儿的小女孩，这时已经八岁，长得亭亭玉立，一口流利标准的英语，言行举止与地道的美国女孩并无两样，除了那副黄面孔外。和他们一起来参加这个春节活动的有900多个中国小孩和他们的美国养父母。这几百名孩子清一色都是中国女孩（只有几个是男孩子）。

这些孩子都在十岁以下，他们不约而同的全部穿上中国式的小棉袄，红红绿绿的，五光十色，成为当晚的一景，十分耀眼夺目。原来这个情景已经连续几年在这个春节晚会上出现，只是我已经好几年没有时间去参加这个春节晚会，错过了欣赏这美丽独特的一幕而已。

我不由自主地钻进他们中间，问这问那。我很想知道这些孩子在美国的生活感受，也很想了解这些养父母是出于什么心态去收养这些异族孩子的。我很想知道他们为了什么？想得到什么？今天他们又为什么这么坦然地带着这些小孩回到他们族裔的群体中，去了解和感受他们本来的种族文化。由于文化差异，我无法理解这些美国父母的思维方式和心理逻辑。

听了我一连串的问题后，这些父母这样对我说：

“首先是基于我们都对中国文化感兴趣，而且中国孩子聪明，有家庭观念，懂得分上下尊卑。所以，当我们选择要收养孩子时，在人类众多的种族中，我们选择了收养中国人的孩子。但我们不懂用中国文化去教育他们，慢慢地我们发现，这样继续下去，将来长大后他们除了一副中国人脸孔外，没有一点像中国人。所以，我们会寻找各种方法，让他们从小接触中国文化，让他们知道他们的祖国和故乡的事情。但是在美国，实在很难找到这样的环境和机会。我们曾经接触过一些中国人的孩子，希望这些来自中国人家庭的后代可以帮助我们的孩子了解中国文化。但是我们发现一种很奇怪的现象，就是这些孩子不但对中国文化一片空白，而且毫无兴趣，有的还告诉我他是美国人，怎么会懂中国的文化。我们想不明白这些孩子的思想方式，便转去问他们的父母。他们的父母又这样对我们说：‘我们的孩子生活在美国，他们要融入主流社会才有前途。如果灌输太多的中国文化和思想给他们，会影响他们将来在美国的发展前途’。

我们不知道这些父母的做法和观点是否正确，但我们觉得，这些孩子本来就是中国人，这是不能改变的事实。即使我们从小将这些孩子带回家教养，跟我们生活，学我们的文化，叫我们爹地、妈咪。但是，在别人眼中，今生今世他们都是中国人。我们很坦然地告诉别人这是个来自中国的孩子，所以如果她们对自己族裔的文化一无所知，这对于他们将来的成长会很尴尬。我们不想这些孩子将来有遗憾并埋怨我们。”

以上是那些美国养父母的心声！

下面是那些被美国家庭收养的中国孩子的说法：

“我们是美国人，我不明白，别人老说我们这些人是中国孩子。我们的父母经常对我们说：‘你们来自中国。告诉我们中国在地球的哪个位置等等’。但我们的中国同学又讲，我们大家都是美国人，他们的父母对他们说，只要读好书，多知道些美国的东西就行了。中国很遥远，中国的事情跟我们没有关系。所以，我们这些中国同学跟我们一样，不会说也不会看中文，也不吃中国食物、不喜欢中国的东西。有一次，我穿着这件花棉袄去上学，他们笑得差不多掉眼泪，我以后都不敢穿了。只有每一年这个节日跟父母来这里我们才会穿一次”。

这些就是从小生活在美国人家庭的中国孩子的看法。我不知道大家听到这些孩子和这些美国父母的话以及中国父母教育下一代的方法之后会想些什么？

（二）对“融入”一词说再见

我个人有实在太多太多的感触！我首先是很敬重这些收养中国孤儿的美国父母。同时觉得自己有责任为他们做些事，协助和引导他们，帮助他们的中国孩子在成长过程中了解自己祖国的文化。

同时，我觉得我们作为生活在美国的第一代移民，希望自己的下一代能够比我们这一代更强，更能适应在美国社会生活，比我们这一代更有发展前途、更出色。

150 年前，中国人千辛万苦来到美国是开铁路、挖金矿，受尽了欺凌侮辱，我们的前辈华人留下来的是一页页用血汗和泪水写成的历史篇章。华人在美国的近代史上，也只是从苦力劳工跻身到社会上的洗衣、食馆等行业中发展，所以，那时的华人父母就很迫切地要求自己的下一代可以进入一些高层次的行业工作。例如，最首选的行业是医生、律师、工程师等。那个时代产生了一句新的词汇叫“融入美国主流社会”。从那时候开始，这些华人的下一代，在上一代的刻意安排和鼓励下的确是融入了，而且是融入得无影无踪，甚至连自己是谁都不知道，根在何方也不知道，拿着个美国护照就认为自己是纯种美国人了。

很长一段时间，整整两三代华人，一辈子生活在美国主流群体的阴影下，生活在别人的世界里，跟着别人哭、跟着别人笑。在别人的文化里不知道自己是谁，在群体的聚会中永远是客人。这些人经历了人生的跌撞，生活的尴尬，岁月的洗礼，终于开始思考问题，无数个不眠之夜，他们问苍天，我是谁？我应该是谁？我是否真的可以融入主流社会？我是否真的应该融入主流社会？什么是真我？什么路才是我们在美国应该走的路？

我从这些前辈华人的生活轨迹中，终于领悟到一个道理，就是无论你如何刻意，无论你如何脱胎换骨，无论你要如何穷一生的努力去追求，有一样事实是永远永远不能改变的，那就是：华人永远是华人，黄皮肤永远是黄的。如果我们要在这个国家生活得更有尊严、更有权威、达到权益均等，只能是用我们民族的整体力量，通过整个群体的努力，去影响美国的主流社会，记住是影响，不是融入！这是完全不同的两回事。

目前，我们华人在美国充其量只能是努力去影响主流社会，或许在很多年后，我们的后代可以令我们的民族成为主流社会。只要我们大家齐心合力、团结一致，这是有可能的，不是天方夜谭，因为美国没有本身的民族，没有历史沿袭下来的帝制。每一个民族在这块土地上的根基，都是靠自己巩固而成。这是一个强者当权的国家，谁强谁主宰，没有异议。今日你强你当道，明天你弱你下台。只要在这块土地上出生，任何人都有机会当总统，当这个国家的掌舵人。在这里，每一个族裔都为自己筑起一个城堡。中国人，为什么要瓦解自己的城堡？

讲什么融入，要融入谁的城堡？在美国最大最强最有实力的城堡，自然就成为这个国家的主流。弱小的城堡是支流，甚至不入流。所以，现在美国华人要巩固自己的城堡，要影响主流社会，令这些大大小小的城堡看到我们的存在，听到我们的声音，知道我们的能力，一步一步，将来可能成为主流社会、成为大城堡。

我们不要再说融入，融入只会瓦解自己的群体力量，摧毁自己的城堡。但我们不提倡对抗，我们提倡和其他族裔握手，合作、团结互助。在这块肥沃的土地上争取我们共同的利益，又保护我们各自的权益。我认为，这才是我们现代美国华人的前进方向。

人物篇

菟丝花与小女孩的故事*

小女孩说：你的文化，是你的脊骨，你一定要清楚地知道它、记住它，同时永远都不要忘记！当你忘记你的文化，你就忘记了你是谁！

An Immigrant's Childhood

(*This essay has been honored with many national level awards*)

Your culture is the backbone of who you are. You must know it, remember it and never forget it. If you forget your culture, you have forgotten who you are.

---

* 本文曾经获得“中国侨联杯”优秀奖和中国中央人民广播电台一等奖、中国作家协会推介文章等高层次奖项，并转载刊登在《美洲侨报》、《人民日报》等十多家刊物上，同时收入《中国孩子在美国》一书结集出版。是一篇很有时代感和代表性的真人真事作品！

有一个小女孩名字叫叶明丽。她是我好朋友的独生女儿，今年15岁，我是看着她长大的。每年的暑假，她都会来我家住上几天，听我讲中国的故事。当她很小的时候，我给她讲嫦娥奔月，孙悟空大闹天宫等神话。稍大一点了，我给她讲一些成语故事。每次她都是似懂非懂地听着。近年，我给她讲中国的见闻，讲万里长城的雄伟，少林寺的功夫，华清池的传说等等。逐渐她的兴趣浓了，她懂事了很多。近几年更是无论多忙，都要来探望我，约定的那个日子，总是风雨不改，其中有一个原因：是要来看看我和她亲手种下的一棵北京小蜜桃。

那是几年前我到北京的时候，随便带回来的几个小蜜桃核。那一年的初夏，我和她一起蹲在后花园种下的。那时，我们一边讲故事，一边种下了从北京带回的种子。如今那棵树已经高过我了，每一年她都要和桃树合影留念，呱呱叫着看谁会长得快些。前几年，都是她比果树高出一大截。但去年，当她兴冲冲地跑到后花园的时候，就呆在那里了，可能是我施肥施得足吧，又或者这是大自然的成长规律，那果树竟然比她高出一个头了。只见她站在树前，用手在头顶比划着，转身对我叫道："我的天啊！怎么会……"。跟着一个弹跳，离地三尺，又见她比果树高出整个头了，我迅速按下相机的快门，"咔"的一声，一个蹦跳的她，就让我拍摄下来了。她母亲见到相片，还笑她"男仔头"。

其实她是一个漂亮的女孩：她五官标致，眼睛不算大，却有着一种充满智慧与灵气的迷人神韵。她伶牙俐齿，一头长长的秀发飘逸潇洒。她还能歌善舞，有着一般在美国长大的中国孩子的那股坦率、好动。但她也和很多ABC（对在美国土生土长的中国人的俗称）一样，不会看、不会写中文。然而，她却在讲得一口相当流利美语的同时，也讲得一口标准广东话，少许国语（普通话）。她爱看中国电影和电视节目，爱听中文歌。她曾经用英语译音来熟记那些中文歌词，以惊人的勇气和为人赞赏的胆识去纽约州立大学，参加中国同学会举办的卡拉 OK 比赛。这些大学生来自不同的大学，她们之中有唱英文歌的美国学生、韩国学生、黑人学生，也有来自祖国大陆、香港、台湾的唱国、粤语歌曲参赛的中国学生。本来，她因为不会看中文，完全可以选择英文歌曲参加比赛，但她非要唱流行歌曲。参赛的前几天，她手上总拿着一张写满英文拼音的纸，反复地唱着“勇敢的中国人”和“十五的月亮”，这是她的两首候选歌曲，这两首歌她都唱得有板有眼，似模似样。彩排那天晚上，我这个大朋友，当然要上阵打气啦。结果却令我啼笑皆非，原来她竟然不知道这两首歌曲的内容。可能是由于她父母太忙，没有指导她选歌和解释内容，只是她自己从镭射影碟里，受其画面吸引也觉得旋律好听，便学唱了。当我为她解释这两首歌的内容后，她自己选择了“勇敢的中国人”作为她最后的参赛曲目。决赛结果，尽管她没有入选三甲，但却是赢得全场掌声最多的一个，她的台风和勇气是最高分的。那一年，她还未满 14 岁，我更为她的胆识、她的勇敢，她流于自然，发自内心的民族情感而惊叹。我为她还带着童音的歌声与激昂的旋律混合的效果喝彩。那晚，我的双掌拍得红通通，热乎乎，我在台下和她一起唱“……做个勇敢的中国人……”。

今年的夏天，她又来了。这次不是我给她讲故事了，而是她给我讲故事—讲她自己的故事。

这是一个周末的早晨，太阳刚刚升起，微风阵阵，伴着百鸟齐鸣，好一派风和日丽的景象。一大早，她就把我叫醒，我照例第一件事就是提着相机为她和小蜜桃树合影。这一回，她不再同果树比高矮了，也不弹跳，而是双手交叉叠在胸前，轻靠树干，微笑着向我说了一声“OK!”我赶紧按下快门，留下了一个女孩亭亭玉立的倩影。我向着迎面走来的她说：“今次的‘甫士’（POSE 姿势、样子）好斯文呢!”她回我一个微笑，跟着跑到和小蜜桃树相对的另一棵百年大树下，摆开两张沙滩躺椅。这时只见她盯着树干出神，这棵树已经年份很久了，也不知是谁把它种在这里，我只习惯每逢夏天都喜欢躺在它下面看书乘凉，非常惬意。它很粗壮，要两个人联手才能环抱它。

一会，只听到她叫到：“阿姨，快过来看这是什么?”我跑过去一看，只见树干上寄生着一些幼小的植物，这些植物，绕着树干生长，有小小的叶，小小的花。我告诉她这些寄生物叫做菟丝花，它只能靠着大树干才能生存，大树供给它营养，一旦离开了大树的支撑，它可能就会枯谢了。在一些文学作品中，它代表弱者。在台湾女作家琼瑶的笔下，它代表依附男人生存的弱女人，是贬义的，不要学它。她当时似懂非懂地点着头，我也懒得再讲这小话题了，因为没什么意思。

我们迅速地将目光离开大树，背靠着它，在两张沙滩卧椅上各占其一，舒舒服服地躺着。婆娑的绿叶下投来一道道阳光，绿叶随着微风摇动，投下来的阳光晃晃荡荡，很像迪斯科舞厅的七彩灯球。我们躺在下面，有一种在摇篮里的感觉。在繁忙的都市生活难得有清闲去享受这种大自然的清新感觉，偶然偷得浮生半日闲来舒展一下，有一种恍如走入桃花源的感受。我双手枕在头下，静静等着她讲她自己的故事……

我静待片刻，不觉有什么动静，睁眼一看，她连人影也不见了，小家伙不知跑到哪里去了。我也懒得理会，继续闭目养神，尽情地享受着躺在大自然下的那份清新和那种超脱感……

突然，我眼前感到被一道金光笼罩着，我马上本能地睁开双眼，原来是这个调皮鬼，把一张闪着金光的奖状盖在我的脸上。我仔细一看，是一张由时任总统克林顿颁发的优秀学生奖，并附有总统奖学金，俗称“总统奖”。谁都知道这是一项殊荣，通常这个奖项每间学校只有一名，它不但是一项荣耀，而且还附有奖金。我即时兴奋地坐起来，原来轻松惬意的感觉全都跑光了，我开始聚精会神地听她的故事。

“哎，你知道吗？颁奖那晚我也感到意外。”小姑娘喜滋滋地回忆着说：“因为我想不到会是我得到的。事前谁也不知道结果，是校长要在那天晚上给大家一个惊喜。当时同学们都在期望着，特别是全校前十名的优秀学生和她们的父母，当然包括我啦，哈哈……因为这是一个代表才能、勤奋、潜质和成绩优良的总括。我虽然希望得到，却并没有太大的信心，因为太难了。当校长在台上叫出我的名字时，我从座位上愣了半天，简直不能相信，直到身旁的同学推了我一下，我才从梦幻的感觉中站起来，脚步飘浮地在全场的注目下走上主席台。当我从校长手中接过这张有克林顿总统亲笔签名的奖状及一张银行支票时，全场学生家长都起立欢呼，闪光灯起码闪了20次，掌声在大礼堂内久久回荡……唔，我非常喜欢这种感觉。”

小姑娘手抱着双膝，举头望着天空，回味着那份喜悦，暂停了她的故事。我也不去打扰她，只是在想：奇怪，她就读的那间学校，位于一个高档住宅区，学生的比例，白种人占了90%那么多，通常这样的学校多少都会带些种族偏见，少数族裔或者黑人学生想在这个圈子里出人头地，就会增加一道障碍。我不时听说在她学校的其他中国孩子投诉，时常被“鬼仔”、“鬼妹”欺负，甚至有被打骂围攻的情形出现。眼前的她何以能够出类拔萃、脱颖而出，遥遥领先于他们呢？疑问出来了就一定要弄清楚，这是我的习惯。

“喂！那你就要继续努力，不断地创造这种感受呀。”我推了她一下，把她从美好的回忆中召唤回来。

“嗯，我也这样想，我考虑下一个目标是‘西屋奖’*”。她点着头沉思片刻，一副老练自负的神态。

“噢！我好像从来没有听你说被同学欺负的？听说中国学生通常都会被那些白人同学排斥，是吗？”我马上把话锋一转带出了我要了解的话题。

“是啊，你知道为什么吗？”

“嗯，不知道。”我摇摇头。

“因为他们不承认自己是中国人呀。”

她答得很爽快，也答得很奇怪，因为一般人的常识是相反的，原因是如果你承认自己是中国人就等于给自己划了一个圈子，永远不能融入白人的圈子与他们打成一片了。不信，去问一下在美国出生的中国人（俗称ABC)。你问他们：“你是中国人吗?”保证十人中有九人会马上不假思索地回答：“NO，我不是，我是美国人。”当我每每听到这种回答，就摇摇头，不想再讲什么了，心头马上掠过一些老华侨的心声，他们总是叹息着说：“在外国生活上两代，就等于将祖宗都卖了，下一代没有中国人的观念，甚至不承认自己的民族了。”

我沉思一会很认真地问她：“那么你被那些白人、黑人欺负过吗?”

谁知她把头一扬，非常自豪地说：“NO，倒是他们围着我团团转呢。”

我心想：小姑娘可能说大话，便装出一副轻视又不信任的态度，对她说：“我才不相信呢。”目的是故意激怒她。

---

* “西屋奖”，现在叫“英特尔科学奖”是每年由美国各地高中11年级的学生参加的一个生物研究成果奖，得奖的学生经过两三年的研究，一旦入围或者得奖都会亲自到白宫接受总统亲自颁奖。每年这类获奖者，只属凤毛麟角，近年来，华裔学生获奖的人数逐渐增多。

“嗯，你不相信吗?”她双眼圆瞪，怒视着我。

我暗暗得意，她果然中计。

“那你有什么特殊本领吗?”我转为温柔地问她。

“我告诉你吧，因为我承认我是中国人。”她出乎意料地答道。

“那你要告诉我为什么呀。”我逗着她，于是乎她又开始讲她的故事了。

“你知道吗，一年级的时候我的确傻傻地跟着他们转的，到二年级的时候在一次文艺表演中，老师安排我扮演一个中国小女孩，那是一个很正面的角色。后来，表演的照片被拍下来放大贴在学校的墙上，连市内的教育报也大幅刊登了。从此，全校的同学都认识了我，并主动和我打招呼。那时开始我就觉得，做一个中国人有什么不好呢?而后就有一群白人同学围着我，我算是他们的大姐大呢。不过，我可不是乖乖女呀，我也打架的呀。有一次，我的一个白人女同学被高一班的‘鬼妹’欺负，大家来叫我去主持公道。谁知我到那里还未站稳，那死‘鬼妹’就对着我大吼：‘Chinese（中国人）别多管闲事，滚回中国去!’我当时被气得头顶冒烟，二话没说伸手一掌打在她的嘴巴上，跟着用脚一挑她的肥腿，她一下失去重心，身子一歪，我乘势再推她一把，她来不及还手，就重重地摔在地上了。她可能做梦也想不到，我胆敢先出手打她，结果不去防备。初时，周围的人都愣了，因为她比我高大很多的啊。后来，她的同学清醒过来，就帮她进攻我。正当她们要动手时，我当时条件反射，本能地双腿叉开，两手握拳，活灵活现一个李小龙的姿势，大家再一次愣住了。我的朋友异口同声高呼：‘功夫、功夫……’结果对方被吓得退下了，因为刚才我出手那么快又准，如今又姿势加声势的，对方不知我什么底细，马上走了，结果是我意想不到地大胜而归。以后我在同学、朋友中就更有威信了。在那些美国人眼里，中国文化别的都不看好，唯独最害怕又最感兴趣的就是中国功夫了。这要归功于李小龙，将中国功夫在美国发扬光大。那件事后大家都以为我真的懂功夫。其实我懂什么呢，只是我看中国电影多了，脑海中留下了三两个招式的印象而已，想不到紧要关头倒真的派上了用场。事后当然免不了大家都被叫到校长室训话。结果双方都要向对方道歉。我道歉是因为我打了她，她道歉是因为她骂我并且言语中带有种族歧视的成分。校长还算识相，要不然我就会说连他也搞种族歧视了。您知道的，这是美国人，特别是白人最怕背上的罪名呢。”

“好，有种，我支持你。”我被她的故事感染竟兴奋地叫起来。

“您还想知道其他吗？”她慢条斯理地卖关子。

我笑笑点点头。

“我不喜欢我的一些中国同学，她们总不承认自己民族的优点，在白人面前，不敢介绍中国文化，就算别人问起中国的情况，他们都只会说：‘I Don't know, I am American.（我不知道，我是美国人）。’要知道他们这样做是最愚蠢的。因为即使你生在美国，长在美国，甚至一步也没有离开过美国，但黄皮肤黑眼睛，已经说明了你是亚洲人，这是无法改变的事实。你硬不去承认自己是亚洲人，又绝对不是白种、黑种人，那你是什么？那不变成没有种、没有根、没有民族了吗？一个连自己是什么种族都搞不清楚或者不敢承认的人，在别人心目中又能有多高的地位呢？所以，那些白种人，甚至黑人、西班牙人不欺负你才怪呢。”她一连串地说到这里，顿一顿，把头一扬，摆出一副挺老练的样子。

我望着她，顿时觉得她真的长大了。这时我把一个刚削好的苹果递给她，随口问：“那你真的没有讨好过他们吗？”

“嗯，用不着。”她接过苹果，把即将出口的“谢谢”两字吞回去，迫不及待地吐出一连串宣言：“我们礼尚往来，一般生活礼仪、习惯，我都和他们一样，完全美国化，与他们没有一点区别。但我成绩好，有自信，经常参加社会活动，有礼貌，对人友善，老师对我好，我没有什么地方比不上他们的。而且我会大声承认：‘我是中国人，我爱吃中国餐，爱听中国歌曲，我和我父母沟通时会讲中文，而且讲得很好，我知道中国很多古老的和现代的故事’。”她一口气讲了这么多之后，停下来一边把苹果塞入口中，一边抬高眼皮盯着我，等待我的反应。

“唔，很不错，还有呢？”我看着她那副神态，便故意这样逗她。

她马上像一个泄了气的皮球一样，不再双目圆瞪，但也不再搭理我，只是轻靠在沙滩卧椅上，一手枕着头，另一只手把苹果送入嘴巴，过了好一会才似有感触地说：“其实道理很简单，假如在中国，有一个在中国出生的美国人，很恭维地对你说：‘我是中国人，不是美国人。’你看着他，蓝眼、高鼻、金发，你本能地从心底里就不会认同他是同族，而且你会马上觉得自己在他面前一下子变得很高大，觉得自己的民族很伟大。这样你就会产生一种优越感，做任何事都好像有种无形的压着对方的优势。反之，如果他正视自己的种族，发扬他自己民族的优点，大家和平共处，礼尚往来，你就会把他当客人，当朋友，并且尊重他，在互相不侵犯的原则下客客气气地相处。其实现在，我们在美国的中国人，就处于同样的位置上。只要你有自信心、不甘人后、发扬自己民族的优点，别人就不会小瞧你了，你说对吗？”

我点点头，看着眼前这个女孩，一种很难说出的感觉油然而生，感觉到她真的长大了。她早熟，肯思想，有理想，无论是在当今的中国还是在美国，这在同龄孩子中都是难能可贵的。

几天后我们的聚会期满，她母亲来把她接回家。临别，她拉着我和她母亲的手跑到后花园，指着大树干上的菟丝花说：“其实世俗人不应该这样贬它。”她走后我在想，明年的今日，她应该更出色了。我预感到这小姑娘将来一定会出人头地，为我们中国人争光的。

一个月后，我突然收到她一封厚厚的信，其中一段这样写道：

“昨晚看到宗毓华将会被 CBS 电视台取消新闻主播职位的新闻报道后，有很多感触。一方面为她可惜，另一方面觉得这也是必然的结局，只是没想到这结局来得这么早。可惜，是因为她要付出很大的努力才可以攀上这个职位，至今，只有一个中国人能够坐上这个新闻界的主导职位。而今日这个必然的结果，是因为她没有‘根’。她从来不承认自己是中国人，她不喜欢自己的民族，不喜欢自己的同胞。所有亚裔团体活动，她都拒绝参加，华人组织颁给她的任何奖项，她都不亲自去领取。她与白种人结婚，她拒绝承认自己的种族。但尽管如此，在外国人的眼中，她还是一个不折不扣的中国人。这样，她一旦被外国人排斥，她就没有了后援的力量了，不倒台才怪呢。看完这个新闻，令我联想到你家后花园那些依附着大树生存的菟丝花。我在想，世俗人不应该这样贬它，因为它可以是一个很好的比喻，我们可以把每个人都比作那小花，大树是我们的民族、国家，我们只有不断地汲取自己民族的文化，巩固自己的根，结合外界的条件，坚持不懈地努力才能进步。否则纵使个人如何辉煌，也不会永久的。我觉得我们应该重新研究和评价大树与菟丝花的关系了……”

我捧着她的信反反复复地看了三遍，我觉得她的思想很独特、很有见地。她提到的宗毓华，我也的确为她可惜，她原籍江苏苏州，1947 年出生于华盛顿，在美国成长，在华盛顿度过了她的童年。其父宗凌在第二次世界大战期间，是中国驻华盛顿空军武官。她毕业于马里兰大学新闻系，的确很有才华。1994 年，因为加州一个中国人充当科技间谍活动而被捕，她当晚在电视台面对美国的电视观众报道并评论说："每一个中国移民都会是间谍，这些人分布在全美国各州，可能会是你的朋友、同事、邻居……"

她的报道播出后，马上引起全美华人的全面反击，轰动一时，但宗毓华始终不肯诚恳地向中国人道歉以及向全美观众澄清。这种恶语中伤，令华人社会对她一片嘘声，极为反感。现今，她被迫辞职，是因为她与搭档闹翻及在一次报道中中伤总统夫人所致。她被外国人踢下台，中国人当然坐视不理，更不会为她游行示威，这样她就变得相当孤立无助了。可能她自己不会这样认为，但外人起码是这种感觉了。

我站在窗前，细细品味着小姑娘的话，放眼远望后花园的菟丝花，心想：是的，真要重新评价菟丝花了，苍穹之下，万物之中，它的确代表着另一重意义……

凤舞美利坚

每个人对成功的定义都不一样。人成熟了，就越来越觉得不应该为了成功而做事。换个讲法，我们不应以成功为目标，以估计成功与否去做决定，这样就太执著了。这样做人好累，而且不开心。通过主持“名家有主”，我深深体会到一个道理：一个人的成功并不在于他的天赋，而是他不懈的努力。

我当初以为自己是“笨鸟”而决定不飞了。觉得自己既然没有最优厚的条件，就别妄想，别浪费时间和精力。可是后来发觉自己根本就是享受飞翔的感觉，刻意改变自己，活得很不快乐。两年前，我顿然发觉自己25岁了，我想趁着仍有力气的时候，认认真真地、痛快地飞一次。就算不能飞到终点，起码在飞的过程中，我是快乐的。

The American Phoenix

A bird flies to survive, we fly to dream.

我一直都不清楚在美国人的概念里面是怎样描述“凤凰”的，只是知道在美国有一个叫凤凰城的地方，位于亚利桑那州，一个热的发昏的沙漠城市。

但是在说到龙与凤，美国人自然会想到中国，对于中国人这些吉祥神圣的动物，他们觉得很近也很远。近，是因为他们每年都可以在各地唐人街庆祝中国新年的活动里面看到舞狮舞龙的场面。远，跟我们中国人一样，那是很遥远的神话，只是历史和传说赋予它们生命！

在我们中国人的传说中，凤凰是不死的神鸟，给人类带来光明和希望。凤凰经历烈火的煎熬和痛苦的考验，获得重生，并在重生中升华，称为“凤凰涅槃”。

凄美古老的传说在我们遇到困难的时候总会是一种希望的提示和激励，我和我的同事们在遇到困难的时候总会说这一句话：“凤凰浴火而重生”。有时候也真奇怪，说完这句话就有一种豪迈的气概涌上心头，有一种豁出去的勇气，一切顾虑都会抛诸脑后，往往就这样产生了很多我们原先认为不可能的结果。

其实我们每一个来美国生活的移民都必须经历“凤凰浴火”的过程才会成功。我们每一个新移民，或者是在美国出生长大的下一代，一开始都必须经历不同程度的考验、磨炼，才会成长、才会成功，才会最后在美利坚的天空上翱翔，才能达到目标！

在美国生活，我们不要太在乎成功与否，不要太执著一定要得到什么。但是一定要争取、一定要尝试。争取、尝试会让你在不经意之中获得成功，成功了再去争取、再去尝试，可能会再成功。为什么叫“美国梦”呢？既然是梦那就是说成功不是必然的，成果不是唾手可得的，一定要有一个努力的过程，只是美国有多一些的机遇、机会让人们去争取、去发挥、去尝试。成功的机会就大很多，实现梦想就会容易很多。

有几次，我受朋友的邀请，去看一些由美国中文电视台主办的现场节目，节目的嘉宾都来自香港，观众就复杂了，来自四面八方，讲粤语的、国语的、福州话、闽南话的，英语的等等。节目主持人是一个很年轻的女孩，留给我印象最深的是她本人的多才多艺，她的歌唱的很专业，国语、英语、粤语可以很流畅的交替运用，每一种语言都非常标准，在一时之间，我没有办法猜得出她是哪个地方的人。但是第一样我就把土生土长的华裔这一种排除开。我见多了那些从小生长在美国的中国孩子，是不可能有这些表现的，说实话我真的希望那些从小在美国长大的中国孩子个个都能像她一样，“带着自己的文化闯进美利坚，插上凤凰的翅膀高飞。”那么我们在美国的华裔就真有希望了，第一代的中国移民就不会那么头痛、那么无奈了。

最近的一天，我的一个朋友告诉我令大家大跌眼镜的答案，原来那天电视台的节目主持人刘美谊是一个从小就在美国长大的华裔，因为我的朋友有一个活动请她当节目主持人和表演嘉宾，所以他手上有她的个人资料和专访文章。朋友问我有没有兴趣拿来做我故事的原型，我当然有兴趣了，我正在找一个这样的人物来做一篇文章的主角，就这样的一个机遇，令这位多才多艺的2002年度的纽约华裔小姐冠军刘美谊成为我这篇文章的主人公。

这位从小在美国东海岸的罗德岛成长的女孩，一直都与父母和妹妹生活在那里，现在是美国的“凤凰卫视”的节目主持人，这两年因成功主持“名家有主”和“住得其乐”而在美国家喻户晓。2002年当她20岁的时候到纽约华埠参加华裔小姐的选举，一举夺下当晚的冠军和现场“最受欢迎小姐”奖，后来代表纽约去参加国际华裔小姐竞选。她当时的心路历程又是怎样的呢，有一段关于她的访问是这样说的：

问：我知道你是在罗德岛长大的。当时仅仅19岁，而且又住得那么远，怎么会决定来纽约参加选美呢？

答：我跟好多有表演欲的女孩子一样，自小看电视，看见选美的大姊姊都很漂亮。希望自己长大后也一样亭亭玉立，能够在台上展现自己。可能大部分成长后的女孩子都会淡忘这个想法，可我却没有。我仍希望自己是出众的。虽然怕输，但既然想了那么多年，自己也似乎有条件，就参加了。

问：参选过程里，对你影响最深远的是什么？

答：从参选到宣布结果，整整三个月的过程，有太多深刻的记忆。甚至我现在仍会偶尔在梦里重演好多紧张的情节。但要说最深刻的，应该是我肯定了自己会赢的那一刻。

问：怎么可以肯定呢？是在总决赛那晚吗？在哪个环节有了这个肯定？

答：不是。哈哈！其实在彩排的时候，我已觉得自己是冠军。想起来也觉得好笑！当时我只看到自己的优势，觉得自己已是最佳状态。其他女孩子虽然各有所长，但我觉得自己最特别，因为各方面都很平均。就是这样傻傻地、满怀信心地踏上舞台展示自己。奇怪的是，原来当你这样想的时候，你就不再怯场。那些在台下原本是评头品足的眼光，在我眼里顿时全变成欣赏的目光，就像帮自己洗了脑一样。觉得他们全都是来欣赏我的。所以现场表现好不好，心理状态很重要。

问：你有没有一些提议，可以帮助准备参选的女孩子？

答：我相信大部分参选的女孩子可以归纳为两类：对于追求梦想的朋友，选美是一场比赛，而对于志在参与的，它则是一场大型活动而已。若是后者的话，我只会祝她们尽情享受这段缤纷的历程。但若对前者，我会提议全力以赴。时刻记住自己的目标是要赢。

问：好多人都会劝人不要把输赢看得太重。你这样不怕给她们太大压力？

答：我个人不主张这样的备战思想。学习承受压力是我们必经的成长过程。真正有能力的人是可以在压力下运作的。而且，压力可以是一股健康的动力，帮助你不断完善自我。最重要是要把自己的思想调整好，以最佳的心理状态应战。既然抱着梦想参加了，就一定想着要赢！不然就别参加。我觉得这是参加任何比赛的基本精神。当然，摆正了心理状态后，身体力行是不可缺少的。集合自我检讨和身边的人的看法，认清自己，好好地发挥长处，改进短处。

问：但比赛始终是残酷的，最终赢的只有一个。其他女孩子可能做到最好都未必会赢。

答：其实对于有理想的女孩子，参加选美只是第一步。今年（2009 年），我主动向大会提议和入围的佳丽开座谈会，是因为好想跟这些女孩子分享我的心得。把我正面的心路历程作为参考，负面的经历作为反面教材，不要重复我走过的冤枉路。因为对女孩子而言，青春比想像中的更宝贵。想做就做，而且要好好地、认真地做。因为人生的每一秒都不会有 Take 2

(即是第二次，作者加注)。

刘美谊近年活跃于美国中文电视界并且获邀担任2009年度纽约华裔小姐总决赛的表演嘉宾。能言善道的她，在2002年当选冠军后，并没在娱乐圈发展，而是出人意料地投入了市场推广业。数年后，她顿然转战娱乐事业，全身投入幕前兼幕后的双重角色。对于事隔五年而不同方向的决定，她的回应是："时间是自欺欺人的最大代价"。

一个女孩子踏进社会很幸运地捧到了她人生的第一个成功之后，在她再去追求第二个成功的时候又会遇到什么呢？

答：时间是自欺欺人的最大代价。当时我抱着对娱乐事业的兴趣参加选美，希望能通过当选而顺利入行。当然，一件事不成功，我们可以说是没有天时、地利、人和。但现在回头看，才知道原来自己当时失败的主要原因是意志不够坚定。在还未认清自己想要什么的时候，或者应该说没有勇气面对自己真正的欲望时，你是根本不可能做好一件事的。

问：所以两年前，你才认清自己？

答：对，可以这样说。娱乐事业是一个透明度非常高的行业。要闯，就要有面对全世界去承受失败的心理准备。我当时怕人笑我异想天开，又怕家人担心，所以摇摆不定。

问：那你现在有把握成功吗？

答：每个人对成功的定义都不一样。人成熟了，就越来越觉得不应该为了成功而做事。换个讲法，我们不应以成功为目标，以估计成功与否去做决定，这样就太执著了。这样做人好累，而且不开心。通过主持"名家有主"，我深深体会到一个道理：一个人的成功并不在于他的天赋。而是他不懈的努力。

我当初以为自己是"笨鸟"而决定不飞了，觉得自己既然没有最优厚的条件，就别妄想、别浪费时间和精力。可是后来发觉自己根本就是享受飞翔的感觉，刻意改变自己，活得很不快乐。两年前，我顿然发觉自己25岁了，我想趁着仍有力气的时候，认认真真地、痛快地飞一次。就算不能飞到终点，起码在飞的过程中，我是快乐的。

刘美谊在她决定不做"笨鸟"的时候，当她决定做"火凤凰"的时候，她又得到什么呢？人生给了她怎么样的启迪呢？在她的生命中飞翔的感觉又是怎么样的呢？我们一起听听她的回答：

问：最近忙些什么？

答：公司即将推出新一辑的“住得其乐”，一个关于家居翻新、装修的电视节目。刚刚完成拍摄工作，下个星期开始后期制作，应该会在月底在全美国播出。最近常常去香港和中国内地，与各大电视台探索一些合作的可能性，希望把节目全球化。有时候顺便会上一些电视节目，担任嘉宾。例如下个礼拜，我又会到香港跑一趟了。

问：所以你的动向应该是会朝中国内地和香港那边发展吧？飞来飞去好辛苦，会不会考虑迁移回去？

答：暂时不会。其实现在各行各业都趋向全球化的发展，娱乐事业也不例外。纽约是我的根据地，这是不会变的。而且我家人都在美国，搬迁回去会很不方便跟他们相聚。

问：那除了“住得其乐”以外，还会在美国推出别的中文节目吗？在幕前，会不会觉得在这里的发展很有限？

答：要是你几年前问我，我会回答“会”。可是我觉得现在情况有了好转，尤其是在过去两年，参与了幕后制作后，我觉得情况比以前乐观多了。结合自己多年市场推广的心得，我不单发掘了很多不同方面的发展机会，更渐渐有了把握去改善我们美国华裔艺人的发展前途。

问：听说你最近应邀成为了名酒马爹利干邑的驻美大使。这也算是一个华裔艺人在美国发展的好征兆。他们是怎样找到你的？

答：对啊，这就是一个很好的例子。说起来，我要感谢马爹利公司的李幼宜小姐。她觉得既然马爹利如此注重美国华人市场，怎能没有一个专门为我们华人而设的宣传大使呢？她主张邀请我，是因为我本身是一个移居到美国的华人后代。除了懂得双方的语言和文化之外，我更切身了解华人在美国的生活模式和习惯。

问：那会在短期内看到你的广告啰？

答：这我还不清楚。我刚刚从法国受训回来。他们很认真的，所谓驻美大使并不是普通广告代言。为了让我透彻了解他们公司的根源和所有产品，他们安排了我去位于法国中心的干邑区，在酿酒工厂进行了一个礼拜的训练课程。下个月，他们安排我出席一个在德克萨斯州举行的红地毯 Black-tie 试酒会。

问：你的工作那么忙，又到处跑，男朋友有没有投诉？

答：所以没有男朋友啰。哈哈！

问：其实你在幕前幕后都有不错的成绩，应该可以放松一下吧。虽然工作方面很精彩，但你不觉得女孩子还是需要爱情的滋润吗？

答：爱情对于我来说是奢侈的。而且缘分这东西可遇不可求，对不对？我还是把精力和时间放在工作上比较实际。其实我连给家人的时间都不够，有时间的话，我宁愿回罗德岛陪陪父母和妹妹。

在我认识的在美国长大的中国孩子里面，刘美谊是我很欣赏的一位，另一位就是在前面“菟丝花与小女孩的故事”中的小女孩叶明丽，她们两个都是同龄人。当日的小女孩今天已经是亭亭玉立的大姑娘，英文媒体这样报道叶明丽，说她是“纽约州的焦点人物”，她是新任的全美国华裔联盟主席，是2008年纽约州参议院公布的“十大杰出亚裔”之一。

因为她们从小受到的文化熏陶，令她们今天可以带着自己的文化在美利坚的天空上翱翔。带着自己的文化融入美国社会，这是我们今天要认真思考的问题！希望在美国有更多的刘美谊、叶明丽在成长，我们华人在美国就会有更大的希望！

喜遇“三倒”奇翁陆正平

“倒行逆书”是一种特殊、新奇并具有一定审美价值的书法艺术，它既有欣赏和收藏的价值，又具有现场表演的乐趣，再深一层又可以开发智力，创造奇艺。令社会生活多了一份“不协调”的和谐，令我们这些经常担心自己有“都市焦虑症”的人多一线曙光！

Meeting the Scholar

Reverse writing can be an art, but more importantly it gives us another way of seeing life.

我刚上小学的时候，正值中国的“文化大革命”，学校全面停课。母亲把我和弟弟送到外婆佛山的家里，让小孩子避开广州大城市当时的动乱。外婆的屋子后面是一条环城河，我当时就是每天坐在后院的石凳子上抄写母亲留下来的课本练习书法。我不是一个听话的孩子，通常课本抄了一半就跑去飞石片，将小石片飞向河面，然后看那涟漪。练习书法写不到两页就趴在石桌上面睡觉。但尽管如此，当我再回到学校上课的时候，我的作文永远是前三名的。在我后来的人生岁月里，写文章成了我的强项。但对写书法却再也没有了兴趣，因为太难、太多讲究，我实在受不了。因此，有一次我母亲就对我说：“你命中带着文曲星，不好好读书就会辜负了上天对你的厚爱”。以前我认为是母亲想要我读好书的一个借口，也就不当回事。但奇怪的是在我人生岁月中的这一方面，总会有很多的偶然和惊喜，让我能够认识很多大师、名人。例如：岭南画派的始祖黎雄才老先生，在他九十岁高龄的时候写了一个条幅“心静如镜”送给我；著名作家刘斯奋将他用十六年时间写成的巨著“白门柳”送给我；台湾的书法十大全能大师臧真白在他的“梅鸟图”上面郑重地题词送给我；著名小提琴演奏家俞丽拿真诚地把她的“梁祝”音乐带送给我。这一切都与文化艺术有关，每当我望着这些无价的墨宝和礼物时，总会想，我到底何德何能可以得到这些大师、名人前辈如此错爱？莫非真如我母亲所说，我命中带了文曲星的缘故？正当这个问号在我的脑海中不停出现的时候，命运再一次让我喜出望外！

7月底的一个阳光明媚的日子，我的同事来对我说：“介绍两位‘活宝’给你开开眼界！”我说我现在正忙得不可开交，连睡觉的时间都没有，哪来的闲情逸致。我的同事却说：“你知道他们是谁吗？他们一位是刚拿了2009年‘世界杰出艺术成就终身成就奖’的‘三倒’奇翁陆正平老先生。另一位是拿了2004年‘国际大型魔术大赛’冠军和很多魔术金奖的著名华人魔术大师奇乐先生”。我一听，这些可是普通人很难面对面接触到的大师名人。机遇居然又一次来到我面前，真的是命运的厚爱吗？我马上放下手上的工作，穿着平时很普通的衣服就匆匆去拜会大师了。因为陆大师是由洛杉矶飞来纽约作短暂访问表演的，几天后就要回西岸，这个机会错过，可能就是永远错过。当然不行啦！

我简单地看了一下报道介绍，真是我们的中华一绝啊！陆先生用几十年的时间自创了“三倒”奇艺—倒着写书法、倒着弹吉他、倒着吹口琴。他以这“三倒”奇艺，近年来出访过十多个国家，现场给观众表演倒书绝活，令各地的观众大开眼界，被传媒大众誉为“中华一绝”。他在2000年香港的春节晚会上倒写一个9平方米的巨幅“龙”字，现场观众的连连喝彩，被收入了“世界吉尼斯纪录大全”；2001年中国申奥成功后，他又现场书写了一幅63平方米的祝贺北京申奥成功的特大巨幅倒书，欢呼声之后交由《人民日报》发表；2002年在中央电视台的“马年春节特别节目”上，倒写了一个25平方米的“马”字，再次创出了吉尼斯的新纪录。

双手倒写书法，可以想像这功夫的背后是多少个不眠之夜的苦练！我小时候学过书法，要写好一个“永”字八法，已经令我头昏脑涨，何况要双手倒着来写，还要写得漂亮。可想而知，这需要多大的毅力和耐力啊！

美国洛杉矶学院数学系主任廖国剑教授说：“想理解倒写逆书有多么困难吗？请你试试把英文字母从最后一个开始逆着写，又或者从最后一个字母开始念，试过就知道有多难了”。

每一个汉字都由笔画组成，少则一两笔，多则十几乃至三十笔，书写汉字要遵循一定的顺序才能流畅、漂亮。小时候教我书法的老先生对我说，书法要有气势，一气呵成的书法才有功力和美感。尽管我当年没有坚持学下去，但老师的教诲并没有忘记。看了陆先生倒笔书法写出来的字依然美观、耐看、畅顺，才让人领略到什么是中华民族的博大精深！

陆先生几年前移民美国后，定居在西岸的洛杉矶，现在担任美国“国际中华奇才奇艺交流研究会”会长和“世界艺术家协会”的副主席。他已经年过古稀，但他精神矍铄，经常东南西北的到处跑，下个月他又要去北京了。他告诉我他通过“三倒奇艺”探索逆向思维，独创逆向养生方法，开发大脑潜能。由于自我感觉很好，后来将之归纳成理论，现在受到了很多专家的关注和好评。他说：“我的养生之道有正又有倒，健身又健脑，我七十多岁了，有这样的好的体质不是必然的，主要是靠正倒结合”。我了解到，陆先生的“倒”是有两大类的，第一类是“健身三倒”：第一，每天坚持登山走路，顺走逆走都可以；第二，倒着看书报，在吃饭时双手左右开弓，两手错用；第三，倒着书写，空闲时倒着书写日记，经常练习自创的“好头好尾”、“交错楸耳鼻”等小动作。

第二类是“才艺三倒”：第一，倒弹吉他；第二，倒吹口琴；第三，倒写书法。

尽管陆大师被冠以绝技奇人，但他反复强调，自己没有什么特异功能。健身三倒也好，才艺三倒也罢，一般人只要通过努力，加上身体的基本条件具备，都可以做得到。陆先生是一位提倡健康养生的快乐老人，他有很多养生的经验和理论，都写成了论文。他崇尚大自然，他养生的宗旨主要是返璞归真。他认为平时大鱼大肉又缺少运动，是形成都市病的主要成因，是人类健康的第一杀手。他说最影响人类生命健康的莫过于忧虑、颓丧、恐惧、贪婪、发怒和嫉妒。但这偏偏是现代社会最普遍的病症。

他还说，其实“倒行逆书”也是受中国著名的电影艺术家谢添的启发而来的。

在 20 世纪 80 年代，当时的陆先生人到中年，身体出现了很多不健康的症状，常觉疲劳、智商下降、健忘。总体的感觉是脑力和体力都过早进入了衰老的状态，很明显的未老先衰。后来他有一次亲眼目睹谢添老先生的“倒笔书法”表演，引起了他极大的兴趣。再看看谢老，年高却体健，精神饱满、风趣幽默、性格开朗。于是他深受启发，决定要以“倒行逆书”作为自己养生治病、强身益智、开发大脑的训练。他还从一些杂志中知道，人的大脑潜能很大，但人的一生最多只是用了 1/3，还有 2/3 尚未开发，他觉得开发大脑潜能非常必要。自此他每天坚持三倒：倒行、倒阅、倒写。练习之初很不习惯，也很辛苦，但功夫不负有心人，经过多年苦练，终于从不习惯到习惯了。

十年前，他就倒步登上了有 46 层楼高的广州电视塔，令观众无不惊叹，成为当时很轰动的新闻头条。

“倒行逆书”是一种特殊、新奇并具有一定审美价值的书法艺术，它既有欣赏和收藏的价值，又具有现场表演的乐趣，再深一层又可以开发智力，创造奇艺。令社会生活多了一份“不协调”的和谐，令我们这些经常担心自己有“都市焦虑症”的人多一线曙光！

临别，陆先生送了两幅杰作给我，一幅是用一个芭蕾舞演员的身体舞姿倒写的一个“舞”字，另一幅是用苍劲有力的倒写书法写的对联“铁肩担道义，妙手著文章”。他告诉我，那幅由一笔一气呵成的倒“舞”是他的得意之作，在来美国之前已经获得了书法一等奖。中国著名的舞蹈家陈爱莲和著名芭蕾舞表演艺术家张丹丹各收藏了一幅，现在他送给我一幅倒“舞”，祝愿我在美利坚的大地上长袖善舞，另一幅是希望我将海外华人的心声和经历融入我以后的作品当中。我很感激陆先生的厚爱和鼓励！

原本，《滚滚红尘美利坚》这本书我没有打算请别人题词。因为遇见了陆先生，令我在出版的最后关头改变了初衷，我想如果在书里面有一幅倒写的题词，岂不是更有意义！于是我向陆先生提出了不情之请，老先生欣然答应。因为一个偶遇，于是就有了一幅倒写的题词：

“滚滚红尘书华人，故土情牵美利坚”让我的读者大饱眼福！

就这样《滚滚红尘美利坚》有了名人大师的题词，跟着很多名人机构都表示要做倒写奇书的“绿叶”。用正写为我的书题词，以衬托陆先生这朵倒写“牡丹”，让正、倒相辉，创造人类和谐！

什么欺骗让你快乐？

十几年前，奇乐魔术大师来到美国，继续他的奇幻人生。他现在是“世界快乐王国集团”的董事长，同时经营名酒生意。他是一个比较成功的“美国梦”圆梦者。

当我接过了他的名片时，首先看到的是一个大问号，用“什么欺骗让你快乐呢？”串起来。我看着这张名片觉得很美妙，这种思维方式真是与众不同。有谁被欺骗之后会感到快乐呢？如果不是手上拿着他的名片，我会以为是一道IQ题目。

The Delusional Happiness

In the world of delusions and reality, we can get lost in between. The magician accomplishes his *American Dream* by bringing us delusional excitement.

在遇见“三倒奇翁”陆正平先生的同时，我有幸也认识了奇乐大师，有机会让我一睹国际一流魔术师的风采。奇乐大师曾荣获 2004 年“国际大型魔术大赛”冠军以及 2003 年“世界近景魔术大赛”金奖，他是华人获世界魔术金奖的第一人。

十几年前，奇乐魔术大师来到美国，继续他的奇幻人生。他现在是“世界快乐王国集团”的董事长，同时经营名酒生意。他是一个比较成功的“美国梦”圆梦者。

当我接过了他的名片时，首先看到的是一个大问号，用“什么欺骗让你快乐?”串起来。我看着这张名片觉得很美妙，这个思维方式真是与众不同。有谁被欺骗之后会感到快乐呢？如果不是手上拿着他的名片，我会以为是一道 IQ 题目。

魔术世界一直是我解不开的一个谜团，我总猜不透魔术师手中的下一个动作会变出什么，是一个可以打得破的真鸡蛋，还是一只飞舞的和平鸽？在我的脑海里，魔术是一串长长的问号。

当我拿着奇乐大师的名片时，一时不知说什么、问什么。面对面的近距离接触，舞台下的魔术师穿了一件短袖衬衣，没有道具、没有布景、没有助手，我在想在这样的环境下、这样被看透周围空间的情况下，真的还会有魔术师吗?

我们看不透奇乐大师变幻无穷的魔术，但大师却看穿了我的疑惑，他很轻松地说：“来，让我变个法宝给你们看。”他随便拿了一副普通的扑克牌，玩了几个魔术，然后又把谜底解开。当时我们的感觉是：哦，原来是这样的！在我们兴趣的高潮准备降落的时候，大师马上又说：“那是几下雕虫小技，你们练练就可以去表演了。下面就让我来表演拿了金奖的那个节目给你们看吧，”他再度把大家的兴致重新带起。这个魔术由我来当第一个嘉宾，魔术开始：四张麻将牌，分别是“发财”2 个，“五万”2 个，绝对是平时大家玩的那种真的麻将牌。请注意！重点不在于道具的真假上面，而是在于不可思议的偷换术上面。当时我和大师每人各拿一张牌，我将两张牌反转用手盖住，另一个朋友再把他的一只手压在我的手上面，大师也把他的两张牌反转过来，然后问我，想要两张“五万”还是要两张“发财”，我说要两张“五万”，大师说：“已经换给你了！打开你们的手看看”，我们把用两只不同的手压着的牌打开，真神了！我们明明压得紧紧的，两张牌其中一张“发财”变成了“五万”。大师打开他的牌变成了两张“发财”。我们压住的一张牌在10秒钟之内、在众目睽睽之下不知道怎么样给他换掉了，我们都愣住了，不知道是怎么一回事。后来大师让在场的人都来试，大家有的要“发财”，有的要“五万”，都试完后，没有人找到破绽，在场的人瞠目结舌，无声、无言。这一次大师没有任何的解析，我曾经听人讲高级的魔术大师都会有几样绝技是不可思议的，但也是绝对保密的，同行之间就算破解了也不能公开，这是行规，不会有人去违反行规的。我不知是否这样，也不敢问，但我除了感受一次被“欺骗”的快乐之外，对那出神入化的魔术，更感到不可思议，留在脑海中的依然是一堆堆的谜团和一串长长的问号。

对于我的问号，大师是这样解析的，他说：“魔术是一门既简单又深奥的学问，说它简单，就是当你完全明白了其中奥妙时，你在心里会说一句，嘿！原来这样而已。说它深奥，就是当你还不知道它的秘密、机关时，便会被它那超自然力量的现象所迷惑，倍觉神奇莫测、百思不解。其实，魔术世界处处闪烁着科学的光芒，没有科学就不会有魔术，因为它涉及面很广，从声学、光学、电子学、物理学、化学、力学、心理学等等一大堆。而且还要与科学发展同步，才会让观众有时代感，有刺激感。例如：由最原始的魔术—变手帕、变花朵等刻板的动作、静态的舞台场景，到今天的魔术舞台电光火石、射流、激光等，都是时代和科技进步的表现，如果一个魔术师不跟着时代走，就会被淘汰，更不要说去参加世界比赛了。”

奇乐大师还说，魔术除了表演、娱乐、拿奖之外，有时候对人生也会起到很关键的作用，可以使弱者变强。大师见我露出不解的神情，就继续说：“讲一件真事给你听，有一次我去好朋友的家里做客，看到朋友的儿子在哭。我询问原因，原来当天是小男孩的生日，他请了很多同学来家里庆祝，但不知道为什么，过了约定的时间，竟然一个人影都没有，男孩子看着一桌子的食物很难过地哭了。但是，这个时候男孩的母亲竟然当着我的面大声地对男孩说：‘你也不看看自己的兔唇样子，谁会喜欢来跟你玩啊！’我站在一旁很不是滋味，为这位母亲说出这样的话而感到难过。于是我就拉过小男孩的手对他说：‘来，我教你变魔术，只要你肯努力学，保证你的朋友遍天下。’两周后，这个男孩终于能在学校表演了，回想当年他们全家的那份喜悦，我至今都难忘。从那以后，这男孩就脱胎换骨，判若两人。他从魔术中找到了自信和尊严，如今他已经大学毕业了，还找到了一份很好的工作。”

通过这件事，大师深受启发，他想既然魔术可以改变人生，何不利用它为社会做点有意义的事情呢。所以目前他正在与香港的有关部门商讨联合举办特色魔术学校，利用魔术来帮助那些有需要的孩子。同时他还考虑与中国残联协会合办一个“残疾人魔术艺术团”，让中国的残疾人带着自信走上国际表演舞台，让世界认识中国残疾人自强不息的顽强精神。继“千手观音”之后，让中国的残疾人再给世界一个惊喜，让正常人再一次感动！

奇乐大师原名吴苏雄，生活在美国近20年。他已经功成名就，他抓住了美利坚的机会，让自己发挥得淋漓尽致。今天的他，人生的重点已经不再局限于表演舞台，平时除了很有意义的表演活动他才会答应参与。他已经将他的人生重点转移到了社会上。

他住在纽约康尼岛的岛中之岛，一个名叫“大海之门”的地区，有座被称为“银宫”的豪华古堡，是一座价值200多万美元的古老名宅。已经有100多年的历史，他买的时候不知道是哪一任的房主留下了一副陈旧的油画，描绘了100多年前这个小岛的原貌，在画中最特别的是一个高高的导航灯塔。他每天就在这个“大海之门”望着大西洋，思考着如何将魔术推向更高的境界，让魔术走进寻常百姓家，融入我们的日常生活中，给现代人紧张、繁忙的生活和工作之余带来一些欢笑，让人们绷紧的神经获得片刻的松弛。魔术没有国界，他相信他的发明会得到不同国籍的人们的喜爱。他会将一个普通的中国陶瓷茶壶变成魔术化，可以倒出各种饮料，要绿茶马上出绿茶，要果汁即时倒出金黄的橙汁，要牛奶又可以倒出香浓的白花花的牛奶。我们想想这是多么神奇的“魔壶”，如果走入寻常百姓家一定会带来无穷的欢乐和笑声。我真希望能够尽快在商店里买到这种“魔壶”!

很多人不明白奇乐大师的做法，为什么要让天下众人那么了解魔术的神秘面孔呢？其实他可以凭自己的名气在舞台表演上获取更大的经济收益。但大师却说，他的人生目标就是要将魔术的智慧献给人类，让有天赋的少年成为魔术奇人，给人类带来多一些欢笑声。

他正在协助中国有关部门筹建“中国小发明家协会”，指导和帮助有发明天分的少年开拓未来的辉煌人生。我想很多生活在美国的华人都像奇乐大师一样，尽管身在美国，却心系故乡。

让更多的人在奇乐大师的“欺骗”中得到快乐吧!

最后，奇乐大师希望通过《滚滚红尘美利坚》这本书向大家问好，同时为本书题词：

“变幻无穷异乡路，妙笔妙手挥红尘!”

月亮与乡情*

……每当月圆之夜，我总会想起小时候外婆经常给我讲那“嫦娥奔月”的故事。很多年过去了，我也离开了嫦娥的故乡。但多年来，无论生活压力多大，这童年的故事，总会从我乱石嶙峋的思路上走过……

A Scientist and his Homeland

The moon reminds an immigrant of his childhood stories. Our cultures can be different, but our moon will always be one. (*This essay has been honored with many national level awards in China*)

* 本文是中国中央人民广播电台获奖作品。

在外国生活这些年来，每当月圆之夜，我总会想起小时候，外婆经常给我讲那“嫦娥奔月”的故事。很多年过去了，我也离开了嫦娥的故乡。但多年来，无论生活压力多大，这童年的故事，总会从我乱石嶙峋的思路上走过……直到变成一份实实在在的感情，给孤清的异乡生活带来了少许安慰。不知道为何这童年的故事竟伴着我成长，并不时散发着温馨，有时候我都搞不清楚，到底这是对已故外婆的一份怀念？还是对故乡的无限眷恋？

无独有偶，一个我的同龄人，也是来自嫦娥的故乡，也有一个难忘的童年故事。他就是美国太空科学家袁闻峰博士，他一次一次获奖，最近更获得“太空科技雷达工程”大奖，并得到总统颁发褒奖令，中国驻纽约总领事馆总领事还亲手递上嘉奖牌匾。他拥有两项专利，发表了12篇论文，1989年荣膺“国际电机工程师协会”之“全美杰出青年工程师”。他是该协会成立53年来，首位获此殊荣的华裔。然而在异国的成就，却丝毫没有磨灭他对故乡的印象、童年的感觉。

我是在一个晚宴上认识他的。那是一个颇为隆重的宴会，一位朋友带着我去拜见了他，这位态度和蔼、礼仪周到的青年人令我眼前一亮，看那魁梧的身躯和那闪着智慧灵光的双眼，我瞬间的感觉是：此君非池中物。尽管我之前已经知道他成就非凡，但在当晚由于他平易近人，减少了大家初次见面的拘谨，令彼此交谈甚投机。后来，我们竟无意之中同时讲起童年的事，我们都知道“嫦娥奔月”的故事，那是故乡的传说。尽管这美丽的神话已经被科学否定了，因为尖端的太空科学技术揭开了月球的奥秘，但我们还是乐意接受她，因为她令我们想起故乡、忆起童年……

我们的童年都在中国度过，当时的中国正处于动荡的时代，无知的稚童在那时缺少物质生活的享受，更没有今日五花八门的电子游戏，生活的世界很空白。那时几乎没有玩具，对外面乱哄哄的世界更无法理解，最大的乐趣是听故事，特别是听老大爷和老大妈讲的故事，因为他们的故事可以让我们走到另一个世界，一个与我们当时的生活环境完全不同的时空。我们幼稚的思维在童话世界里编织着梦幻，孩子的心灵在寻找着世外桃源。那时位于南方的一个小城一处幽静的小庭院，时常有一群顽皮的小童围着一位白发长者，偷偷地听着当时不可张扬的神话故事："……这天上有牛郎织女，有孙悟空，有玉皇大帝。月球上住着嫦娥，她是偷吃了丈夫的灵丹，飘到月亮上摘星去了……"美丽的故事，神秘莫测。一群纯真的小孩，几十双纯真的眼睛，在无数个月圆之夜，他们盯着明月和千万颗星星，像要看穿宇宙的奥秘，探索这些故事的真伪。孩子群里有一个壮实的男孩，紧紧盯着无垠的苍穹，握着双拳，他幼小的心灵此刻萌生了挑战太空的念头。

几年后，这个男孩抱着童年的故事、带着摘星的梦想，来到了美国，定居在费城。他和他的家庭，和所有新移民一样承受着生活的艰辛。这个男孩在课余要到父母的外卖餐馆帮忙，这个餐馆设在治安极差的黑人区，一家人承受着随时被打劫的压力。少年时代的他学炒菜、打杂，艰苦的体力劳动与人的智慧和斗志竟然同步。越是艰苦越是激发他奋斗、去实现童年的理想，为此他失去了同龄人的所有娱乐，为此他做出了不是普通少年可以做出的努力。那时尽管手上是干不完的杂活，脑海内却是一叠叠层出不穷的方程式。勤奋的结果，终于让他成功地进入了名牌大学，更换来了硕士、博士的桂冠。他是成功的，而且也是相当勤奋的。

昔日那个爱听故事的小孩，就是今日的袁闻峰博士。他走出了一条路，他是青年人的榜样。如今，他服务于美国国防部的飞弹和地面雷达部门，负责设计高科技军用雷达和空中防御系统，并以低高空飞弹追踪研究荣获"技术卓越"奖。"聪明的中国人"——终于一些友善的外国朋友这样称赞他、赞赏他的民族。同样，他的民族，他的祖国一样器重他、肯定他的才能。中国国务院向他发出邀请，之后不久由他率领中美科技代表团访问中国各大学、国家实验室、太空航运公司，并得到中国国家领导人的召见。我们作为他的朋友为他高兴，更为有这样的同胞能在强国的科学殿堂内占一席位而骄傲。

那晚宴会上，他还告诉我，他不会忘记自己是中国人，有机会一定会为祖国的科技发展出一点力。他怀念童年生活过的地方，那里有美丽的故事。不久，他果然举家迁到香港暂住，为中美的科技交流搭桥铺路。得到这消息后，我心想，果然言出必行，我从心里敬佩他。他的成功之路洒满了他父母辛勤的汗水、留下了他闯越艰苦环境的足迹……

与其说人到中年总怀旧，倒不如说人离故乡倍思乡。我想起我曾经不止一次地给女儿讲童年时外婆讲的月亮神话，那“嫦娥奔月”的故事。她竟莫名其妙地对我说：“美国可没有这个说法，那是中国的故事。”我猛然醒悟，不错，这是中国的故事。月亮属于宇宙的，你在任何地方都可以看到，但那美丽传说，飘然奔月的嫦娥只属于我们的故乡。正因为这是中国的故事，才可以如此深刻地长存在我的记忆中这么多年，尽管我知道那是百分之一百的神话，现代科技已经证实，月球是一个无生物的星球，到目前为止不可能有人类居住。那又如何，我依然故我，依然喜欢月圆之夜，让思维去畅想，去怀旧，去创新，幻觉出现那广寒宫、桂花酒、霓裳羽衣，那美丽幽怨的嫦娥和那可爱的小白兔……

我喜欢享受那片刻的超然，片刻的净化。让我们在神话的世界里去慰藉我们共同的、浓浓的乡愁吧！

海这边的故事*

海的这边，是大洋的西岸。有纽约这个美国最大、最繁华的城市……纽约唐人街是一个龙蛇混杂的地方……在这里生存要有勇气，在这里奋斗需要胆量，需要信心和毅力。

李先生用几十年的时光大毫，一笔一笔地写着美国华埠近代史，编写着纽约唐人街的一个传奇故事。

Seaside Story

A man's struggle and success will always leave a mark in history. His ups and downs in life confirm that miracles can happen, but only through hard work. (*This essay has been honored with many national level awards in China*)

* 本文是中国中央人民广播电台获奖作品。

海的这边，是大洋的西岸。有纽约这个美国最大、最繁华的城市，它使人们想起高耸入云的摩天大楼，繁华的百老汇和手持火炬的自由女神。对于中国人而言，这里的另一个概念是：此地是全世界最大的华埠，纽约唐人街是一个龙蛇混杂的地方。因为悠久的历史以及优越的地理环境，一直吸引着各地游客，各国移民像潮水般地涌向这里。因此，在这里生存要有勇气，在这里奋斗需要胆识，需要信心和毅力。一群离开家园的游子，需要有人撑起大伞，遮挡华埠上空的烈日狂风和不可预测的雷暴。这样就产生了历史上众多的华侨领袖的角色，他们从各个方面、各个层面当起了撑伞者。这些人当中有一个充满传奇的人物，也是我本文的主角——李文彬，他是一位有资格用自身经历撰写华埠历史的人，他曾经为华埠、为同胞立下了丰功伟绩。

基于写作者应有的触角，我一直都想把李文彬这个人写进我的作品里。初衷是因为偶然在华埠电台听到他对时事的讲解和对国际形势的分析，继而从旁得知他的经历和走过的路，那是可与华埠近代史同步的人生际遇。

他在华人社区、华埠商界是举足轻重的人物。他曾经为维护中国人的尊严而率领两万多人到市政府示威。他曾任中华公所主席以及有华埠一景之称的孔子大厦的董事长、华埠人力培训中心董事长、李氏信用会财证董事、纽约唯一的华资银行——东方银行的董事长等等实力机构的策划人。以上随便一个职位都是可以代表一个人的地位、身份的，何况一身兼数高位。这说明，除了要有魄力之外，更少不了的是超乎常人的精力付出。而且，整整 18 年，他每周都到华语电台主持一个专题讲座——《华埠座谈》，这可是义务的，并无一分钱的报酬。在美国这个充满铜臭的社会，能在百忙之中抽身为社会作无偿的奉献，历时 18 年风雨无阻，不是每个人都可以做得到的。说老实话，令我对他真正肃然起敬的原因，并不是他的职务身份，也并非他腰缠万贯，更不是他在华埠声名显赫。我对他的尊敬，是基于他的热心、正直、平易近人的作风以及整整18年不计报酬地带领广大同胞，正确地、中肯地分析认识国际时事和两岸关系。对社区大事，他劝导侨胞在异国他乡自律、自强、自爱。基于这个根源，我总希望能在融会于空气中的电波里，在纽约上空回荡的一副男低音中，找寻那个有血有肉的身躯，找寻一副古道热肠，一副现代少见的知识分子的铮铮铁骨和那血浓于水的民族情怀。然而，当有一天，李文彬先生出现在我眼前的时候，我却没有眼前一亮的感觉，也没有晚辈见长辈时的拘谨和不安。那是因为他如此地平易近人，令我在见他之前的那份顾虑，于相遇的瞬间全然消失。我见到的是一位中等身材、样貌慈祥、两鬓斑白、年过花甲的长者，唯一特别的是他的双目炯炯有神，他言谈朴实，态度和蔼。因为是约定，他早知我的来意，于是，他气定神闲地给我讲故事。随着他声音，我被带进了华埠近代史……

（一）史无前例的华埠大示威

那年是1975年的4月，一个春日的黄昏，中国留学生姚先生，正在唐人街一间咖啡厅里闲坐，隔着玻璃窗，看着前面的马路上，两部小轿车飞驰而来，时而并列而行，时而你追我赶，姚意识到这分明是在斗车。数秒钟后，两辆车在咖啡厅门前停下，由于之前其中一部车有意用车头撞向另一部车的车身使两车急刹，车里分别走出一个中国人和一个貌似意大利人的白人，姚先生清楚地看到意大利人是先行撞人的车主。此时两车主站在路边争持不下，眼见双方就要动武了，姚先生见义勇为地站了出来，指证是意大利人先侵犯中国人的事实，并作为目击证人陪同当事人和巡警一起来到五分局（主管唐人街区域的警察分局）。但在警局内，警察不分黑白，袒护白人，指责中国人。姚和当事人与警察理论，警察竟把姚推倒在地，然后反过来诬告姚打警察，这样姚便由证人变成犯人了，并当即被收监候审。这样姚就成了美国种族歧视的大棋盘里一只无辜受难的卒子，除了要承受屈辱和灾难，他别无选择也无退路。但有时上天还是公正的，正当姚面临困境的当晚，有一些正义的同胞跑到中华公所求救。当时担任中华公所主席的李文彬，尽管义愤填膺，却镇静如常。面对当时数万侨胞的期待，面对其他族裔的压力，面对当年华人地位的顾虑，他沉思片刻，继而把一切都抛于脑后，毅然决定当晚带领两万多人去警察局示威，又到市政府要求与市长见面，为自己的同胞申冤，以讨还公道，维护自己民族的尊严。结果警方妥协，次日便释放了姚，并在各方压力下撤销了当时的警察局局长和当事的警察的职务。这次事件震撼了华人社会，也震撼了美国社会，华人地位从此飞跃几级，全国各州的华语电台马上做出回应，并发表评论，大力支持。因此，李文彬先生的一番胆识、一个果敢的决策，为华埠历史写下了光辉的一页，给美国的种族歧视偏见狠狠一击。李文彬至今都很感激他认识多年的两位有教养、有地位的黑人朋友的全力支持，他们于事后都纷纷广泛传播，扩大影响，其中一位是一个城市的市长和记者。每提及此事，李文彬总是神情激动，他说这件事是他最觉得自豪的经历，因为华人的地位从此提高。

（二）儿童乐园的缔造者

纽约有一个“儿童培护中心”，由李文彬先生一手创办，并且危难关头，也是他挺身而出全力挽救的。这是一个由中华公所负责管理的慈善机构，专门教育华裔学龄前儿童一些基本知识，以及教一些中文和中国民族舞等等知识，所以深受侨胞的欢迎。这既可以让做父母的安心工作，更免了家长找保姆的麻烦，因此，纽约居民在报名之后都要排队等候一段时间的。由于收费极少，“中心”的其他超支部分都要由各侨团赞助，多年来总算可以维持。但有一个时期中华公所经济困难，无法支付“培护中心”那幢楼宇的每月银行贷款，“中心”面临解散的危机，因为“中心”的楼宇银行有权收取作抵押。正当危难关头，州政府有关部门来执行封楼手续的检察官在临走时抛下一句话，说只要 M. B. Lee（李文彬的英文简称，也是熟人和朋友对他的尊称）马上出面承担责任还清 106 万元，就可以取回楼宇的产权。主要负责人迅速找到李文彬先生，并恳请他担起这个无人有胆量承担、也无人有能力承担的重担。当时，李文彬先生稍作思量便应允了，当即便向银行再贷款，由他本人承担责任。贷到款后，立即还清债务，“中心”得以继续运转，人们松了一口气。106 万元的巨额贷款，不是普通人有资格贷得到的。就这样，李文彬为了华人同胞的利益、为了华人后代有一个正常的环境成长而担起了这个巨额贷款的风险，背起了无人敢背负的重任。

当年因为李文彬先生出手相助，而令华人培育后代的“培护中心”继续生存至今，而且发扬光大。后来李文彬更眼光独到，推荐了王张玲瑜女士出任培护中心主任。在这位女强人的管理下，中心更加深受侨胞的爱戴和信任，各方面都相当出色。当然人们更会饮水思源，忘不了李文彬先生的奉献和功劳。

（三）甘作铺路人

另一个与“儿童培护中心”成为姐妹中心的是纽约的“华埠人力培训中心”，这是全靠社区侨团捐助，同时向政府申请部分出资而创立的专门培养新移民各方面技能的学校。当这些新移民毕业后，中心还帮助介绍职业，这纯属是一个慈善机构，当然，这也可以说是美国的一项福利。但是如果没有一个带头人去办，美国政府是不会主动来关心这些问题的，更不会主动来帮助这些新移民。你这个族裔不主动去申请，政府还求之不得呢。幸好，纽约华埠有李文彬这位既是旧广州暨南大学毕业生，同时也由美国田纳西州大学毕业，精通中英文的华埠精英以及他的同事，齐心合力为社区争取了这一项福利，并由他出任董事长。就这样在20年前，华埠人力培训中心便应运而生，为初到美国的新移民铺开一条通向成功的霞光大道。在这里，我们的华人同胞可以免费学到英文、电脑、会计等等在美国生存立足的基本知识。20年来，一批批原来连ABC字母都不懂的新移民在这里学到了谋生的本领，从而可以活跃在美国各行各业，同时也提高了整体的民族素质。除此之外，在李文彬的带领下，于1965年2月19日，率先在华埠创立了李氏信用会，让华人的资金有一个属于自己民族的集中点。继李氏信用会之后，又创立了纽约东方银行。这是当时第一间华资银行，是一家全部遵照美国的银行法律运作的正规银行。这样每一个客户都可拥有与美国其他银行一样的保障和保险，又无语言和文化障碍，因此多年来深受侨胞的欢迎。但凡事也非一帆风顺，其中也经历了许多波折，特别在李文彬先生出任东方银行六年董事长和九年董事其间，在这15年中，东方银行更经历了不少劫难，甚至内外交困。但他们沉着应战，度过了一个个难关，历经风刀雨剑而屹立不倒，也可算是华人的一个骄傲。

（四）面对仇怨

有时总觉奇怪，纽约华埠方圆数百里，是全世界最大、最具规模的唐人街，历来都是帮派林立的是非之地。在此立足已非易事，要在这里出人头地，更是谈何容易。而李文彬能在华埠立足40年不倒，不但不拉帮结派，并且不断带起一股股正气，这不能不令人感到惊讶。他之所以能有这本领，有人说他善于周旋于黑白两道之间，有人说他惯于联络警民中间，所以，那方面的人都给他面子。但又有人告诉我，他的“忍”字功夫了得，他的人生座右铭是“吐面自干”（即别人往自己面上吐唾沫，都不去抹，由它自然干了）。这是一种登峰造极的忍功。我相信这修为，非一朝一夕可成也。所以他可以成为华埠凤毛麟角的人物，因为不是很多人都可以有他的度量。告诉我的人是在华埠甚具影响力的人，自然对李文彬非常了解。或者这是老一辈的华侨的古训条：“百忍成金”的那一个忍字吧。但是他们那一代的华侨与我们这一代在人生观和世界观方面已经很不同了。

……带着各方评价，脑际中交替着社会上对他的褒贬，我终于忍不住向他提出这个话题，尽管备觉冒昧和尴尬，但为了对他有更深刻和更真的了解，我还是出言问他：“有些人说你通黑白两道，为人深不可则，有时都不知你是敌是友，是黑是白，其实在你的生命中到底有没有对头人?”

只见他毫不激动，好像他已习惯了这些发问，淡淡然地说：“我只想告诉你一件我终生难忘的事，这是一次起死回生的劫难。我永远不会忘记的黑日子——1975年7月11日傍晚，我正在我的餐馆内与我太太并排而坐，突然进来一个青年，一直朝我面前走来，我当时还未反应过来，就被他以迅雷不及掩耳的速度连捅五刀。当我还有命醒来时，已经是躺在医院的危重病房里，我睁开眼第一个见到的是我太太，她泪水纵横，我不知道是否因我的生命得以延续而开心激动，还是刚才我还未醒来时因担心和忧虑而悲哀。总之，我可谓命大，因为事后医生告诉我有一刀只差半寸就刺中心脏了。后来外边众说纷纭，有人讲，这是仇家所为，有的说这是黑吃黑的结果。而我自己就是丈二和尚，一点头绪都没有，仔细想想我并无如此深仇大恨的仇家，也不认识刺客，我当时唯有三缄其口，任由众说纷纭，等待警方处理。不久，我伤愈出院。再过一个多月后，有一天，我接到警方通知，疑犯已捉拿归案，要我到警局认人。当我与疑犯相见时，还未待我细细端详以确认，对方已泣不成声地说：‘李先生，我对不起你，但我是无心的，我很后悔……’。”

“一般人一定会说：‘混账，捅人5刀还说无心，何不砍下自己的头当球踢呢？’”

“但是，我并不激动，只是静静地、耐心地听他把‘故事’讲完，原来刺客叫阿牛，从香港来的移民。因为有一晚在一个地下赌场内，被一帮人挑逗着说：‘阿牛，如果你有胆量去杀了李文彬，这里的一万元就是你的了。在你决定后，可先取五千元走，成功后再回来取另一半。’就这样，阿牛就为了这一万元铤而走险，去毁掉一个与他无仇无怨而且素昧平生的人的性命。是幼稚还是凶残，就让别人去评说吧。我要说的就是感谢上帝带领我逃过此次大劫难。阿牛行刺我之后，曾经逃到加州，后来又潜回纽约，由于良心的谴责，终日精神恍惚、语无伦次，后来被人发现举报。当警察找到他时，他没有再抗拒自己的良心，于是竹筒倒豆般地全盘招认了。”

“当我听完这个故事后，我没有去追究他所言是否真实，便以当事人的资格告诉主控官，我不再追究，可以从轻发落，希望他从此改邪归正。因此，法官只轻判了他八年刑期，这种罪最高可以判终身监禁。事后很多人问我为何这么轻易放过他。我只答：‘既然他是一念之差，就给他一个机会吧，谁叫他是黄皮肤的同胞呢。’后来，知我者谓我心慈，不知我者说我怕了仇家。说好说坏都由人吧。自问我并无仇家，这次灾难只是命运中的一次劫数。”

但是，李文彬始终都不清楚，那买凶杀人者是谁，出于何种目的，仇恨？或是寻开心？是早有预谋还是一时之兴？对于李文彬至今仍然是个谜，宽宏大量的他也不再追究。听完这段经历，我不但相信了别人说他“忍字功夫了得”这个结论。而且，在我的心目中为他加了一句“量字修为似海”。

（五）追溯根源

每当华语电台每周一次由李文彬先生主持的《华埠讲座》时间开始，不管是餐馆的工人、衣厂的女工，又或者是自己做生意的商人、学者、文化界等各层次的华人都非常有兴趣地收听这个讲座。因为这个节目可令人们在知晓世界大事的同时，提高自己的分析能力，还可以鞭策中国人在美国自强、自律、自爱，团结一致，为民族争光。

讲座的每一部分的言谈都有其思想根源，李文彬先生曾对我说过一句话："台湾，香港始终是中国的一部分，历史造成的错误，终要纠正。作为中国人应该要推动历史前进，不要做历史的绊脚石"。

何出此言？原来，追溯根源，他的爷爷是很早期的老华侨，当年受尽外国人的欺侮，深感作为一个弱国子民的艰苦和无奈，从李先生父亲那一代，一种促进祖国强大的情意就开始萌芽，因此，李文彬的父亲从感情上明显地倾向中国这块故土，尽管当年这块黄土地还是战火弥漫，满目疮痍。但父亲的思想却在潜移默化地影响着青年时代的李文彬，青年时代的李文彬在20世纪40年代中期就读广州名校暨南大学。他的太太则是广州光华医学院的医科毕业生。他们于1949年带着一脑子激进的思想来到香港，继续在香港的培英书院进修英文，短短的三四年间，在香港的所见所闻，给他留下了永远无法磨灭的烙印。他永远难忘，作为殖民地移民的屈辱与悲哀。那期间，他亲眼见到英国人的横行霸道，他们可以任意欧打中国人、中国学生，他们可以任意蹂躏中国女性，他们任意搜刮民脂民膏。所有这一切，令当时激愤的他感到痛心疾首和莫大的耻辱。列强铁蹄下，我们只有失落感、屈辱感和危机感。但那个时代的知识分子，有着两大类，一类是勇敢地面对现实，"甘洒热血写春秋"；要不就是远走他乡，回避现实。因此，翻开中国知识分子近代史，不难发现，那个年代的知识分子，在一般情况下都在这两条路上走着或者徘徊着。属于那个年代的李文彬，在家庭环境的促成下，来到美国。但在离开香港时，他对"殖民地"三个字深恶痛绝。经历了半个世纪以后，现在他认为香港1997年的结果，是历史前进的必然，因为那是中国的领土。以往中国人曾经在那块属于自己的土地上低着头，看着英国人的脸色做人。要知道李先生心中形成这份民族情结的实质，还要追溯到遥远的1957年，李先生的岳父大人在美国留学，并取得学位，当年带着成就、带着财力，开始在香港发展。后来却在一次商务投票竞选中败在英国人手上，那不是因为实力，不是因为学识等方面的不足，而是因为他是中国人。当年的中国还处于闭门造车的状态，在国际上还是处于孤立的地位。因此，当时英国人就曾趾高气扬地讲明：他失败的原因只有一个，就是他是中国人。李先生的岳父一气之下，干脆就回到自己的国土去做一个真正的中国人。当时，广东省委负责安排接待，他后来还当上了政协委员。李先生的几个内弟从香港培英中学转到广州的学校继续学业，跟随父亲去做真正的中国人。后来，其中一个内弟参加了中国的空军，成为出色的飞行员。其他人也在中国度过了青少年时代，并经历了十年浩劫。他们的父亲是幸免了，因为他刚好在“文革”前一年，1965年去世了。当年曾有人将这位老先生的行动，形容为“激进”。我却觉得无可非议，人各有志。中国有句古语：“有人辞官归故里，有人连夜赶科场。”不过无论怎样，李先生岳父当年的归国行动在当时的中国确实引起了一阵轰动，特别是广东地区。

因为人生充满了偶然性，我们无法把握生活中的纷纭百态，甚至不晓得命运究竟是什么，但命运却将人送上千差万别的生命之旅。这时候，就更需要有思想和懂得思考了。

就因为这出自黄土地的根源和血浓于水的情怀，鞭策着、激励着李文彬先生，40年来在美国这块他乡土地，为了自己同胞的利益而奋斗，更敢于逆风而行。

李先生用40年的时光大毫，一笔笔地写着华埠近代史、编写着纽约唐人街的一个个传奇故事……

对于我们这一代，对于今天已经十年人事几番新的纽约华埠和纽约不断发展扩大的“唐人街”，李文彬的人生经历，已经成为过去、成为历史。但我希望李文彬在美国的经历、在异国他乡的人生足迹，能够成为我们海外华人的一面镜子。

路，原非路

每一个人，走在外国的异乡路上的第一步，都会备感沉重、失落和迷惘，这个时候就是最大的人生考验。当你并不甘心埋没自己原来的学识，而又要无奈地跑去干一些底层工作时，在理想和现实激烈交战时，记着要保留这份“不甘”的心态，可能终有一日，这种“不甘”的心态会化成一股强大的动力，将你推向成功。一个别人的故事，成为这篇文章的主题：风，原无形；路，原非路。

The Way

Wind was invisible, the road had no path. Humans made wind power into energy and planted the paths around the world.

Yesterday, back home you were on top of the world, today in America, you are nothing. You must overcome all the obstacles and start all new. The new born you, will not be satisfied with being nothing. It is then that you will realize that your attitude gives you the power to be on top of the world once again. The impossible is always possible.

风，原无形；路，原非路。

小时候就听大人们说：世界上本来没有路，路是人走出来的。童年的我，并不理解这句话的精辟之处，只是有时独自走在路上时，便会产生种种遐想：“这里没有路之前是怎样的，是哪年、哪月、哪人走出了这条路……？”

时光在春夏秋冬的交替循环中，与人类岁岁年年同步在地球上、在宇宙中走出一条条路，一个个飞跃。从古代中国的夏、商、周时代，到今天走向21世纪的强大的中国，这几千年中，中国人有过屈辱、有过战争、有过无数的沉痛历史也有过短暂的辉煌，到今日真正的强大。几千年历史的中国在地球的版图上，有着太深的足印，有着太多的故事。而年轻的美国，从被哥伦布发现，到变成大英帝国的囚犯流放地，到今日的先进强大，体现了人类求生的意志，足可以令沧海变桑田。今日的美洲大地，已经光芒四射，像一座金山，一个磁场，吸引着无数人向它走来。

读着古老的中国历史，读着年轻的美国历史，我悟出了一个道理：只要你不断向前，就会有变幻无穷的经历，当你捧着一个“成功”之后，要继续向前。当“失败”压着你的时候，不要气馁。永远牢记我们祖先的古训：“山重水复疑无路，柳暗花明又一村。”

在勇者面前，高山有路！

每一个人，走在外国的异乡路上的第一步，都会备感沉重、失落和迷惘，这个时候就是最大的人生考验。当你并不甘心埋没自己原来的学识，而又要无奈地跑去干一些底层工作时，在理想和现实激烈交战时，当这个时刻在你的人生某阶段出现时，记着要保留这份“不甘”的心态。可能终有一日，这种“不甘”的心态会化成一股强大的动力，将你推向成功。一个别人的故事，成为这篇文章的主题：风，原无形；路，原非路。

在中国的众多留美学生中有一位叫陈怡的女性，她是至今在美国音乐界中最著名、最成功的亚裔作曲家，在国际乐坛上有着非常重要的地位。她能够在西方这个只崇尚“阳春白雪”的音乐舞台上，勇敢地追求中国“神韵”。并将之发扬光大，为西方主流社会的同行接受并欣赏。

以“自己的语言”表达，是她作曲的理想和基调，她的成名作品《多耶》在美国妇女交响乐团举行的演奏会中被选为压轴曲，并在国际乐坛上获得肯定。谈起这首曲子的创作过程，她说：很多年前，当她还在国内中央音乐学院学习时，有一次去广西采风，当时的少数民族地区侗寨不通汽车，人迹罕见，侗寨人用“多耶”这一特有的载歌载舞的形式，欢迎远方的来客，火塘边的组舞，月光下的颂唱，天真无邪的侗寨年轻人，好像与尘世隔开了。而对长期生活在大都市的人，踏足此景，恍如坠入时光隧道。之后，尽管经过多年的风风雨雨，踏着艰辛的、留学异乡的崎岖路时，十多年前“多耶”的旋律总萦绕心头，当她决定要在世界乐坛上用自己的语言说话时，“多耶”的旋律在她心中升腾而起，喷薄而出。后来“多耶”的成功，为她在国际乐坛打下了良好的基础。

另一首杰作《钢琴协奏曲》是她在美国纽约哥伦比亚大学攻读博士学位时，应纽约布鲁克林交响乐团的委托而作的，完成于1992年，1993年5月她以这部作品获得了“哥伦比亚大学”的音乐艺术博士学位，并获得了“优秀毕业论文奖”。后来在1994年10月14日，这部作品由布鲁克林交响乐团在纽约作了首演，当时震惊了西方乐坛，引起世界的注意。值得一提的是：这首曲名听来非常西化的《钢琴协奏曲》完全不采用西方常见的奏鸣曲形式，而是采用了中国民间的《老八板》的乐韵，中西文化的融合演绎，成为西方舞台一个独特新颖的内容。在协奏曲的尾声，陈怡还运用了“九、七、五、三、一”的民间《十番锣鼓》的节奏序列。因此，使人感觉到这部《协奏曲》在曲式、速度、时间安排等方面都是经过精心计算而设计出来的，是理性化的。然而，作品的声音效果却是充满感性色彩和洋溢着灵气的。

在美国留学的日子里，通过艰苦的努力之后，陈怡终于如愿地、成功地将中国的民间音乐精华与西方的“阳春白雪”融为一体，成为这种独创音乐的创始人，并且受到西方人的认可，同时更得到同行的高度评价。成名后的陈怡并没有骄傲，更没有停下来，而是更加全情投入，近乎疯狂地创作。为此，她失去了平常人生活的内容方式，她错过了当母亲的年华。

然而她也深知，成功是需要付出代价的。难得的是她的决定，得到了她的丈夫、同是知名作曲家的周龙先生的支持，同步在音乐创作的里程中奉献青春年华，携手前进。

令人欣慰的是以后几年（1994 年开始），她的一个个音乐创作成果风靡了乐坛，成为中英文报章、传播媒介争相报道的焦点。《中国神话大合唱》中的三个主乐章：（1）盘古开天辟地；（2）女娲创造人类；（3）牛郎织女的故事。从盘古的气势磅礴到女娲创造人类的铁胆柔情，再到牛郎织女的坚贞不渝，全剧令观众如痴如醉。《语诗合唱》乐曲中，中华古诗词的精炼、精彩，令西方人叹为观止，他们惊呼她是世界文学园地里深藏地下的巨钻。如果让当年的拜伦、普希金、惠特曼、莎翁等看到、听到，一定会惊叹，原来“天外有天”！

近年陈怡的作品已经数不胜数，在国际乐坛上带起一股东方旋风，连世界驰名英国的哈雷（Halle）交响乐团都邀请陈怡到英国，并在一场音乐会上演奏她的《第二交响曲》。陈怡说：“哈雷乐团是一个相当保守的乐团，得到他们的赏识相当不容易，他们历来很少演奏亚洲和非洲作曲家的作品，今次是第一次演奏中国作曲家的作品。作为一个亚洲人，特别是中国人，这是一种荣幸。”

如今陈怡担任美国钱蒂克利尔男声合唱团的驻团作曲家已多年。这是全美唯一的职业合唱团，全团只有 12 人，全部男声，个个都是精英，他们一年有 150 多场音乐会，经常到世界各地巡回演出。未出现陈怡之前，这个合唱团唱过很多民族的代表乐曲，包括欧洲文艺复兴时期的各种曲目，就是没有唱过中国的作品。他们表示，绝非歧视，而是那时还不知道有一个叫陈怡的音乐天才。在陈怡之前，还没有作曲家有这个深度，有这个胆识，有这种才华能够沉浸在古老文化与现代文明的遐想之中，同时明显地表现东西音乐之间的平行与对比。后来，陈怡为他们写了中国民歌合唱一套十首，他们唱起来惟妙惟肖，如果不看他们的样子，不会想像到是外国人在唱中文，因为他们唱得太专业了。站在这个白人操纵的舞台上，要成功并不容易。1995 年，陈怡从数以百计的竞争者中脱颖而出，被美国作曲家基金会选为全美最优秀的七位作曲家之一。名利双收，羡煞旁人。她是获得这个荣誉的唯一有色人种。同行们对她的评价主要是两点：（1）她完全懂得中国音乐配器的奥秘，有办法把中国器乐最好的音乐与色彩表现出来。(2) 她的作品表现的合奏方法既富摄人的魄力，又能表现出中国传统合奏那种最迷人的神采。她可以把中国古代“乱”声的合奏方法，用极前卫的方式表达出来。总结陈怡的风格是从“古典”找根，从“前卫”找路。

已经步入中年的陈怡，1953 年出生于中国广州市，童年时家境优裕，父亲是一家医院的院长。高级知识分子的家庭教育，令她有机会在 3 岁时学钢琴，4 岁学小提琴，中学时代就读于广州名校二十九中（即培英中学）。但是，青少年时代中国形势发生变化。因此，命运并没有让她人生路上的青少年时期铺满鲜花。在她 13 岁的时候，“文革”的浩劫开始了，父亲被指控为“特嫌”，莫须有的罪名令她的原来快乐的家庭蒙上了阴影。于是，不满 16 岁时，她被送到落后的乡下，接受“教育”。从前天天穿皮鞋的她，下乡后没有穿过一天鞋。然而，艰苦的体力劳动并没有让她屈服、放弃。在那个乌云密布的疯狂年代，她依然可以陶醉于泥土的芬芳和大自然的怀抱之中，她空闲时热情地接近当地农民，听他们哼唱小曲，倾诉自己的喜怒哀乐。绚丽多彩的广东音乐，成为她后来创作的一个源泉。在那些艰苦岁月，她从未放弃练小提琴。后来，一个偶然的机会，她投考广州京剧团（乐团），她一运弓，全场被震慑住了，她被当场录取。从此，她走上了所谓“专业音乐工作者”的路，在当时，以她的家庭背景实在不容易。那时的文艺团体，只准唱八个“样板戏”。她也只能用西洋的小提琴演奏纯中式的京剧，她回想起当年这种“不伦不类”的演出，竟然是她今日融合中西方文化艺术的第一步。

在广州京剧团八年，她对乐曲的掌握已经纯熟，待文革结束后，恢复高考制时，她顺利考入中国的最高音乐学府——中央音乐学院。师从吴祖强教授，学习作曲，在中乐和西乐两方面受到正规的、严格的理论训练。1986 年，她成为中国第一位在本土培养的作曲硕士，同年秋天，她考入纽约哥伦比亚大学攻读艺术博士学位。

初到美国的两年，她要打工维持生活，从当秘书到教琴什么都干过，宝贵的时间本来可以用来读书和作曲，可由于环境所迫，不得不分出一部分时间去换取赖以生存的低廉工钱，真是徒呼奈何！陈怡对时间的吝啬在同学中是出了名的，她每次购物，总是两部曲，进店门取所需的货物，然后付款出门。在哥伦比亚大学艰苦的留学生活，换回的收获是音乐创作的再思考，到美国后，她发现大陆的音乐教育有着明显的缺陷，例如欧洲中古时期和现代派的音乐创作被忽略了。结果，她硬是咬着牙把有关的课程补上了，她始终认为没有深厚的、系统的理论基础，产生的作品就不可能有深度。与此同时，当她置身于国际乐坛的广阔空间，特别是在美国多种文化的绚丽背景下，她的作品该如何走向世界呢？这时她的音乐启蒙老师的一番话，升华了她的音乐意境，令她在国际乐坛出现了第一次飞跃。老师对她说："你是黑头发，黑眼睛，饮长江水长大的，因此，在你的音乐中，最自然的还是用自己的语言说话。"她认为所谓"自己的语言"，在音乐意境中，不但指中国音乐特有的形式和手段，更指其独特的神韵。因此，她开始使用中国传统乐曲中的素材，从中再发掘其特有的神韵，然后用新的技巧加以创造。她追求的不是形似，而是神似。陈怡不但是一位出色的作曲家，而且还是一位非常有哲学内涵的人。她相信一件平凡的乐器也有它独特的音色，正如社会的多数永远是默默无闻的平凡人，但他们同样有生存和发展的价值。有人讲："作品是游离于听众之外作者纯自我的表现。"陈怡不认同这样的见解，她重视听众的审美心理，重视听众的"耳朵"感受，就等于一个作家重视他的读者是否产生共鸣一样。

近年来，整个西方现代派的文学艺术都在写人在社会中的孤独。这令我想起本人另一篇有幸多次获奖的拙作《菟丝花与小女孩的故事》中，小女孩的一段话："……我们可以把每个人都比作那小花，大树是我们的民族、国家，我们只有不断地吸取自己民族的文化、巩固自己的根、结合外界的条件、坚持不懈地努力，才能进步。否则纵使个人如何辉煌，也不会永久的……"。这番话的确是出自当时只有15岁的女孩的之口。我想这独特的见解是对的，中国人是不喜欢孤独的，中华民族是一个群体的民族，一个包容力很强的民族。自古以来就不喜孤独，所以才有了五代同堂，养儿防老这样的习惯。但无论中西文化有多大的差异，人类都是进步和走向文明的，当今世界上不同文化的相互排斥和对抗已经渐渐让位于相互融合和相互影响。陈怡在总结自己的音乐成长过程和留学美国的生涯时，充满哲理地说："从我开始理解人的质朴、愚昧、奴性、贪婪，开始体会人生的价值和社会的变迁之时起，一个渴望和向往人类文明的呼声就一直在召唤着我，既然回到过去的单纯已属不可能，我们就应该在社会的变革中充实自我并通过普及教育来提高文明程度，我的音乐里程包含着对醒悟、反思和向往的体验……”于是，她将自己所经历的苦恼、挫折、辛酸、失望，归纳成如下总结：第一，当你决定留学也好、移民也好，也就等于你已经是一只过了河的“卒”，只能前进不能后退，不能自暴自弃，特别在美国这样的社会。第二，要有一争天下的雄心，坚决不能自卑。第三，不要抱怨命运，抱怨命运女神为什么还不微笑，相反应多想想，一旦她微笑时自己能有什么奉献，是期期艾艾的抱怨，还是扎扎实实的成绩。第四，美国社会毕竟有太多的选择，选来选去，弄得心猿意马，反而会一事无成。一旦选定了目标，就要无怨无悔地走下去。

陈怡对事业的执著和斐然的成绩，她的自我评价和自我期许，对于一切生活在美国的华人，对于一切在中西文化冲突中迷惘、在现实和理想矛盾中苦闷的同胞，相信会有鼓舞和启迪。

陈怡的教养和深度，令她显得更加充实、更加富有。真正的富有是从精神到物质，单纯的物质富有，而精神空虚者，是不会感到幸福的。

风，原无形；路，原非路。无论你抱着怎样的心情，编织着怎样的梦踏入美国，都应该知道：这是个非常现实的社会，没有谁为你开路，一切得靠自己的意志，自己的路，靠自己走出来。

风本无形，风只能在有形的物件中，才能感觉到它的存在。古人有一首《咏风》的诗非常生动：“逐舞飘轻袖，传歌共绕梁。动枝生乱影，吹花送远香。”风在“舞”、“歌”、“枝”、“花”的形态中，让人感觉到它的存在。我们可否从这种意境中得到一些启示？

要想在异乡活得精彩，就要发挥人性的最大潜能！

我和俞丽拿的一段友情

我一直珍藏着一盒俞丽拿送给我的有她亲笔签名的《梁祝》小提琴协奏曲录音带，这不是一盒普通听众索取签名的录音带，这盒带代表着一份友情、一段美丽的记忆和一个感人的故事……

My Friendship with Yu Li Na

Butterfly Lovers sings gracefully the significant friendship of Yu Li Na and I.

偶然在纽约的东方书局，看到两期《中华文摘》，一本的封面上大字标题《俞丽拿和梁祝》，另一本的封面上是曾经在纽约献艺的“孔雀公主”杨丽萍。说来巧合，这两位国宝级的艺术家，都是我在中国中央电台颁奖大会上的文友，尽管我连续几届获奖，但亲自回去领奖的只有一次。也就是那一次，我认识了俞丽拿。后来我一直都在准备写一篇题为《俞丽拿与梁祝》的文章，但由于在美国生活事务繁多，未能如愿。但看了《中华文摘》某作者写的《俞丽拿和梁祝》一文后，终于在三思之下决定放弃原来的构思。第一，不想重复；第二，一种新的灵感突然划过：我发现，几十年来，报道俞丽拿的音乐成就的文章，真是数不胜数，但对这位著名音乐家舞台下的另一面却报道不多。她的为人、她的真诚、她语出惊人的另一面，更是鲜为人知。

至今，在全世界都盛行 DVD/ MP3 的年代，我却一直珍藏着一盒俞丽拿送给我的有她亲笔签名的《梁祝》小提琴协奏曲录音带，就是那种现在算是很落后的录音磁带，但这不是一盒普通听众索取签名的录音带，这盒带代表着一份真情、一段美丽的记忆和一个感人的故事……

那是 1992 年的初春三月，我接受了中国中央电台的邀请赴京领奖。因为自从 1988 年我以《一个原国民党军官的故事》获首届中国“海峡情”文学奖一等奖及全国广播节目特等奖后，祖国方面一直希望我回去领奖。但多年来，一直碍于商务缠身而未能成行，那一年由于盛情难却终于回去了。到京后得知，那一届的得奖作者阵容鼎盛，其中有德高望重的已故著名文学家秦牧老人、台湾著名书画家臧真白、著名作家陈映真、台湾电视台著名节目主持人凌峰、美国加州大学美籍台湾大诗人杜国清，还有一大批知名的台港澳与大陆各省市作家。当时冰心老人还为大会题了贺词。

但最令我兴奋的是在大会的报道里看到了俞丽拿一篇题为《台湾之行》的作品，荣获二等奖，并已赴京参加大会。尽管我天生没有音乐天分，但在我十一二岁时，我大姐的男朋友——如今的大姐夫是俞丽拿的音乐崇拜者，姐夫当年是一位年轻的造船工程师，也是业余小提琴手。那时他告诉我俞丽拿是中国可与马思聪并列第一的小提琴家，很有才华，以一曲《梁祝》震撼音乐界，又组织了女子四重奏在德国“第二届国际舒曼弦乐”比赛中获奖。姐夫还教我怎样在欣赏音乐时将自己的感情融入音乐意境，那时小小年纪的我，一边听着留声机里播放《梁祝》（那年代中国没有录音机），一边听姐夫讲着梁山伯与祝英台的动人故事，当年似乎真的领略了音乐境界里的喜、怒、哀、乐。以后在我成长的岁月中，更经常听到马思聪的亲侄女——广州市音乐界知名人士马之庸女士多次赞赏俞丽拿，马之庸女士是我家的朋友。从此，俞丽拿理所当然地成为我心目中代表阳春白雪的音乐天使、高不可攀的音乐女神。

很多年过去了，特别是生活在美国的这些年，难得有空坐下来欣赏音乐，但童年时被姐夫灌进脑海的一些名人曲目，如：贝多芬的交响乐、莫扎特的小夜曲、舒伯特的D大调，俞丽拿演奏的《梁祝》，却经常萦绕脑间，特别是富有民族情调的《梁祝》，更是难以忘怀。有一次，我找来了一盒日本西崎崇子演奏的《梁祝》，细听之下，还是与俞丽拿的不尽相同。

可以想像在一个偶然的场合，得知会遇到自己童年时的偶像，那种心情是何等兴奋。

颁奖大会正式开幕的前一天，是游览北京历史名胜的时间，活动也分散。大家初次见面，也只是点头之交而已，何况我并不善于交际。但在那几天的活动中，俞丽拿给我的第一印象可以用四个字概括：“和蔼可亲”。

到了大会开幕那天，由于有国家级领导人出席，加上近两百名文化界人士及各报社、电视台记者参加，大家都是显得非常紧张。当时，大会安排了五位代表发言，分别代表台湾、大陆、香港、东南亚和外国的作者，当时俞丽拿是发言代表之一。我由于连续几届获奖，因此我“被迫”代表美国作者发言，但我一直都在推辞，满以为到时可以得到“特赦”。谁知，当大会进行到一半时，美丽的播音员冬艳小姐毫不留情地把我的名字报了出来，我一点都没有准备，在众目睽睽之下、在一片掌声之中，在几百人的期待之中，我当时那种惊慌、那种尴尬、那份狼狈是可以想像的。正当我慌乱之中不知如何应付时，坐在我前一排的俞丽拿转过头来轻声说：“去吧，随便讲几句，别紧张。”眼神带着鼓励，我即时好像得到了一股力量，我镇定了一下情绪，终于鼓足勇气走上讲台。我在台上的15分钟，俞丽拿的目光一直没有离开我，并不时对我点头微笑。她眼神中蕴藏着对我的鼓励，我的情绪慢慢放松了。我的发言效果出乎意料地好，赢来一片热烈的掌声。“惊魂甫定”，我深深感激俞丽拿。

最后一个发言的是俞丽拿，只见她从容镇定地走上讲台，微笑地环视四周，果然不愧为舞台经历丰富的人。一开口更是语出惊人。她第一句就说：“我是个‘锯木头’的，就是拉小提琴的，怎么会跟写文章有缘呢？这是因为一个很侥幸的机会，让我第一个有机会去台湾演出，这样才跟今天的大会有了那么一点缘分。但我又想泼点冷水，我希望第五、六、七届不要再办下去了，因为这是我们民族的悲哀。为什么会有海峡情呢？就是海峡把我们的骨肉亲情分开了……我希望将来会用中华民族情取代海峡情，让全世界的中国人团结起来，但愿这一天早日到来。”

全场的人初时愣了几秒钟，即刻领会到她泼冷水的用意，马上报以雷鸣般的掌声。

大会结束时，俞丽拿搂着我在会场合照了几张照片，留下了难忘的一段情谊。

晚上，在到会作者下榻的宾馆里，我正和几个内地、香港的作者一起聚在台湾一个获奖者的房间里谈天说地。突然，俞丽拿满头大汗地闯进来并气喘喘地说：“噢，咏霞，我找了几个房间才找到你，原来你躲在这儿。我刚刚跑到西单商场去买了一盒我自己的录音带送给您，幸好商场还未关门。你无聊的时候就放在车上听听，不喜欢就把它丢掉吧。”讲完，取出钢笔，郑重地在盒面写上“张小姐留念”，并签上她自己的名字。我看着她，极为激动，但我无言，此刻，难道一声“谢谢”就可以表达我的感受吗？初春的北京夜晚，人们还穿着呢绒衣，眼前的俞丽拿，却满头大汗。她为了送给我录音带，赶在商场未关门之前，从民族饭店步行赶到西单商场。这盒录音带已超越了它本身的价值，它升华了友谊，升华了人性，它覆盖了人与人之间的所有丑恶，它展露了人性的全部真善美。终于，我热泪盈眶，俞丽拿的脸上淌着汗水，我的脸上却泪水纵横，在场的人，被我们的情绪感染，鸦雀无声，我俩拥抱在一起，我终于发自内心地说了一句：“谢谢您。”

临别，俞丽拿亲切地拥抱着我，并在我耳边轻轻地，充满感情地说：

“这个世界很小，我们会再见面的，有空请来信。”

泪水再次模糊了我的双眼……

我实在不是一个会表达的人，至今俞丽拿都不知道我十二三岁时已经听了她演奏的《梁祝》，也不知道我那年到北京时，得知她也在获奖作者之列时是多么高兴，更不知她送我的《梁祝》录音带我如今还当宝贝似地珍藏着，还复录了送给我的朋友、她的知音。

我们一直书信来往，有一年圣诞节，俞丽拿还寄来一张用她和她的两个宝贝“小狗和小猫”的合照来制作的精美圣诞卡。

她对她的朋友总是那么真情流露，她对她的学生总是那么充满母爱，她对她的知音听众总是那么诚恳认真。她为人敢怒敢言，作为全国政协委员，有一次在北京出席全国政协会议时她坦率进谏，直言指出：“当前中国太忽视严肃的、高层次的艺术发展和人才培养，我国的小提琴和钢琴水平已经得到世界公认。但近年来，由于文化教育经费不足，我们在培养人才的重要途径——参加国际比赛、举行全国比赛等重大活动上，遇到了重重困难。”

她还举了事例，如1992年6月，在莫斯科举行的“第一届柴可夫斯基国际青少年小提琴比赛”的参赛选手年龄规定为12—17岁，她的一个年仅11岁的音专附小5年级学生潘依琼，被破格准许参赛，但文化部只提供了选手的路费，其他费用自理。当时俞丽拿是比赛的国际评委，本该由俄罗斯负责国际旅费及食宿费，但直到即将出发，机票一直未能寄来，如果她不去，11岁的小孩无法过海关、上飞机以及应付在动荡的独联体可能预料和难以预料的问题。何况国外参赛，没有教练陪同，在心理上、技术上、艺术上作指导，这么小的孩子如何参赛？

为了使学生能出国比赛发挥好成绩，三个半月的日子里，她除了每天要陪这个小选手练习三四个钟头，以及照常给大学、附中、附小的其他学生上课外，还要花不少时间去筹备，去讨钱。因为一张机票的价格是一万多元，这对于国内的工薪阶层来说是笔大数目，她为了不让中国少年人才错失脱颖而出的机会，她放下了知识分子的自尊，到处张口求助。但小提琴出国比赛没有广告效应，企业家难以给予赞助，所以当中碰了很多钉子。最后，还是在全国政协香港委员刘浩清先生的夫人那里得到帮助方能成行。

在莫斯科的日子，俞丽拿带着11岁的小选手，又当教练又任评委，还兼保姆：她要帮孩子洗衣服、做饭、管理生活。这孩子吃不惯西餐，她就用电热杯给她煮面。在俞丽拿母亲般悉心照料下，小选手潘依琼终于不负众望，以最佳的状态连闯三轮进入获奖者音乐会，获得第二名和“最年轻选手”奖，为祖国争得了荣耀。

莫斯科比赛归来，俞丽拿深感我国严肃音乐面临的困境，再也不能坐以待毙了，必须自救，在上海市政府的支持下，成立了“俞丽拿小提琴艺术基金会”，通过各种途径联络国内外热心于小提琴事业的团体和个人，争取各种形式的资助和支持。

俞丽拿解释，用她的个人名字命名，是考虑到《梁祝》小提琴协奏曲的唱片发行量达一百多万张，算是有点影响力。但她又说，这个作品尽管灌录过三次唱片，但收入微薄。1959年第一版，她拿到100元，1979年第二版200元，1987年第三版1200元，34年来1500元全部获酬早已因赠送唱片及录音磁带而透支了。然而，她却自豪地说：“虽然我不是很多人所认为的富翁，但我有一百多万个知音。我想，只要其中万分之一的人现在有了经济能力，来帮助一下小提琴事业，我们就能把事业搞兴旺了”。

我很佩服俞丽拿的敬业精神，所以，在次年的中央电台“海峡情”颁奖大会上，我尽管没有赴京领奖，但却发了一份传真给中央电台，提议获奖作者把自己的奖金花在更有意义的地方，献给“俞丽拿基金会”，为培养未来的小提琴精英出点力。当然，我的那一份早已委托中央电台汇给这个基金会了。我很希望，有更多的人扶持这个基金会，当然更加渴望俞丽拿那一百多万个知音的支持。

俞丽拿，我的好朋友，我欣赏她的出众的才华。而且，我更欣赏她为人的直率与真诚。

秦华孙的外交魅力

千禧年的元月十九日上午，中国外交高官秦华孙大使在纽约州府奥本尼市政府大厅，庄严地接受奥本尼市长颁授荣誉市民证书，正式成为纽约州府城市第一位荣誉市民，从此载入纽约州历史史册，长留青史！

Qin's Charms

Qin makes history in America and is honored the *Honorary Citizen* by the New York State.

（一）秦华孙大使获颁纽约州荣誉市民证书

秦大使在他任中国常驻联合国代表近5年的工作中，在国际事务上表现出来的卓越能力，大家都有目共睹。但他百忙之中经常关心中国的外贸工作以及积极致力于纽约州和江苏省多年来的合作关系，却不是众所周知。他热情关注当地中国同胞的发展，是送给海外华人的一份祝福和关怀。

在他即将离任的那一年，美国纽约亚洲商贸理事会为了答谢他一直以来的支持和关心，向州政府以及当地市政府提议，由州府奥本尼市市长 Gerald D. Jennings 授予秦华孙大使永久性的最友好礼遇——荣誉市民证书。这是一份官方的至高荣耀，在奥本尼中外社区均属第一例。因为该市历史上从来都没有设立荣誉市民这个法例，秦华孙先生成为奥本尼历史上的首位荣誉市民。同时，州参众议院也通过决议案表彰秦华孙。

千禧年的元月19日上午，秦华孙大使在州府奥本尼市政府大厅，庄严地接受奥本尼市长 Gerald D. Jennings 颁授荣誉市民证书，正式成为州府城市第一位荣誉市民，从此载入纽约州的历史史册。颁发当天连老天爷也格外开恩，本来于一周前就骤然进入寒冬的城市，降了入冬以来一场大雪，寒冷得令人发抖。但是，19日那天突然阳光普照，温度更回升到18华氏度。大家都认为："老天爷也来祝贺了"。说来也真够奇怪，第二天又开始下雪了。就单单晴了那么一天。

19日那天，从市到郡到州，三级政府的态度都充满和平友好，场面严肃而融洽，所到之处掌声和镁光灯衬托着一派祥和的气氛。当代表们走在州府参、众议院山庄路上时，那些开会的议员都对秦大使的亲善形象和出色的外交才华表示赞赏，这给他们留下深刻的印象。

与秦大使同行的有代表团的王同福公使、中国驻联合国代表团发言人陈然峰、秘书徐敏、中国驻纽约总领馆邱绍芳总领事，以及代表社区的纽约华人社区联合总会主席梁冠军、美国中国商会会长沈被章、纽约华人社区总会名誉主席朱天长、全美华裔妇女会会长何宝玉、天津市政府纽约办事处主任王晓兰以及中国银行纽约分行副总裁高建华、营业主任李云飞、交通银行纽约副总裁翟青山等一行十多人，他们专程从纽约市前往奥本尼参与并见证这一历史时刻。

19日上午11：00在市政府大厅由市长举行颁授仪式，然后双方讲话，全过程约30分钟，市长宣读了荣誉市民证书后由秦大使致答谢词。纽约州多家无线电视台现场采访后于当晚6：30重要新闻时段播出。11：30由州政府一位警长带领进入州府参众议院，参议院院长准备了一份经全体议员通过的决议案文件表彰秦华孙。由副议长进行颁授。随后参观了参议院会议大厅。

众议院也准备了一份相似的决议案公函颁授给秦华孙，众议长在众议院办公楼热情地接待了秦大使一行，双方交换了礼物。众议长祝贺秦大使成为首府城市首位荣誉市民。

随后秦大使一行赴“Fort Orange Club”高级俱乐部，参加由纽约亚洲商贸理事会为庆祝秦华孙大使受奖而举行的午餐酒会，并在那里接受州长柏德基的恭贺以及接受郡长 Michael G. Breslin 颁授行政令和荣誉市民证书，并由秦华孙大使致答谢词。

州长代表在发言中讲到，她代表州长柏德基和经贸部长简加洛，欢迎秦大使到访州府以及祝贺他成为首府城市荣誉市民，并十分感谢美国亚洲商贸理事会安排了当天的活动。理事会多年来为努力促进亚洲和美国多方面交往做出了贡献。因此，理事会的存在已经成为纽约州和中国的财富。所以也非常感谢秦大使以往对经贸部和理事会的支持和关注，特别在搞好姐妹省的贸易来往上所作的努力。纽约州在柏德基州长的领导下，已经与中国开始了很多商贸往来。希望秦大使离任回国后，继续关心两地的商贸往来，并请秦大使转达州长对中国领导人的问候。

州郡长在发言中也特别感谢秦大使对亚洲商贸理事会的支持，同时表示从即日开始他将会是郡和市的双料荣誉市民。州长代表和州郡长同时表示，纽约州人民特别是奥本尼市民将永远尊敬他和欢迎他。

秦华孙在答谢词中则表示：这不仅是他个人的荣誉，更是纽约州人民和奥本尼人民对中国人民友好情谊的体现，他希望奥本尼与中国的城市组成友好姐妹市，让两地人民更加融洽和接近。

到会嘉宾中云集了政、商、文化界名流绅士，约60多人。其中政界人士主要有：州郡郡长、财政部长、经济发展部主任，前州长凯利（Hugh Carey）之子 Kevin Carey、州政府及州长代表 Ms. Kay Alison Wilkie、州众议院首席经济学家兼议院研究处主任 Edward M. Cupoli，联邦参议员，主流商界代表有纽约州总商会会长 Daniel Walsh（该会直属州政府，只吸纳有规模的大、中型企业为会员，拥有会员公司近8000家）。还有州府地区总商会会长 Wallaee Altes，华尔街著名的第一奥本尼金融集团主席 George McNamee、首府地区经济发展中心主席 Alan Goldberg、奥本尼国际机场董事局主席 John Egan、Key Bank 银行总裁 Robert Smyth，M&T Bank 银行总裁 Jeff Levy，英文联合时报社正副社区以及主编：Mr. Harry Rosenfeld（他是当年轰动世界的“水门事件”主笔）以及 BBL 地产集团总裁 Cold Well，还有专程从新泽西州赶来的 Curtiss Wright 飞机主控系统制造公司总经理代表、高级工程师 Robert Williams.

教育界方面有：纽约州立第一大学校长、RPI 理工学院院长、奥本尼医学院院长、纽约州立大学副校长、Siena 大学校长以及全美美中友好协会会长等等。

各界名流云集一堂，大家都向秦华孙大使表示恭贺，气氛热烈而融洽、每人都留下深刻难忘的印象。

（二）秦华孙强调中美之间有太多共同利益

秦华孙大使在离开联合国代表团后一年，于2001年4月12日在老朋友纽约亚洲商贸理事会的安排下，带着助手及中国驻联合国公使王同福一行四人重临纽约州府奥本尼。

一年多以前秦华孙成为纽约州首府首位荣誉市民，并得到州参众两院决议案表彰的殊荣。秦华孙一行首先拜会了参议院院长布鲁诺，双方在亲切友好的气氛中会晤，并互赠礼物，合影留恋。而后在州郡府拜会了郡长布雷斯林，当场有很多媒体记者。那时正是海南岛中美发生撞机事件的敏感时期，记者很直接地问秦华孙：“中美撞机事件，令中美关系一夜之间处于胶着状态，但当布什总统讲了对不起之后，中国政府和中国人民是否认为算是道歉？僵局是否就可被打破？”秦华孙面对几十部摄影机，气定神闲地、十分巧妙地回答："我认为美国人可能不当这是正式的道歉，但我希望撞机事件不会影响两国之间的贸易、文化交流关系，因为在两个国家之间有太多的共同利益，当然我们之间也有一些问题，我希望通过对话和沟通来达到我们的共同利益和解决我们之间的问题。"秦华孙的外交风度和技巧、令在场的人十分佩服，一致盛赞秦华孙确是国际外交舞台上的佼佼者，是一名出色的中国外交家。就凭他胆敢在这个中美关系极度敏感时期，站在美国的纽约州府重地面对几十家传媒，以中国现职官员的身份回答一个最棘手的政治问题，已足够表明他胆识过人。据反映，当晚看过电视新闻的人，都为他在这种时候以官方身份出现，却带来如此好的效果而惊奇，表示对他的赞赏和认同，并期望他的双重身份（荣誉市民加中国政府官员）能继续为中美关系起到调和和促进的作用。秦华孙一行在奥本尼的两天活动中，还拜访了众院多数党领袖。双方在十分亲切友好的气氛中会晤。双方见面后，众院领袖亲自写了一封信给秦华孙，信中说："相信你访问纽约的过程中是愉快的，中美两国之间的代表的会面和交流是非常重要的，我希望日后能为你和亚洲商贸理事会所作的重要工作中做一些贡献，有什么需要时，我会乐意效劳。"秦华孙一行接着还拜会了州立大学校长希契科克和州立商科院院长，并参观了著名的电脑高科技研究中心和美国最先进的纳米科学研究院。同时，著名文化旅游名城蘼拉托加温泉市市长克洛兹也会见了秦华孙，并以市政府名义给秦华孙颁发政府一级公函，欢迎秦华孙的光临。蘼拉托加温泉市是著名的矿泉水出产地，那里有近300年历史的跑马场，是很多国际艺术家的聚集点和度假区，旅美中国著名音乐家马友友经常在该市表演，秦华孙一行参观该市后，十分喜欢这个城市，并且提议市长与中国的城市缔结友好姐妹城市，秦华孙表示他很乐意引荐和促进。秦华孙离任一年后，重回纽约依然得到美国政府如此厚待。足见他在美国政府心目中的地位和分量，州参众议院的美国官员都是为了参加与秦华孙的会晤而专程回州府上班的。一直致力于发展中美关系的纽约亚洲商贸理事会的许伟文主管表示：中美关系的发展，非常需要更多秦华孙这样的外交官员来努力促进，因为中美两国人民希望看到的是两国政府的握手。正如秦华孙回答记者的话一样：因为两个国家之间有太多的共同利益。

文化篇

好莱坞的故事

一个人口多元化的国家，自然有多元化的文化，哪一种可以成为主流文化，可以做美国文化的领头羊，这除了历史原因之外，自身民族的团结和努力的推介，也是非常重要的。

……随着好莱坞这个地方的知名度提升，这里也成了青少年向往之地，一处天堂与地狱的分界线，好莱坞的诱惑，令很多美国家长头痛……

The Hollywood Story

Hollywood depicts a beautiful, glamorous and fabulous picture. Who really knows the truth behind this portrait?

众所周知，好莱坞是世界闻名的电影城，由于名气大，好莱坞经常被与电影工作室和电影明星联系起来，每一年奥斯卡金像奖更是好莱坞的重头戏，其国际影响非同凡响。

好莱坞这个响当当的全球名牌，是由几家电影公司支撑起来的，其中有八家势力特别庞大，他们还联合创立了美国电影协会（MPAA），因此而被誉名为好莱坞“八大”。他们是：

1. 华纳（Warner Bros）；
2. 哥伦比亚（Columbia）；
3. 米高梅（ MGM 即 Metro - Goldwin - Mayer）；
4. 联美（UA 即 United Artists）；
5. 福克斯（20th Century Fox）；
6. 派拉蒙（Paramount）；
7. 环球（Universal）；
8. 雷电华（RKO）。

其中值得一提的是联美，它由几位默片时期的当红明星导演（包括卓别林）联手组成，不让一般电影公司的老板插手，自己拍戏自己赚，肥水不流外人田。这个模式一度很成功，而其中的雷电华原本就是“八大”中最小的一家，只拍摄一些不太引人注意的通俗文艺片，已经于50年代破产关闭，不过，大家还是照样称其他公司为“八大”。同样是从50年代起，靠卡通起家的华德迪士尼渐成气候，也在好莱坞争得一席之地，但是迪士尼的产品与众不同，而老板华德的经营手段也与其他公司大不相同，所以某些人认为迪士尼已经跻身“八大”之列，但是这并非公论。至于猎户座（Orion），规模更小，甚至其国际发行业务也要交由华纳处理，因为它没有实力在重要的海外市场成立分公司，说到这里，“海外分公司”也是所谓“八大”的一个重要标志，只有“八大”有实力在许多国家设立分公司，不但发行自己的电影，也替其他小公司发行，由此掌握了世界的电影发行渠道。

20 世纪 70 年代到 80 年代末，联美与米高梅合并，福斯被新闻集团买下，哥伦比亚被新力买下，而钱多多的迪士尼另外设立了子公司一正金石（Touchstone）和好莱坞影业（Hollywood Pictures），本身也拍起“非儿童片”来，整个集团的发行业务统一由博伟公司（Buena Vista）处理，至此，迪士尼（或者博伟）才堂而皇之地成为好莱坞的“八大”之一。

90 年代之后，好莱坞又经历了一连串经营权的买卖与改变，到目前为止，好莱坞“八大”应该包括下列：（真正的“八大”已经成为历史了，下列或许应该称为“新八大”吧）

1. 华纳（ALO/Time Warner /Warner Bros）；
2. 哥伦比亚/三星（Sony：Columbia/TreStar）；
3. 米高梅/联美（Sony：MGM/UA）；
4. 福克斯（News Corp：20th Century Fox）；
5. 派拉蒙（Viacom：Paramount）；
6. 环球（Vividen：Universal）；
7. 博伟（Disney：Buena Vista）；
8. 梦工厂（DreamWorks）。

而猎户座（Orion，有人称为奥来安）曾经只是好莱坞的一家中型公司，很多家独立公司都比猎户座大，它根本无缘排入八大之列。

关于好莱坞有一个历史故事，根据记载：在 1853 年的时候，好莱坞这个地方只是一块无名地，最初只有一栋房子，到了 1870 年，这里变成一片兴旺的农田。在 1886 年的时候，一个叫哈维·亨德申·韦尔考克斯的房地产富商在那里买下了 0.6 平方公里的土地，韦尔考克斯计划在这里建造一座小城，1887 年 2 月 1 日他在地区政府正式注册好莱坞这个名字。在他夫人的帮助下铺设了今天的好莱坞大街，作为城市的主街，在这条大街和其他大街的两旁种植胡椒树并开始出售产权。他的夫人募资建了两座教堂、一座学校和一座图书馆。好莱坞这个名字来自英语的冬青（holly）。韦尔考克斯的夫人在一次旅行时，听到她旁边的一个人说起她来自俄亥俄州的一个叫好莱坞的地方，韦尔考克斯很喜欢这个名字，回到加州后就将她丈夫的农庄改称为好莱坞了。为了使好莱坞名副其实，他们还进口了一些英国冬青，但这些植物在加州的气候下没有存活很久。

到1900年，好莱坞已经有一间邮局、一家报馆、一座旅馆和两个市场，其居民数为500人。当时拥有10万人口的洛杉矶位于市东11公里处。在好莱坞和洛杉矶之间有一条单轨的有轨电车，但这辆电车的运行不准时，每程时间为两小时。

1902年，今天著名的好莱坞酒店的第一部分开业。1903年好莱坞成为一个镇。当年政府下了两个命令：除药店外其他商店禁酒以及不准在街上驱赶数量多于200头的牛群。

1904年，一条新的被称为好莱坞大街的有轨电车线路投入使用，使好莱坞与洛杉矶之间的往返时间大大缩短。

1910年，好莱坞的居民投票决定加入洛杉矶。原因是这样他们就可以通过洛杉矶去取得足够的饮水和获得排水设施。

到了20世纪初，纽约和新泽西的电影公司开始迁向加州，原因是这里的天气好，日照时间长。虽然当时已经有电灯了，但还不够亮，当时最好的光源是阳光。除此之外，加州视野宽广，有各种不同的自然风景，此外托马斯·爱迪生持有电影的专利。而加州离新泽西非常远，因此爱迪生很难在这里控制他的专利权。当时爱迪生拥有几乎所有与电影有关的专利。在美国西海岸，独立的电影公司经常被爱迪生和他的代理人起诉，而在遥远的加州没有那么多爱迪生的人。即使他派人来加州，往往是消息先于来人到达，这样一来这里的电影制造商就可以及时躲到附近的墨西哥去了。

1911年第一个电影工作室在好莱坞开业，同年已有15个其他的工作室在这里安居，成千上万的梦幻制造者紧随而至。

1923年，成为好莱坞象征之一的白色大字“HOLLYWOOD”被树立在好莱坞的后山坡上，本来这个字后面还有“LAND”四个字母，是一家建筑商为了推销新建好的住宅区设置的广告牌。但被树立起来以后就没有人去管它们，以致渐渐荒废。一直到1949年，好莱坞的商会才将后面的四个字母去掉，将其他字母修复。这个招牌今天受到商标法保护，没有好莱坞商会的同意，无人可以使用它。

1929年5月16日，奥斯卡金像奖第一次在这里颁发，当时的门票是10美元，一共有250人参加。

1947年1月22日，美国西部第一个商业电视台在好莱坞开业；同年

12 月，第一部好莱坞电视剧制成。20 世纪 50 年代中，音乐工业也开始进入好莱坞，与此同时，过去占主要地位的电影工业部分开始移向洛杉矶其他地区，但好莱坞的外表依旧。随着好莱坞这个地方的知名度提升，这里也成了青少年向往之地，对来到这里的青少年而言是天堂与地狱的分界线，好莱坞的诱惑，同时也令很多美国家长头痛。

从 1960 年起，好莱坞面临的一个严重的社会问题是：从美国各地逃学、离家出走到此寻梦的青少年越来越多，每年成百上千的青少年来到这里，他们梦想成为电影明星，但很快就发现与那些受过专业训练的专业人士相比，他们毫无机会。他们从梦中回到残酷的现实生活中，不得不面对现实，因此大多数人成为流浪者。有些打道回府，有些成为小商贩，有的到洛杉矶市内谋生，也有的沦入娱乐工业的最底部—色情行业。但是大浪淘沙，经过历史长河一路走来，好莱坞依然领导着世界电影潮流，好莱坞影片与好莱坞唱片是迪士尼的两个品牌。

1958 年，著名的星光大道开始铺设；1960 年，第一颗星被嵌入大道；1985 年，好莱坞的商业和娱乐区被正式列入美国受保护的历史性建筑名单；1999 年 6 月，洛杉矶的地铁终于开到了好莱坞；2002 年，一些居民发动了一个让好莱坞自主独立，不再是洛杉矶一部分的运动。好莱坞市政府决定让所有洛杉矶居民投票表决，独立运动因绝大多数居民否决而宣告失败。

今天的好莱坞是一个多样的、充满生机的、活跃的市区。

中国电影角逐“奥斯卡”奖

……反观张艺谋导演的《英雄》，为什么影片无缘于奥斯卡奖？甚至被低一级的其他国际电影奖冷落，张大导演同样是输在了时机上。曾经有报道批评张大导演为了拿国际大奖而拍片，完全迷失了自己，说句公道话，我认为张艺谋并没有错，试问谁不想拿奖呢？特别是在电影圈这个典型的名利场上，我只是遗憾张大导演当初在筹拍影片去角逐奥斯卡大奖之前，没有深入了解美国商业文化，更陷入了中国式的商业思维大泥潭……

Chinese Films and the Oscars

Why was *Hero* not honored with any international filming awards? Was it timing or was it just lack of innovation?

几年前，李安导演在非常适当的时候，将一部完全中国化的古装电影“卧虎藏龙”送给美国观众，并角逐奥斯卡金像奖。由于天时地利人和，《卧虎藏龙》一片成功了，李安导演如愿以偿，荣获第73届奥斯卡外语片等四项大奖。该片上演后，好评如潮，雅俗共赏，当时的美国女性特别喜欢这套功夫片（美国观众把一切东方古装武侠、拳脚影片都统称为功夫片）。然而，此片亚洲各地却卖座平平，特别在大陆票房更惨，仅得130万元，而对一般习惯于暴力动作镜头的香港观众而言，这根本不是一部武侠片，也不够刺激。

李安的作风一向以温柔著称，从不暴力，所以此片可能以意境取胜，只不过以武打片形式表现出来而已，特别是周润发和章子怡在竹林比剑的一场戏，应该是全片的高潮。事实上这部电影，对于中国观众来讲真有点不咸不淡，讲武打不够激烈，论文艺又不够味道，谈情说爱又太过含蓄。当时我就想，是什么原因、什么文化情绪，牵动着奥斯卡金像奖的大牌评判并迷倒大片美国观众呢？

后来偶然看道《纽约时报》周末版，有一篇关于李安的专访。当时那个美国记者在采访他时，陪他一同观看了李安自己最喜欢的旧片录像带，想不到那竟然是李翰祥导演的《梁山伯与祝英台》，片中演员大唱黄梅调，凌波和乐蒂两位主演在20世纪60年代因此片而名声大噪。李安说，他小时候在台湾花莲初看此片时，简直疯迷了，他和许多观众一样不但连看数次，而且每看必哭，甚至是到了放声大哭那种境界，使得那些坐在旁边感动得悄悄流泪的妇女都觉得奇怪，这个大男人是否有什么问题啦？

然而，事隔30多年，李安在纽约重看此片的旧录像带时，仍然禁不住泪眼汪汪，他边哭边对记者说：“场景镜头如何拍并不重要，重要的是核心感情，一种感动我们的源泉在于整部影片是否从较深的层次上产生效力。你知道，这是一种原始感情，说不出来，也没有任何字眼可以表达出来，这部影片对我的影响正在于此。此后，我一直都想在自己的作品中重新找到它”。

可能这就是李安导演向美国记者表达他为什么拍《卧龙藏虎》的原因。当然，观众或影评家可以不管作者或导演的意图，去观赏或评论某部影片。起码对于我而言，就绝对无法将这部大唱黄梅调的旧片《梁山伯与祝英台》从头到尾看下去。这不是一个艺术上的高调和低调问题，而是一种文化情绪，不同的人，在不同的文化和时代背景影响下，所产生的文化情绪就大不相同，观点和角度当然也相差很远。而引起美国观众哄动，票房纪录超过一亿五千万美元的巨片《卧虎藏龙》在王度卢原著小说中的情操，可能更接近于中国古典武侠小说，这和现代的金庸武侠小说不尽相同。而在变成李安的电影后，在导演的意图中，这个核心情操是什么呢？如果我没有理解错的话，当然是由周润发演绎的男主角李慕白向观众传递的那种传统社会中被压抑的儿女之情。在中国人的文化情绪中，感受到的可能是一种李慕白和俞秀莲那压抑的、凄美动人而又最终无法结合的爱情。但是，东方人可能想不到的是，美国观众甚至影评人最推崇的反而是章子怡扮演的玉娇龙，她与李慕白的收敛形成鲜明对比，她表现的是叛逆和聪明外露，而李安自己则重视的是李慕白的《卧虎藏虎》和卧在他自己内心深处的核心感情。恰恰相反的是，美国观众特别是女性观众，更能体会到的却是杨紫琼和章子怡所扮演的有着西方独立女性影子的角色，年轻观众或者更会认同章子怡和张震在大漠中的狂热恋情，非但毫不收敛，而且近乎一种“斯德哥尔摩心理”，被俘者反而对俘虏者生爱。这种大胆的、毫不掩饰的、敢爱敢恨的作风，很能迎合今日美国观众的口味。但是，导演本身对这部电影的核心感情，与不同的文化因素构成的观众群体所产生的核心感情是不尽相同的。但是为了进军奥斯卡，一开始李安就请了在美国音乐界颇具影响力的华人作曲家谭盾作曲，由著名大提琴演奏家马友友演奏主旋律，美国观众熟悉的台湾歌手李玟演唱主题曲，这个强大组合的相互衬托和实力，对奥斯卡金像奖的评委们当然有一定的影响力。而且当时由成龙、李连杰主演的现代的枪和拳混合的功夫片，已经到了高峰状态，这些由好莱坞拍摄的现代化功夫片，确实让美国观众从感观上认识了中国的国粹之一——功夫。在这样的形势下，如果有一种新的演绎方式去表现功夫，当然很符合美国的商业文化作风。因此，那时李安送上一部动作优美的、拳脚功夫了得、主题不那么鲜明的，既有含蓄的李慕白、俞秀莲，又有热情开放、放荡不羁的玉娇龙和罗小虎，这样的一部影片，的确可以触动不同文化背景的观众的核心感情。如此一来，李安就很顺利地赢得了天时地利人和。这就是为什么《卧龙藏虎》在西方大红，在东方平淡的原因了。我不知道这是李安精心策划的结果，还是无意中的大收获。总的来讲，李安和他的卧虎藏龙是幸运的，他与它都占尽了天时地利人和的光环，李安个人和他的影片主要赢在时间上，是美国人常说的“Good Timing”，与此同时，也令年轻的章子怡一夜之间红遍美国、红遍世界，而这个一鸣惊人的结果，更将她推上了2005年奥斯卡金像奖的颁奖台，成为独一无二的、当晚最年轻的、唯一的亚裔颁奖嘉宾，羡煞全世界。莫说当今成千上万的演艺界同行羡慕，就算是在同一片演出的知名巨星男女主角—香港演员周润发和杨紫琼都只能自叹一声：“命不如人”。

然而，反观张艺谋导演的《英雄》，为什么此片无缘于奥斯卡奖？甚至被低一级的其他国际电影奖冷落。张大导演同样是输在了时间上（输在美国人十分看重的“Timing”上面）。曾经有报导批评张大导演为了拿国际大奖而拍电影，完全迷失了自己，讲句公道话，我认为张艺谋并没有错，试问谁不想拿奖呢？特别是在电影圈这个典型的名利场上。一个奖项代表社会对个人的肯定，所以，看重奖项是人之常情，我只是遗憾张大导演在筹拍影片准备拿去角逐奥斯卡大奖之前，没有深入了解美国商业文化，同时更陷入了中国式的商业思维大泥潭，这个商业大泥潭就是跟风。无疑他拍《英雄》是希望角逐奥斯卡大奖，成为第二个《卧虎藏龙》红遍美国、红遍世界。但是此片一出，我就和朋友打赌，《英雄》一片一定会落选！为什么这样肯定呢？很明显他是犯了美国商业文化的大忌—重复、无新意、主题苍白，内容晦涩难懂，连我这个有很深的中文基础的中国人，都要看两次才能完全明白它的内容和主题思想。因为此片那耗资巨大的场面盖住了其他。四位主要人物：长空、飞雪、无名、残剑在全片中都木口木面，毫无表情，实在无法引起观众的共鸣，更不要讲能否触动他们的核心感情了。而在外国观众的眼中，那个时间段已经没有了看《卧龙藏虎》片时那种新鲜感。在他们看来，《英雄》一片和《卧龙藏虎》片差不多，同样是古代的中国人舞着刀剑，场面很壮观，只是少了章子怡那份现代女性的性格，所以更加无法引起外国观众的思想感情共鸣。

在美国这个充满商业味道的好莱坞，此片已经失去了制造商业游戏效果的意义，在技巧上又无法上到至尊境界，那么他们怎么可以将《英雄》推上领奖台？而且照理讲，短期内他们肯定不会让中国片连续多次登上最佳外语片这个宝座，除非影片有惊人之处。可惜，张艺谋选错了题材、选错了时间，再送上一部在外国人的眼中如此雷同的作品，何谈获奖！

假如，张大导演深入一些了解美国观众，了解美国商业文化，可能会选择有别于《英雄》和《卧虎藏龙》的题材的作品去参赛，给美国观众送上另一部意念全新的杰作。

紧跟着，中国著名导演陈凯歌又带着巨片《无极》进军奥斯卡，挑战奥斯卡外语片大奖。大家希望并祝福《无极》成功，但当时我本人同样为《无极》的参赛结果捏一把汗。因为这部作品与《英雄》和《卧虎藏龙》相比，在外国人的眼中，又是一部似曾相识的作品。后来的结果，大家都很清楚，与《英雄》是一样的结局。

根据我对美国观众的品味的理解，他们对外国片的接受程度以及他们是带什么心态和思想角度来鉴赏外语片，他们审美的目光与东方人的距离等因素，我认为如果中国片要想在继《卧虎藏龙》之后，成功登上奥斯卡最佳外语片的宝座，必须要跟上时代的步伐和大环境的变化，如果尝试选择以下几种题材的作品，相信成功的机会会相对大很多。

1. 外国观众可以套用美国文化解读的中国神话。

2. 面对生死边缘时的感性和理性交织之下的人性（这要很讲究故事的基调，要有起伏，但要平淡之中见到高潮，要能引起大众的共鸣）。

3. 商人在中美贸易之间的某些际遇。

4. 下面的一个题材如果拍摄得恰当，成功机会会更大：

汉族人与藏族人的民间故事，一个在人与人之间发生的由误会到了解再到理解的接触过程，力求真实感人，但要切忌的是不能带有明显的政治观点和宗教味道。

各位有雄心壮志的伟大的华人导演，不妨考虑上述题材，这些是美国观众比较容易接受的华语影片。

美国的文化点滴

从前，大家形容美国文化的模式是一个“大熔炉”，移民带来自己的文化贡献，融入美国文化之中，最终形成了一个统一的美国文化。但是随着时间的推移，美国的新移民不断涌现，这些新移民无法一下适应美国的主流文化，这些来自世界各地的新移民人口逐年增加，最终形成了自己的群体，拥有自己的文化背景。新移民在艰苦的生活工作之余，他们都乐于在自己的文化中寻求放松或者享受那片刻的娱乐。

A Glimpse at American Culture

The American Culture is shaped and created with the infusion of its immigrants' backgrounds and culture. Thus, this created the *Melting Pot* of American Culture.

（一）

尽管美国是一个地球村、移民国，但由于开国始祖是一班欧洲人，因此，美国文化根植于英属殖民地时期，总体上讲，美国文化最显著的影响来自北欧，特别是德国、英格兰和爱尔兰，以及后来的意大利、希腊和中欧犹太人的文化影响。原来的奴隶即非裔美国人带入了一些来自西非的文化，随着后来的发展，也带入了一些独立和独特的文化，包括西班牙、墨西哥的牛仔文化和较后期的数波移民潮的强烈影响，例如东欧、非洲和亚洲等地移民文化特色。

从前，大家形容美国文化的模型是“一个大熔炉”，移民带来自己的文化贡献，融入美国文化之中，最终形成了一个统一的美国文化。但是随着时间的推移，美国的新移民不断涌现，这些新移民无法一下适应美国的主流文化，这些来自世界各地的新移民人口逐年增加，最终形成了自己的群体，拥有自己的文化背景。新移民在艰苦的生活工作之余，他们都乐于在自己的文化中寻求放松或者享受那片刻的娱乐。通常这些移民的母语都不是英语，例如，亚洲人、前苏联人、西班牙、中东人等，由于这种形式的出现，最近美国人将美国文化形容为“沙拉碗”，移民带来的文化会保持一些自己独立的文化特征，而非完全融入原有的美国文化，而他们所带来的文化也会成为美国文化的一部分。现代社会学家对美国文化目标的认同趋向于多元文化论，很大程度上放弃了熔炉的观念。尽管这种包容是美国的可爱之处，但由于根深蒂固的历史原因，其主流文化依然是以欧洲文化为基础的大熔炉文化。

如同其他所有国家一般，美国的文学是由其独特的发展历史塑成的。在早期，美国是由东岸的一系列英国殖民地所形成的，因此美国文化的传统较亲近英国。不过，随着历史的进步和不断的移民潮，美国文学的特色和宽广度都已经超出英国文学的范畴。

在最早的殖民时期，美国文学主要的题材是赞扬新大陆为殖民者和欧洲母国所带来的利益，宗教信仰上的争议也是题材之一。随着革命战争的爆发和美国的独立，本杰明·富兰克林和托马斯·潘恩等人写下的政治著作在文学和政治方面都有极大影响，也催生了新国家的独立意识。写下了独立宣言并在后来成为美国总统的托玛斯·杰弗逊也被认为是美国早期最具天分的作家之一。随着1812年战争和对于独立文学特色的渴望，更多新的、具有美国特色的作家如爱伦·坡等人逐渐崭露头角。奴隶制度的冲突和接踵而来的内战也对美国文学产生深刻影响，到了19世纪末，随着工业化的进展和国土开拓时期的结束，美国文学脱离了原先的边境文学。马克·吐温成为第一个非东海岸出生的主要作家，开启美国本土文学之先河。英国作家毛姆认为赫尔曼·梅尔维尔的《白鲸记》是世界十大文学名著之一，地位更在马克·吐温等人之上。

进入20世纪，工业化带来的社会转变使美国文学发展得更为多元和复杂。海明威的作品反映了人们对第一次世界大战的厌恶情绪。1925年费滋·杰罗出版的《大亨小传》代表着20年代经济大恐慌前美国人的迷茫。黑人文学、南部文学以及现代文学也在同时期兴起。在第二次世界大战后，新的时代和新的种族、地区、社会特征都与之前的时代大不相同，大量的移民文学和新兴的女性主义文学也成为美国文学的一部分了。

（二）

20世纪之前的美国文化从学习模仿欧洲（尤其是英国）逐渐发展到拥有自己的特色，二战后随美国经济、军事、政治实力的飞跃，它的文化对全世界特别是西方世界产生重大的影响。时至今日，美国流行音乐响彻全球，美国电影和电视则在全球播放。美国音乐的种类和风格之多，正反映出美国文化大熔炉特色。摇滚乐、节奏布鲁斯、爵士乐和乡村音乐等世界闻名的音乐类型都是源自美国。在20世纪初，从美国灌录、复制的唱片流行音乐逐渐传播至全世界，一些美国的流行音乐几乎在世界各地都能听到。美国音乐的历史可以追溯至早期美国原住民的传统宗教音乐，随着大量欧洲国家移民的到来，为美国音乐增添了基督教合唱音乐的色彩。之后的每波移民潮都带来不同地区、不同文化和特色的音乐。大量的非裔美国人也带来了具有非洲特色的传统音乐，19 世纪后期开始浮现的美国流行音乐很大一部分都是源自这些非裔美国人的布鲁斯，以及 1920 年开始发展的福音音乐。非裔美国人音乐成为美国流行音乐的根基，混合了欧洲与土著的音乐成分。美国也有大量的民间音乐以及来自乌克兰、爱尔兰、苏格兰、波兰、墨西哥和犹太人等移民的音乐。许多美国城市和乡镇也都发展出独立的地区音乐。底特律、纽约、芝加哥、洛杉矶等大城市以及数不尽的小城市都发展自己的音乐风格。

与此同时，也并非所有的美国文化都是源自其他国家，电影的诞生和发展便都是源自美国的。英国出生的美国摄影师 Eadweard J. Muybridge 拍下了人类史上第一部电影《奔跑的马匹》。从那时开始，美国的电影产业便开始高速发展，加利福尼亚州的好莱坞成为人类电影发展的重镇，绝大多数电影技术的创新和发展都源于好莱坞，好莱坞电影也成为美国文化的主要代表之一。在 20 世纪 20 年代，美国平均每年出产高达 800 部正规电影。例如查理·卓别林的喜剧、依据小说《飘》改编的《乱世佳人》、《超人》等电影流传至几乎每个国家，成为家喻户晓的美国象征。这些电影的出口也使美国获取了巨大的经济利润。除了电影之外，由迪士尼开创的卡通技术也源自美国。

美国也是世界上电视技术发展和普及最早的国家之一。在今天，美国有着数千家电视台，电视是美国人文化和生活的一部分，喜爱看电视也是大多数美国人的少有的共同特征之一。美国民众通过电视得知国内外的新闻时事，在电视上观看电影、各项比赛、卡通片和肥皂剧。99.9% 的美国家庭至少有一部电视机，绝大多数家庭还拥有两部以上。

（三）

随着人类现代发展史的改变，美国的兴起、欧洲的末落，荣登世界霸主地位的美国，同时也成为国际上被攻击的对象。近年来，针对美国文化这种客观上“入侵”全球的现象，批评之声不绝于耳。由于欧洲文化是其主要来源，很多欧洲人认为美国文化天真幼稚，以法国为首的国家对美国文化的进入一直坚决抵制。而东亚、东南亚、南亚和中东地区的文化传统与美国又大不相同，深受其影响的有日本等国，另一方面阿拉伯国家则对美国文化有很强烈的抵触情绪。同时很多加拿大人和澳大利亚人也对美国文化的同化影响十分担忧。美国文化的全球地位极大程度上促进了英语的传播，使其几乎成为实际上的“世界语”，法国等地则有意在自己能够影响到的范围内全力抗击英语文化的影响。

虽然美国没有法定官方语言，但英语已经是事实上的国家语言。据2000年的统计，在美国约有2.148亿（81.6%）的五岁以上人口在家只说英语。在美国的社交活动中，英语是最通用的交流语言，掌握一定程度的英语也是移民规划的要求之一。一些美国人呼吁把英语提升为官方语言，有27个州已经通过地方法律确保英语的官方地位，有三个州承认其他语言与英语有平行地位，这三个州分别是：路易斯安那州的法语，夏威夷州的夏威夷语和新墨西哥州的西班牙语。

除英语外，使用人口超过100万人的语言包括西班牙语（2970万）、汉语（220万）、法语（140万）、塔加洛语（130万）、越南语（110万）、德语（110万）。除了这些主要语言外，还有其他336种语言在美国被使用，其中有176种是当地土著语言。

美国有着数十个主要城市，大多数的人口都居住在这些城市里，这些城市也塑造了美国的文化、传统和经济。2004年全美有251个超过了10万人的都市，以及9个超过100万人的大都市，其中包括了好几个重要的全球城市，例如纽约市、洛杉矶和芝加哥。此外，若将市中心外的都会区域也算进去的话，美国有50个超过100万人的大都市。

截止到2006年10月16日，美国人口总计已达到3亿人，是世界上人口仅次于中国、印度而排名第三的国家，人口增长率为0.59%。依据2000年的人口普查，大约有79%的人口居住于都市，美国是一个种族差异巨大的多民族国家，全国有31个种族超过了100万人，100万人以下的种族更多。

（四）

大多数的美国人（在2004年有74.67%）是欧洲白人移民的后代，这些移民当时在首批殖民地安居，许多是在内战后的“南部重建运动”中来到美国的，非裔美国人遍布全美，不过南方的黑人地区为最大。由于非白人的移民以及少数族群的高出生率的缘故，非拉美裔人的白人比率正在逐渐下跌。主要的欧洲原籍国有：德国（15.6%）、爱尔兰（10.8%）、英格兰（8.7%）、意大利（5.6%）和斯堪的纳维亚（3.7%）；很多也来自南斯拉夫、波兰和俄罗斯等；其他的移民来自东欧、南欧和加拿大的法语区。来自非洲并且在19世纪之前依然多为奴隶的非裔美国人（或称黑人）现在则有3500万人（12.12%）。美国原住民如印第安人则有440万人，之中约有35%居住在政府的原住民保留区。拉美裔人是美国第二大（仅次于德裔）的种族族群，占总人口的14.1%（2004年），之中墨西哥移民占66%，并且预计在将来几十年中仍会高速增长。亚裔美国人（不包括夏威夷人和太平洋岛屿住民）是第三大的少数族裔，2000年普查中占3.7%。大多数亚裔美国人集中在西海岸和夏威夷，亚裔中最大的族群来自菲律宾、中国、印度、越南、韩国和日本，因为这些多元化的社会体系，使饮食方面也出现多元化。最初，美国烹饪吸收了美国原住居民的烹饪法和食材，例如火鸡、马铃薯、玉米、南瓜，都成了美国饮食文化不可或缺的一部分。而苹果派、比萨饼、汉堡包原先都是来自或改良自欧洲，现在则是美国快餐文化的象征。墨西哥卷（Burritos）和炸玉米饼（tacos）则源自墨西哥。由非裔美国人在身为奴隶时从非洲引入的“心灵食物”（Soul food）也成了大众的家常菜之一。目前许多在全球大受欢迎的食物不是源于美国便是由美国加以改良并推广的。

（五）

中餐文化一直以来都令美国人又爱又恨，因为制作过程复杂，他们无法自己在家动手制作，但遍布美国各地的中食馆，又良莠不齐、恶性竞争，这就使其成为其他外国饮食行业的攻击对象，经常爆发的中餐馆卫生及用料问题，成为美国饮食文化争论的重点。中餐业者本身不团结，爱打价格战或经营者本身的文化素质等原因，也成了自身难以打入主流社会的大问题。但是，另一方面，主流饮食界也无法像改良包装汉堡包、比萨饼那样将中国食品变成为美国主流饮食文化的一部分，美国这个商业社会的商人们，既然无办法将有着悠久历史的中国饮食变成一个商业目标，就一定会想方设法阻止它自身的成长，因此造成中餐业以及中国食品在美国沉沉浮浮 150 年，至今还无法出人头地。而同样的东方饮食—日本寿司，因为推介手法得当，近年来在美国红红火火，成为时尚的健康饮食，深受美国白领一族的喜爱。

美国文化的多元化，令国民生活在美国有生活在全世界的感觉。

国旗的传说

对美国人而言，国旗对他们有多种意义。国旗是美国宪法以及权利法案所保障的所有自由的象征，大多数时候它还是个人自由的象征。

关于国旗的起源至今没有一个准确的、统一的说法。所有的版本都只是传说……

The American Flag

The American Flag represents not only the Country; it represents the freedom that everyone enjoys in America. No one really knows the actual origin and meaning behind the flag.

对美国人而言，国旗对他们有多种意义。国旗是美国宪法以及权利法案所保障的所有自由的象征，大多数时候它还是个人自由的象征。

美利坚合众国的国旗旗面由13道红白相间的宽条构成，左上角还有一个包含了50颗白色小五角星的蓝色长方形。50颗小星代表美国的50个州，而13条宽条则象征着美国最早建国时的13个州。红色象征勇气，白色象征真理，蓝色则象征正义。

这面旗帜俗称“星条旗”。它在正式成为美国国旗后曾经经过28次修改。最早期的美国国旗只有13颗星，之后每一个州加入合众国就在国旗上加上一颗星，但是宽条的数目不变。根据1818年4月4日通过的《国旗法》，只能在7月4日美国独立日这一天对国旗做出更改。最近的一次修改是在1960年夏威夷正式成为美国的一个州后进行的，将国旗上的49颗星改为50颗星。

老国旗一般是在经过简单的仪式后焚烧。当然，焚毁美国国旗有时也用来表达对美国政府的不满。

关于星条旗的起源至今没有一个准确的、统一的说法，所有的版本都只是传说。

但有一个在美国流传很广的故事认为，第一面星条旗是由贝特西·罗斯（Betsy Ross）在获得了乔治·华盛顿总统的亲自授权后缝制的。

贝特西·罗斯原名：伊丽莎白·贝特西·格丽斯康（Elizabeth Betsy Griscom），出生于1752年1月1日。1773年，当她21岁时，与一位地毯装饰匠约翰·罗斯私奔，之后夫妇两人做起了生意。美国独立战争爆发后不久，约翰·罗斯在一次爆炸中丧生，贝特西·罗斯随即返回了费城。由于她的针线活做得十分出色，1776年夏初，她接受了由乔治·华盛顿（George Washington，美国开国总统）、乔治·罗斯（George Ross）和罗伯特·莫里斯（Robert Morris）组成的三人委员会的拜访。华盛顿向贝特西出示了新诞生的美利坚合众国国旗的设计图，并请她赶制第一面国旗。几天之后，当华盛顿等三人再次登门时，贝特西已经完成了国旗的缝制工作，向他们展示了第一面美国国旗——星条旗。

然而，这只是一个在美国流传非常广泛的故事，因为这一切都是贝特西·罗斯自己讲述并流传下来的，除此之外，没有任何其他文字性记载或任何方式的记录可以证明这一说法的真实性。

关于星条旗起源的第二种说法是由英国历史学家查尔斯·范文斯特（Charles Fawcett）提出的。他认为星条旗的设计灵感来源于英国东印度公司的旗帜，由于东印度公司的旗帜与最初的星条旗十分相似，所以这种说法得到了许多人的支持。

关于星条旗起源的第三种说法是，这面旗帜是由弗朗西斯·霍普金森（Francis Hopkinson）设计的。在一开始，他设计的美国国旗是要将十三颗星安排在旗面的四条带中（一条水平的，一条竖直的和两条对角线的）。后来，这一设计方案被否决，理由是这样一面旗帜与英国国旗——米字旗如出一辙。对于刚刚从英国那里获得独立、新诞生的合众国而言，这样一面旗帜似乎暗示美国在独立之后仍然摆脱不了英国的影响。所以在经过修改以后，最终形成了星条旗的设计方案。

美国是一个彩色馒头

多种颜色构成了美国众多的民族，多种色彩画出了美国文化舞台的背景画。在美国这个彩色馒头中，社会注重的只是它的色彩斑斓，不在乎它的大小，只在乎它是否出色。

……美国是一个商业社会，美国政治是金钱政治，美国人从来都不忌讳讲钱的重要性，他们公开承认钱在人生的重要性。那么，在美国到底谁掌握着钱袋？谁最领风骚？如果我讲，不是开拓美利坚合众国的英国人，也不是300年来一直统领美国主流社会的西欧裔白种人，当然不是非洲裔黑人，也不会是亚洲人。而是世界上历经苦难最多，曾经几百年来在歧视与迫害的夹缝中求生存的……

The Colors of America

America is made of many skin colors and backgrounds. Every one of them struggle hard to gain financial stability. Yet which color really holds the most wealth in this Country?

（一）七彩世界谁领风骚

纵观美国，历史上由白种人开拓了美利坚合众国之后，至今刚刚过了300年，一直是由西欧裔白种人统领着这个主流社会。但是美国是一个商业社会，美国政治是金钱政治，在美国到底谁掌握着钱袋？谁最领风骚？如果我讲是美国犹太人，即是以色列裔的美国人，相信大多数人都会认同。所以，有人说，控制世界的是美国，而控制美国的则是犹太人，且不管此话是否正确，是令人羡慕还是嫉妒，其中事实却难以否认。美国有600万犹太人，只占总人口的2.3%。但他们在美国经济、舆论、学术等方面的影响却非这个比例所能体现，由此派生出来的对政治的影响也非同小可。

美国的犹太人与“富有”一词联系在一起。全世界最有钱的企业家中犹太人占一半，美国百万富翁中犹太人三居其一。福布斯美国富豪榜前40名中有18名是犹太人。最富有的美国犹太人要算微软公司的总裁兼首席执行官巴尔默，其资产达250亿美元。

犹太人是出色的银行家、律师和娱乐业巨头，这些行业为他们带来了滚滚财源。犹太人中的金融业巨子数不胜数。大家可能还不太熟悉莱曼兄弟和所罗门美邦这些华尔街大牌公司，但有两个人的名字肯定是如雷贯耳：其一，是曾经掌管美国经济命脉的美联储主席格林斯潘。其二：就是挑起亚洲金融危机的投机大亨索罗斯。在律师界，华盛顿与纽约最著名的律师事务所中有40%的合伙人是犹太人。再看看娱乐与媒体业，瞧瞧这些很多人都熟知的名字吧：迪士尼、华纳兄弟、米高梅、派拉蒙、斯皮尔伯格、《纽约时报》……还可以一直数下去。

犹太人为什么富有？这个问题可能永远也不会有一个完全令人满意的答案。不过也许我们能够从犹太民族的历史与特性中得到一些启示。

犹太民族是世界上历经苦难最多的民族之一，为了在歧视与迫害的夹缝中求生存，他们不得不设法挣钱来维持生计和行贿。在欧洲，由于基督教不允许教徒放高利贷，这就给那些无权从事其他职业的犹太人提供了一个机会，他们就担当了这个在众人眼中不光彩的角色。虽然这个角色令他们遭到讥笑（还记得莎翁笔下的夏洛克吧?）与迫害，但同时也为他们提供了成为银行家的训练。

美国历史写到近代为我们提供了一个数据：“犹太人的富有与他们的教育程度成正比”。在历史上由于犹太人面临严峻的生存环境，不得不依靠教育来掌握谋生技巧并提高社会地位，不管在哪里，不管如何贫穷，犹太人都要千方百计送子女接受教育。据一项统计数字表明，美国犹太人受过高等教育的比例是整个美国社会平均水平的 5 倍，是名副其实的知识精英。下面一些事实可以体现犹太人在学术方面的高素质：美国诺贝尔奖获得者中有 1/4 是犹太人，名牌大学中 1/5 的教授是犹太人，当代美国一流作家中犹太裔作家占 2/3，犹太人开创了美国的电影业。

犹太人尽管富有，但过去悲惨的经历使他们有一种挥之不去的担忧。一说起危险，他们想到的不只是打败仗或是受欺辱，而是种族灭绝。因此，为了保护自己的利益，他们往往带着宗教般的狂热投入到政治中，通过各种方式来影响选举和影响政府的决策，其势力已经渗透到华盛顿政治圈内的每一个角落。

美国犹太人参与和影响政治的方式有多种，其中之一是选举投票。美国选举投票率历来都不算高，而且呈现下降趋势，但犹太人投票率一直居高不下，达到 90%。犹太选民占美国选民的比例不高，但 89% 的犹太人聚居在 12 个关键的选区，如纽约、加州、宾州和密歇根州等，这些地方的选举结果对全国选举的大局至关重要，协调一致的犹太人选票往往能起到决定性的作用。

其次是政治捐款。美国政治是金钱政治，没有钱就别想搞政治。选总统、选州长、选议员都要钱，而且动辄就是千万、上亿美元。钱从何来?靠捐款。犹太人向来有吝啬的名声，但他们在捐款的问题上毫不含糊。2000 年美国大选捐款富豪榜上，前五名中就有四名犹太人。犹太人的政治捐款在最初的阶段都没有进行组织策划，捐款对象也不集中，到了 20 世纪 80 年代，他们成立了专门协调捐款的“政治行动委员会”后大为改观。目前全美有80多个犹太人“政治行动委员会”，但阿拉伯政治行动委员会还不到10个。可以想像一下，面对左手拿着钞票，右手拿着选票的美国犹太人，美国政客不俯首帖耳才怪呢。

美国犹太人在美国的政治活动主要目标有两个：第一，在国内问题上施加自己的影响；第二，为以色列提供后盾。在第一个目标上各个团体之间可能有分歧，但在第二个问题上则是绝对一致，绝无二心。他们动用自己的金融、政治、舆论和游说机器，为实现这个目标而不遗余力。

美国犹太人并不一定支持以色列某个政府的政策，但在涉及以色列安全的问题时则是毫无保留。在以色列和巴勒斯坦冲突中为什么美国民众多数倾向于以色列，这就是舆论与影响。曾记得当年对于以色列境内发生的恐怖袭击事件与伤亡人数，美国的新闻机器连篇累牍地进行渲染，而对于巴勒斯坦人所遭受的占领、屈辱和比起以色列大得多的伤亡数字则往往是一笔带过。这些报道看似客观，但由于有了选择性，实际上也就有了偏向。

了解了美国犹太人，你就会了解美国与以色列之间的特殊关系，你就能把握到那牵动世界各国神经的美国中东政策的基本走向。美国每年为以色列提供30亿美元援助，对不利于以色列的联合国决议不惜一次又一次地投反对票，布什曾经对以色列总理沙龙言称“我的朋友”，可当沙龙无视其撤军要求时，布什为什么不敢发火？美国与以色列之间到底谁怕谁？答案其实早在不言中了。

所以，在美国这个彩色馒头中，社会注重的是它的色彩斑斓，不在乎它的大小，只在乎它是否出色。所以无论黑人如何吵闹，无论他们如何集中力量，如何寻找突破点来引起社会和国家的注意，但因为其总体素质的低下，加上经济实力的疲弱，依然不能成大气候，充其量可以引起这个社会的注意，但讲到控制美国社会，还远远未够能力和资格。哪怕2008年的美国总统大选民主党推出了奥巴马这个非裔竞选人，使他成为美国历史上的首位黑人总统，但说到控制美国社会，还是不大可能。

至于亚裔和华人，因为总体上未能团结起来，财力不集中，没有强有力的组织机构集中华人的力量。有些冲上主流政坛的华人，因为种种原因也只能成为主流政客的助手或政治棋子，各方面都受到要挟。由于政见原因，纵然冲上主流政坛的华人也未能团结一致而齐心合力为自己的社区争取权益，而是各为其主，更无法像犹太人那样影响白宫政府的决策。所以才发生了近年来中美之间的政治风暴，商业战争。而有财力又有热心政治捐款的华人，通常都喜欢以个人的名义和以个人利益为出发点。所以这种基于个人目的的政治献金，很容易成为政客之间互相攻击的棋子或者切入点。以前的不说，就说2008年美国总统大选，为民主党竞选人希拉里·克林顿捐款的华人徐诺曼，就重重地摔了一跤，成为希拉里竞选对手的箭靶，搞到身败名裂，还要为1990年的一宗旧案件重新被送上审判台，迎接他下半生的将会是铁窗生涯和病魔的折磨。而希拉里竞选阵营马上划清界限，将他的那一笔85万元巨额捐款立即送去慈善机构，将这个已经没有利用价值的华人崇拜者徐诺曼送去祭旗。

可悲啊！可怜的徐诺曼人财两空。假如，他当初不是为了个人出位、沽名钓誉，而是通过中国人的政治行动委员会（即PAC）去捐款给他的支持对象，就不会有今天的可悲下场。因为美国的政治行动委员会，是由美国联邦政府批准，经过反复审核再由美国联邦选举委员会（FEC）最后批准注册成立，以后所有的资金运作都必须在FEC的监视下运作。这些组织是规定无党派立场的，即是这个组织可以同时支持民主党和共和党的竞选人（如果有需要）。通常两大党的竞选阵营都不会去找政治行动委员会的麻烦。反而他们会千方百计地去争取这些无党派但实力雄厚的组织来支持，尤其是金钱上的支持。

要分清楚的是，政治行动委员会不同于普通的非盈利机构组织，后者没有很严格的规定，通常在各个州的商业登记厅注册即可，不用任何的审批手续。唯一与普通的商业公司不同的是，非盈利机构没有股份制，不能分红利。但可以向政府申请资助，申请免税。其他日常操作，与普通的商业公司基本一致。所以，近年来，在亚裔社区，各式各样的非盈利机构如雨后春笋般冒出来，五花八门。

但政治行动委员会要在联邦政府申请注册后再经过一年的审查，才获得批准。每三个月要向联邦选举委员会汇报财务收支状况，不会成为两党阵营的攻击对象。反而，两党派经常想方设法去拉拢这些无党派立场的机构来支持他的竞选人。

目前在美国，黑人的政治行动委员会是最活跃和最出位的。由于经常出来吵闹造势，成为主流社会强有力的声音，成为彩色馒头的一处出色点，尽管这些黑人政治行动委员会经济实力不足，但由于会吵闹，得到很多大企业公司的赞助支持。但通常这些大企业在给予支持赞助的同时，也提出相应条件。他们利用这些机构向竞选人提出他们的利益要求。例如，一个石油供应商会通过政治行动委员会要求竞选人一旦当选之后，要保护他们的商业市场，如：油价不能下滑，要在某条底线以上等等。据说，前任的布什总统就是一个明显的例子。

华人在美国150年，都没有意识到政治行动委员会的作用和影响，通常是散兵游勇的捐赠，近年来捐款人已经成为两党竞选阵营的攻击目标。例如，徐诺曼就赔了金钱又折兵。

2005年，第一个中国人的美国华裔联盟政治行动委员会（The League of Chinese Voters）正式由联邦政府批准成立。可望得到广大华人的支持，刷新美国华人历史。

在美国150年的华人历史中，有太多的屈辱和不公平。然而，在美国这个移民大国里，各个族裔都为同胞建筑了自己的城堡，这就是政治行动委员会，简称PAC。我们看到爱尔兰人、意大利人、犹太美国人、西班牙人、妇女团体、黑人团体等，早已成立了政治行动委员会，迫使美国最高政府和各级政府重视他们的社区，同时在这个过程中赢取了机会均等。但是在美国过去的历史中，我们华人并没有为自己争取足够的、应得的合法权益，在美国政府里我们缺少有力的代表集体的声音。

尽管在过去的美国历史中，华人的部分是沉重的，但是美国的现代史对华人是相对公平的，只要我们肯去争取，结果还是乐观的。2004年，美国纽约的一些中国人正式向美国联邦政府申请成立“美国华裔联盟政治行动委员会”，联邦政府经过近一年的调查审核，正式于2005年1月批准成立。这个全国无党派（Nonpartisan）政治行动委员会是美国目前唯一一个由美国联邦政府批准注册的华裔组织，他们不介入任何政党，不为任何政党服务，他们光明正大地站在美国的政治舞台前，毫不忌讳地、公开地、立场鲜明地为华人争取合法权益，引导美国两个政党对华人社区产生兴趣和帮助华人达到机会均等。要求每一届总统或州长候选人同意，如果他或她一旦当选，要对全美国华裔做到平等和正义。

在过去的几年，他们低调地默默地努力，他们除了关注美国政府对华人社区的态度外，还对2005年1月发生在纽约市的“HOT 97”电台公开侮辱亚裔和华人事件进行了有效的法律交涉，他们专门聘请了专业律师与对方交涉。最后在多方压力下，加上华人社区的强烈示威抗议，事件得到和平解决。他们还致函盖茨基金会，请求他们多关注中国人社会。

创始人之一的叶明丽说："美国历史告诉我们，要壮大自己族裔的力量，必须是社会经济力量与政治行动相结合，美国犹太人对美国政治和商业的强力影响就足以说明这一点。"他们衷心希望各地社团组织、商会、传媒、团体加盟，华人需要团结！

（二）会闹的孩子有糖吃

在美国的法定公众假期中，美国民众对每一年新年之后的第一个公众假期的起源一定不会陌生，那是每年一月第三个星期一的"马丁·路德·金纪念日"。

马丁·路德·金就是一个典型的"会闹的孩子"，因为他会闹，所以他所代表的黑人族裔也就"有糖吃"，在后来的几十年里美国黑人群体的声音不断壮大，势力直逼主流社会。

让我们来看看这个"会闹的孩子"的人生轨迹。1929 年 1 月 15 日马丁·路德·金出生于佐治亚州的亚特兰大，他的父亲是一个教会牧师。1948 年马丁·路德·金获得莫尔豪斯大学学士学位，1951 年他又获得柯罗泽神学院学士学位，1955 年他从波士顿大学获得神学博士学位。

1954 年马丁·路德·金成为阿拉巴马州蒙哥马利的德克斯特大街浸信会教堂（Dexter Avenue Baptist Church）的一位牧师。

1955 年 12 月 1 日，一位名叫罗沙·帕克斯的黑人妇女在公共汽车上因拒绝给白人让座位，被以蔑视蒙哥马利市关于公共汽车上实行种族隔离的法令为由，被当地警察逮捕。四天后，马丁·路德·金在该市组织 55000 名黑人举行罢乘运动（即历史上的蒙哥马利罢车运动），号召黑人"不与邪恶的规章制度合作，不要再给汽车公司以经济上的支持"。经过一年多的努力，联邦地区法庭最终裁定，阿拉巴马州和蒙哥马利关于在市立公共车上实行种族隔离的法律是违反宪法的。1956 年 11 月 14 日，马丁·路德·金宣布为期 381 天的罢乘运动结束。

1960 年 1 月 31 日，在北卡罗来纳州的格林波罗市，一位叫约瑟夫·迈克乃尔的黑人大学生来到一家连锁店的吧台买酒，遭到拒绝，理由是

"我们不为黑人服务"，入座运动就这样开始了。具体做法是：非裔美国人进入拒绝为黑人服务的地方，先礼貌地提出要求，得不到就不离开，为此许多大学生遭到围观和嘲弄。但他们不卑不亢，得不到服务，就坐在那里做作业、读书、研究学问。不到两个月，运动就扩大到了美国南部 50 多座城市。有许多大学生在"运动"中被捕，但马丁·路德·金早已向他的同胞发出了号召——"把监狱填满"。

1968 年 4 月 4 日，马丁·路德·金在田纳西州孟菲斯参与领导罢工运动时被种族主义分子暗杀，年仅 39 岁。美国政府从 1986 年起，将每年一月的第三个星期一定为"马丁·路德·金全国纪念日"。

漫步美国城市路

……如果讲到要去奥本尼观光旅游，很多人会认为没什么刺激。这一点就见仁见智了，因为旅游者的兴趣分很多种，有的喜欢多元化的购物中心，有的喜欢参观历史文物古迹，有的喜欢游乐场的刺激游戏等等。纽约州在国际上的地位举足轻重，对于居住在纽约州的居民也好，到纽约来观光的游客也好，除了去欣赏纽约市的美丽夜景、感受第五大道的繁华挤塞、唐人街的华人风情和自由女神的壮观之外，还应去一个很有代表性的城市——奥本尼。它作为纽约州的州府城市，实在不应被忽视，所以，本章节将会用文字带领读者的感观世界去奥本尼市旅游。

Stroll with the City

A majority of Chinese travelers assume that New York only has New York City. Many do not even realize that New York's Capitol is Albany.

(序)

国际上知名的美国城市，如纽约市、洛杉矶、旧金山市等大家已经很熟悉了，这些美国大城市基本上都有一个统一的画面：很多人、很多高楼、纵横交错的地铁网、日日夜夜的交通拥挤等等，所有国际大都会的特色尽现眼前。因此，美国这些大城市对于那些来自亚洲国家的移民或游客是很有吸引力的，因为亚洲人喜欢热闹、喜欢群居，那些来自大城市的人，亲切、有很多熟悉的东西，而那些来自边远地区的人们，就感到新奇、感到伟大和感到神秘。所以美国这些大城市通常是新移民和外国游客的第一站，很自然这些特殊的大城市就成为美国的表面。但是如果你要深入一点去了解美国，就要离开这些大城市，到美国的中等城市去走一圈，因为要感受真正的美国生活不在大城市、也不在小城市，原因是大城市太千篇一律，这些感觉你随时可以去其他国家找，你可以在巴黎、伦敦、东京、香港、上海等地感受到；小城市乡村味太浓、人太少，相对落后，也不值得一游。而那些有代表性的美国中等城市就很值得去一趟。例如那些州府城市和知名人物的故乡地城市，通常这些城市都很现代化，相对安全，在那里生活的人比较舒适，生活素质较高，居住环境和空气都很好，没有大都市的尘埃、紧张和压力，所以是普通美国人生活的最佳选择地区。但这些城市也有不少毛病，最普遍的情况是太过固步自封，政府不积极对外宣传，也不发掘商机，所以通常这些城市都会经历由盛到衰，然后再由衰转盛的过程。下面介绍的是一个很有代表性的，很值得去认识、去了解的城市—美国纽约州首府奥本尼市，也许在网络上、在介绍美国的资料上找不到太多关于它的内容，只知道它是纽约州的首府城市。因为几年前当地政府很保守，很自以为是，很多任市长都被这个城市曾经的辉煌搞得迷失了方向。也因为如此，因为它的过去、现在、将来，因为它鲜明的代表性，我选择了它作为本章节的主角，也让我成为第一个详细地用中文介绍这个主流城市的作者。

在历史上，奥本尼一直是纽约州的首府，而纽约州管辖着纽约市、水牛城等大城市，和近百个郡以及几百个大大小小的城市和乡村。而所有纽约州的代表各个地区的几百位参众议员，每年都有近一半的时间要住在奥本尼，所以当地人和当地政府一直以来都将奥本尼视为纽约州的“京城”，是一个令其他城市唯其马首是瞻的城市。中英文媒体的有关纽约州政府的任何新闻消息，都习惯在开头的地方用括号加上醒目的一句“奥本尼消息”或“奥本尼报道”。可惜，就是这样一个历史的光环，令这个原来生机勃勃、商机无限的城市沉睡了几十年！在美国历史上，奥本尼这个地方的发展早于纽约州的其他地方，它是现今的国际名都“纽约大都会”的前身。它于1609年建市，曾经风光无限，曾经是美国的工商业重要城市，拥有无限的商机，很多的工业发展、科学发明都出自奥本尼。例如：爱迪生在奥本尼发明了世界上第一盏电灯，现在的男士穿着的衬衫领也是在这里发明的。因为当年的繁荣昌盛，纽约州建州的时候就把州政府设在奥本尼，雄伟庄严的州府山庄，足可以与华盛顿的白宫媲美，四层高的纽约州府山庄当年到底用了多少钱去建造，已经无从考证。根据州政府的资料显示，当年建造一层天然云石楼梯，就花费了100多万美元，相等于现在的一亿美元。但这栋雄伟的建筑物在美国南北战争的时候被炸掉了一角，之后修建过。直至到2001年的时候，大楼的四个尖塔楼其中之一发现了裂缝，而为了修补这些裂缝就要花800万美元，历时一年，由此可见其总体价值。因为300多年前纽约州把皇宫建在奥本尼，奥本尼成为天子脚下的重地，头顶上的光环令奥本尼安于现状、不善外交、不求发展。在这样的大环境下，迫使很多在奥本尼生长的商界能人、家族富豪纷纷迁居当年新开发的纽约市大都会，这样就促成了纽约市的发展，同时也加速了奥本尼在上世纪的萧条。但是历史的发展，不容奥本尼再沉睡，随着八年前纽约州政府将奥本尼定位为美国东岸硅谷开始，奥本尼的经济生活环境就起了翻天覆地的变化—非一般的变化。如果你生活在美国，不妨去逛一逛，你会有不少收获；如果你生活在外国，当你要去美国公干或观光时，可以考虑安排一个奥本尼的行程，见识一下真正的美国城市！下面让我先带各位读者“感官旅游奥本尼”，感受和了解这个历史悠久、地位显赫的城市！

（一）

自从奥本尼复苏之后，自从纽约州政府向世界公布将奥本尼定位为东岸硅谷后，那里的经济和生活环境就起了翻天覆地的变化。几年之间，一家接一家的国际电子企业巨头带着他们的科技研究人员进驻奥本尼，所有有名的国际电子企业开始争霸这块科学重地。例如：IBM、东京电子、国际电子联盟等等。

以往几十年来，奥本尼的形象除了是一个政治、文化中心之外，在科学和商业经济方面并没有什么突出的地方。奥本尼是纽约州府所在地，那里是纽约州最高法院唯一的上诉庭，联邦法院、州政府各部门总部的办公室多数都设在奥本尼市下城，那里每天都有十几万人在上班，纽约州政府目前的正式员工就有 25 万人。另外，奥本尼市及周边有 21 所大学，因此，历史上就已经使奥本尼成为以政治和文化为中心的城市。自从纽约州政府在这块风水宝地上投资了 30 亿美元兴建东岸硅谷开始，奥本尼又重现昔日的光辉，因为州政府的这 30 亿美元投资只是抛砖引玉，随后东岸硅谷引进了外来资金 100 亿美元。由于为数不少的国际科技精英不断定居奥本尼，加上世界最大的医学研究中心“Wadsworth”在奥本尼，那里集中了美国和世界上 2000 多名医疗界的精英—其中不少是亚裔，随着这些重量级的机构落户奥本尼，直接推动了奥本尼当地的各项发展，州政府也努力配合搞好各项设施和城市形象，并且取得了良好的成绩。例如：东岸硅谷的所在地区 Colonie，已经连续 3 年被评为全美国最安全的城市居住地。令当地的房地产市场持续 3 年居高不下，而且供不应求。后来美国房地产市场跌落低谷，也没有对这地区造成影响，因而创下了美国地产界低谷期的奇迹、创造了地产界的神话。所以很多外州居民—特别是华人，为了让自己的子女有一个安全的生活、学习环境而纷纷来到 Colonie 投资房地产。奥本尼市长 Mayor Jennings 为了配合这个大环境的需要，已经投入大量的人力、物力和资金在奥本尼下城市区建设超大型的奥本尼会展中心（Albany Convention Center），这个会展中心内设有五星级酒店和大剧场，同时计划在哈德逊河畔纽约州府山庄一段兴建大型水上娱乐城市，这是一个集高级公寓和商业服务设施和博彩娱乐城于一体的城市乐园。

（二）

位于哈德逊河边的“河边商业娱乐城”是奥本尼市政府和纽约州政府几年前开始共同设计的城市设施，整个发展计划是80英亩。未兴建前，那个地方是一些旧的建筑物，是市政府的一些部门以及几家建筑材料公司和一家大型的百货家具店的用地。但在市政府的计划中，这些建筑物都会重建或改变用途。

在市政府的规划图里，除了水上乐园设施和连带的商业配套设施外，主要会在那里发展一片有河边风景的高级公寓和一个赌场。这是一个区域性的发展计划，估计需要较长的时间来实施。现在市政府投入巨资修建了河边的行人林荫大道以及一条由州府街横跨两条高速公路的人行天桥。现在每日的中午时分，很多在当地上班的人就会横过天桥到河边小憩，享受上午忙碌工作后的片刻宁静和河边的自然景色。

现在的春夏季节，每逢周末在河边就会有各种活动，例如水上滑浪表演、户外音乐会、马戏团表演、嘉年华会等等。另外，每一个星期四，在河边的舞台上，从傍晚的5点到8点就有专业演员表演的音乐会，人山人海，热闹非常。由此可见，奥本尼政府和州政府正在哈德逊河畔打造一个充满娱乐气氛的轻松环境。

（三）

奥本尼作为大纽约州的首府城市，其以往的历史发展，实属平平无奇，商机也不多。这可能是这个城市的人生活太过安稳，一份政府工作，一份律师、医生或者大学教师的工作，足可以令人在这个城市安安乐乐地过上大半辈子。这是一个生活很舒服和方便的城市，也就正是因为这个缘故，一直以来，从州政府到地方政府再到当地居民，都没有积极地向外推介这个地方，令这个本来在历史上很有名气的城市，在美国现代史上黯然失色。这个城市过去几十年的经济发展实在乏善可陈，这种情况对于一个城市来说，可能有不好的一面，但也会出现否极泰来的时候。这种与州府城市发展不太匹配的情况，总会引起州政府和当地政府的重视和反省。

六年前，这块甜睡中的处女地被唤醒了。自从纽约州政府重金投入30亿美元誓将奥本尼打造成东岸硅谷开始，联邦政府官员多次来奥本尼视察，从此这里的发展就出现了欣欣向荣、生机勃勃的景象。先有奥本尼市长努力争取州和联邦政府的资金支持，开始兴建“哈德逊河畔水上娱乐城”的前期运作。然后是有国际上的大企业进来发展，除了大大小小的电子行业进驻东岸硅谷科技中心以外，很多著名的食品和餐饮连锁店也纷纷进入，例如总部设在波士顿的Cheese Cake Factory，以及在美国各个大城市都做得非常成功的中国餐馆连锁店 P. F. Chang's China Bistro。

同时奥本尼的市民开始热衷时尚和多元化，一家位于市府和州府大楼附近的时尚餐厅，取名为：Fusion Café，舒适新潮的装修设计，两面向大街的环境加上时尚流行的音乐每天吸引大批白领顾客来光顾。店内有舒服的长沙发加茶几摆设，同时又有高高的酒吧椅，加上普通的双人、多人桌椅组合，所有的感觉都融会了一种 Fusion 的味道，即多元化混合加流行时尚。那里除了环境时尚之外，向客人提供的也是美国人时尚的混合食品。除了普通的咖啡、茶饮料之外，主打的还有日本的寿司、韩国的泡菜、中国人的饺子、意大利人的面条、不同国家风味的热汤，还有美国人的至爱—沙拉。他们的出品操作简单方便，深得当地上班一族的喜爱。对比中国餐的廉价和高成本加上复杂的制作过程，建议在美国经营中餐馆的老板们去看一看，取一取经，为美国中餐来一次改革，特别是外卖中餐馆。

以上的情况的确为奥本尼这个古老的城市带来了不少正面的冲击，从而令这个城市变得时尚、有生气。相对于一些在各方面都已经饱和而难寻商机的城市，奥本尼实不失为创业者的新机会。而且，奥本尼作为大纽约州的州府城市，生活在美国、特别是在东岸和纽约生活的中国人更应该对它有一定的了解和认识。

（四）

奥本尼于1609年建市，在美国历史上早于纽约市和美国很多地方。根据历史的记载，早于1609年，一批荷兰人乘着一艘名为“半月号”的帆船，经过大西洋进入哈德逊河行至奥本尼地段登陆，并在此定居，他们当时带来了一些郁金香花种，在那里播种并生根开花。从此，郁金香就成了奥本尼市建市时选定的市花。每一年的母亲节前，奥本尼市都有一个选美活动，这期间会选出一名新一年的郁金香皇后。在母亲节当天郁金香皇后进行新旧交替仪式之后，就会乘花车环游州府和市府一周，为每一年的母亲节平添一份特别的喜庆。这是由奥本尼市政府部门专门组织的一项每年例行的庆典活动，配合期间在华盛顿公园举办的郁金香嘉年华美食艺术节，成为奥本尼市每年初夏来临前的一道亮丽风景，也给居住在奥本尼的母亲们送上一份温馨的贺礼。

在哈德逊河的另一边，是奥本尼市旁边的另一个城市，叫卓拉市（City of Troy），这个历史悠久的城市，可能对于很多中国人来说非常陌生，但是这个城市产生的一位历史人物—山姆大叔，相信很多中国人都相当熟识，那里是山姆大叔的故乡，山姆大叔是美国爱国主义的表率和代表人物。在第一次世界大战期间，美国经历了太多的困难，国民的士气低落。山姆大叔是一家肉食加工厂的工人，他带上食品，用美国国旗造成衣服和帽子，骑着马全国各地的到处宣传鼓励国民和军人积极面对困难、战胜困难。因此，在美国的发展史上，山姆大叔是一位重要的历史人物，而卓拉市也因山姆大叔而名闻天下，成为美国战后一个举足轻重的工业城市。至今在卓拉市专门有一个山姆大叔的博物馆，而山姆大叔的铜像就成了这个城市的特色和标志。

另外，近年这个城市还出了两位纽约州重量级的政治人物，一位是纽约州第二把手布鲁诺，布鲁诺担任纽约州参院院长很多年，先后与纽约州多任州长共同治理纽约州，地位仅次州长。另一位是已经上升到白宫政府的前副州长玛丽唐纳尤。卓拉市除了名人辈出之外，更有一家著名的理工学院 R. P. I（Rensselaer Polytechnic Institute，简称 RPI），中文翻译为伦斯勒理工学院。是一所私立大学，1824 年 11 月 5 日成立。校园占地面积 275 英亩，每年招收的本科生约 5148 名、研究生 1228 名。由最早的哈佛大学的毕业生斯蒂芬·万·伦斯勒（Stephen Van Rensselaer）先生于 1824 年创办，是美国最早的工科大学。二战期间该校是美国军队的重要研究和教育机构。这是一所可与麻省理工学院齐名的私立学院，以电脑和理工科出名。他们的校旗已经插在月球上，是至今除了国旗以外唯一一支插在月球上的民间的旗，R. P. I 大学每年招收不少来自亚洲的学生，特别是台湾和香港的有钱人子弟。这些学生也成了奥本尼华人超市和中餐馆的一个颇大的消费群体。

由于 RPI 对美国航天事业的贡献，她的校旗是美国国旗之外唯一被置放在月球上的旗帜。RPI 与许多美国著名的公司，如通用电气、通用汽车、朗讯、IBM、AT&T、摩托罗拉等有着广泛的联系。RPI 既向这些公司输送大批高质量的毕业生，又从这些公司获得多方面的支持和资助。故而 RPI 拥有美国高校中的第一个高科技公司孵化中心。尽管 RPI 只有五千名本科生和两千名研究生，在美国属于规模较小的大学，但 RPI 以其雄厚的师资、先进的教学设施和注重理论与实际结合的严谨学风，一直在美国的教育界、学术界和工程技术界享有盛名。

RPI 工学院提供十余个科系的本科及研究生教育，其中包括生物医学工程、化学工程、民用建筑、决策及系统工程、电力系统、电气及计算机工程、材料科学、机械与航天工程、环境与能源工程以及应用物理。RPI 工学院拥有由近十位美国工程科学院院士组成的出色的师资力量。除工学院外，学校还设有管理学院、建筑系、数字媒体艺术系、生物和交叉学科系以及人文社科系等。

RPI 的著名校友包括：首次把人类送上月球的阿波罗 11 计划的总指挥、美国国家宇航局的 George Low，现代电视之父 Dr. Allen B. Dumont（1924），微处理器之父 Marcian E. Hoff（1958），网络电子邮件的发明者 Raymond Tomlinson，是他用@符号定义了电子邮件地址。

（五）

奥本尼周边的城市都以奥本尼为中心，因此奥本尼有设备完善的国际机场、国际运输海港，拥有独立的国际海关、移民局等重要的政府一级部门。奥本尼是美国东北部很传统的商业中心，在历史上一直是美国的重要商业交往必经之地。纽约州建州的时候就选定了奥本尼为纽约州州府城市，纽约州府大楼气势磅礴，一百多年前已经建成，是至今全美国建筑费用最高的州府大楼，整栋大楼用麻石砌成，单单其中一层阶梯就耗资当时的 100 多万美元（约等于现在的一亿美元左右）。

前两年州政府耗巨资800万维修其中一个塔楼顶，以保全好这栋意义不同凡响的历史产物。州府旁边是帝国广场、州历史博物馆，还有“百事可乐大剧场”，这个大剧场可以容纳两万观众，每天都有不同的会展、演唱会、溜冰杂技团演出。

在奥本尼定居的华人，基本上都有同一种感觉，就是初到此地时感觉不到纽约、旧金山般的热闹气氛，比较不适应这种环境，特别是这里的华人不喜欢聚居，居住点分散，而且不喜欢串门子。而较热闹的西人地方和西人娱乐场所令一些华人又感觉得格格不入。所以，如果选择在奥本尼定居，的确是需要一段适应期。但如果一旦适应下来后，就会觉得在奥本尼生活很惬意、很轻松，也很方便。因为这里几家中型的唐人超市，供应新鲜的游水海鲜，这些超市内有每天的《星岛日报》、《明报》、《侨报》、《世界日报》，第一代的中国移民可以阅读到这四大华文报纸的即时新闻。购买唐人杂货如同纽约唐人街般方便，同时也有多家地道的中餐馆。

奥本尼的周围交通也非常发达，地处90号和87号高速公路的交叉点。到波士顿和纽约唐人街分别只需2—3小时车程，北可去蒙特利尔、西可去水牛城，分别只需4小时的车程，这几个地方都可以一天来回，难怪一些定居后的华人讲：在奥本尼生活才是真正的美国生活。奥本尼地区原来居住了近十万华人，有些华人在这里已经生活了40多年。

（六）

目前，奥本尼的华人社区不算活跃，因为不聚居，所以也不算很团结，但也总算有一个像样的华人社团组织。这个地区有一个叫“奥本尼华社”的华人协会，历史颇长，成立于1973年，当时由几位台湾来的移民共同创立。每一届的社长都由会员选举诞生，任期两年，华社之下有一所中文学校，每个周日下午上课，设有多个班，其中中文班的主要对象是华人小孩，另外还有成年人的太极班、舞蹈班、音乐班等等。一到周日，大人带着小孩去学中文，家长们去参加其他兴趣班，或者约朋友在学校相聚，非常热闹，是当地华人生活的一道风景。

每逢中国新年，“奥本尼华社”都会举行非常隆重的新春联欢晚会，有很专业的文艺演出。届时除了当地和周边的会员和华人参与外，还有美国人。这些收养了中国孩子的美国家庭，到了中国农历新年，拖男带女、穿红着绿、兴高采烈地来参加中国人的新年晚会。场面非常趣致热闹，这些可爱的美国养父母，为了让他们的养子女从小接触自己原来民族的文化而每年必到，算起来有几百户这样的美国家庭每年都来同庆，为奥本尼当地华人的每年新春增添额外的喜庆。

近年，“奥本尼华社”已经拥有自己独立的楼宇作为社址和活动中心，2003年奥本尼市政府元旦前一夜的庆祝活动，便邀请华社的舞蹈团在市政府表演了隆重的“龙舞”，成为市政府新年前夜活动的一出重头戏。

由于近年东岸硅谷在奥本尼落户，很多来自外国和亚洲的科学家和科技公司纷纷进驻硅谷，奥本尼的亚裔面孔日益增多，可谓一业兴百业兴，很多外州的华人也纷纷来奥本尼考察环境，准备移居奥本尼，奥本尼的房地产市场一直维持上升至今。对比这一两年美国房市下跌的大局面，奥本尼依然一枝独秀。

另外华人家庭选择到奥本尼的另一个重要原因，就是为了孩子读书的安全和教育。对于小孩子的成长和将来发展，奥本尼的确不失为一个较为理想的美国城市。

（七）

如果说到到奥本尼来观光和旅游，很多中国人会认为没有什么看头，这一点就见仁见智了。因为旅游者的兴趣要分很多种，有的喜欢多元化的购物中心，有的喜欢历史文物和古迹，或者喜欢游乐场的喧哗和那里的刺激游戏等等，各有所爱。

纽约州在国际上的地位举足轻重，作为居住在纽约州的居民也好，到纽约来观光的游客也好，除了欣赏纽约市的美丽夜景、感受第五大道的繁华和挤塞、唐人街的华人世界和自由女神的壮观之外，奥本尼作为纽约州的州府城市，实在不应被忽略。所以，下面将用文字的表达方式，带领读者的感官世界去旅游奥本尼。并且将会通过人物化了的“纽约哈哈”的足迹较为真实地感受一下到奥本尼旅游的感觉。

化名为“纽约哈哈”的人物是一位高中学生，居住在纽约大都市。某天他约了三位好朋友：丽莎、大卫、米高，一起去奥本尼观光旅游。这三位好朋友分别居住在三个不同的城市，大卫居住在波士顿，丽莎居住在水牛城，米高则住在加拿大的蒙特利尔市。

哈哈和米高同时选择了坐火车去奥本尼会合，丽莎和大卫则自己开车，他们四人选择了同一时间出门，于是某一天早上8点钟他们四人就出发了。丽莎和大卫各自开着车，分别从90号州际高速公路的东西两边出发，东面是波士顿，西面是水牛城。哈哈也从纽约市34街火车总站坐上了开往奥本尼的火车，与此同时，加拿大的米高也登上了从蒙特利尔开往奥本尼的火车。

在同一时间这四位朋友从东南西北方向，向着其中心点奥本尼进发，预计在同一天的中午11—12点这段时间，他们会先后到达奥本尼，他们各自花在路上的时间分别是：2小时30分（纽约），2小时30分（波士顿），3小时（蒙特利尔）和4小时（水牛城）。行驶的是87和90号这两条州际高速公路。

他们四人聚会后，便开始了游览观光奥本尼计划活动的第一天内容。

（八）

哈哈和他的朋友分别经过了3—4小时的路程，在中午12点左右到达奥本尼，他们先把车子停在巴士站的停车场，再步行走到南珍珠街，走过了一个街口就来到了著名的州府大街，哗！原来这里高楼林立、人来人往，好不热闹。再仔细一看，州府大街往西的尽头就是州府山庄，那栋建筑物气势磅礴，居高临下。对面是奥本尼市政厅，那尖尖的楼顶，很像一栋18世纪的古堡。回头向东望去，只见一排欧洲风情的古罗马建筑非常壮观，原来那里是州立大学中心办公楼。短短的一段州府大街，真是藏龙卧虎，新建的三十多层州政府财政厅，每天就有两千多工作人员在上班，加上旁边的花旗银行大厦、IBM大楼、Crown Plaza大酒店和好几栋专业人士办公大楼，一个不大的地方，每天就容纳了十几万人在上班。

哈哈他们带着十分的好奇心，跨过了州府大街，来到了北珍珠街，一路走过去，从时尚的Fusion Café（时尚组合）到Starbucks（星巴克咖啡）、Dunkin Donuts（甜圈加咖啡），不知不觉就来到了奥本尼新兴起的酒吧街。每晚9点开始，成群结队的年轻人就会到酒吧街来狂欢到凌晨2—3点，周末还玩到4—5点，特别是那家Jillian's连锁店，是一个多元化的娱乐场所，有酒吧、舞厅、游戏机、桌球厅等等。那里是年轻人喜欢光顾的地方。

他们继续向前走，发现前面是皇宫剧场（Palace Theater），旁边是联邦大楼，皇宫剧场的告示牌上，是当晚马友友的大提琴音乐会。这时来自纽约的哈哈马上提议买票去看，大家一致同意，先回头去Fusion Café吃点时尚食品，然后去看音乐会，看完后去酒吧街轻松一下。晚上入住Crown Plaza酒店，第二天去参观州府大楼和州博物馆及帝国广场。

（九）

哈哈和他的朋友们来到了帝国广场，这个由洛克菲勒州长兴建的建筑物，非常宏伟壮观。帝国广场与州府大楼仅仅相隔一条小街，但其大面积的地下层是相连相通的，整个帝国广场的下面是地下商场、剧场、会议大厅、会展中心。很多商业活动，包括汽车展览会，都在这个地方举办。

在帝国中心的地面层游览时，会见到与州府大楼相对方向的纽约州博物馆，广场的中间是四大栋40多层高的州府各个部门的总办公厅。其中一栋特别高的大楼叫康宁塔，顶层是对公众开放的瞭望台，在上面可以俯瞰奥本尼市和哈德逊河。帝国广场的中央是一个大广场和喷水池以及巨蛋剧场。巨蛋剧场分三层，每层是一个剧场，地下层的最大，可以容纳5000位观众，每年当地的很多大、中学的毕业典礼都在那里举行；上面的那几层可以容纳的观众会少些，但是由于设计上的特殊性，座位全部顺着蛋壳的外形从上而下摆放，视野效果非常好。当从高速公路进入奥本尼入口时，这个屹立在高处的大巨蛋，就成为奥本尼的一个重要标志。

然而，尽管这个巨蛋已经成为广场一景，但当时却备受争议，因为其造价非常昂贵，全部是钢筋混凝土结构，单纯工程设计费就已经是天文数字。据闻，纽约州要兴建这个占据当时几条街道的广场是因为当年有一天，洛克菲勒州长坐在他那位于州府大楼二楼的办公室从窗户往外观望时，看到的是一片奥本尼的老城区旧房子，他认为很不雅观，与那气势磅礴的州府大楼很不匹配。后来，他终于下决心夷平了这一片每天都刺激他视野的老房子，用重金打造一座现代化的广场。因此，也就有了现在的壮观的纽约州帝国广场。

（十）

哈哈他们从康宁塔的顶楼上观光完哈德逊河的景色之后，便乘坐电梯下到帝国中心下面的地下广场。哗！这里简直令人叹为观止，别有洞天，这个地方从地下穿越十几条小街和州府大街、华盛顿大道，再通过麦迪逊大道后，连接位于麦迪逊大道另一边的州历史博物馆，整片地下层紧紧相连。屹立在广场上的四大栋州府办公楼，全部以地下广场作为交通要道，办公人员之间的往来可以完全不受地面上的天气影响，也不会影响到地面上游客的观光。

这个地下广场通体相连，在其东面紧靠巨蛋剧场的地段，建有一条近万尺长的通道，直通百事可乐体育馆。南面的尽头紧接纽约州博物馆，西面连接州立法院办公大楼，北面穿越州府街乘坐扶手电梯通上去是州政府大楼，可以直达州长办公楼层和参众议院会议大厅。

整个地下广场四通八达，还建有多个大型停车场，汽车和大巴士都可以经过专用隧道到达地下广场的各个门口，无论是观光团还是上班一族都感到十分方便舒适。地下广场有很多各种各类的食肆、餐厅、商店、银行等。那里人来人往，比地面上的帝国中心广场要热闹得多。当然，除了每年的 7 月 4 日国庆烟花节和有特别活动外。因为每一年的 7 月 4 日国庆节，纽约州政府都会在企业的赞助下在帝国中心广场燃放烟花庆祝，那时便会有几万人齐集在广场上观看。7 月 4 日晚上 9 点开始的烟花晚会长达 40 多分钟，在放烟花活动之前，是户外音乐会。每年的国庆节那里都非常热闹。

（十一）

哈哈和他的朋友们用了两天的时间走马观花地在州府大街的著名地方兜了一圈之后，就开始寻找一些年轻人的娱乐地方。酒店的服务员告诉他们，在酒店的旁边是一条叫北珍珠街的酒吧街，每晚 9 点以后，这里就聚集了一群群的年轻人饮酒狂欢，直至凌晨 4 点才散去。在靠近哈德逊河边的地方有一家酒吧餐馆，他们自制的啤酒多种多样、远近闻名，每年都有产品获奖，在那里可以选择一套八款的不同口味的啤酒品尝。那个地方很大，没有特别的人工装修，但是别具风格。那里很久以前是一个水站，在历史上的作用是把哈德逊河的水抽入经过加工后，供应给当地居民使用。但是随着时代的发展，那个地方早已成为历史。但是美国人对于仅存的历史看得很重，保护历史文物和稀有动物是美国民间的神圣任务。所以，尽管美国的历史很短，历史文物也不多，但美国的怀旧情怀却随处可见，保护历史与科技发展同步，成为现代的美国特色。

回头来说这个奥本尼水站，本来已经废弃多年，后来有一位啤酒厂的老板与当地的有关部门协商，提出他可以既保留原来的一切，又不用荒废了这个地方，政府每年还可以省掉一笔巨大的保养费。最后有关部门相信了他，同意让他改造成现在的酒吧餐馆。果然他也真的保留了原来的模样，原来三层楼的房顶下面是厅房，半二楼是原来水站工作人员的瞭望台，他就用来放了一排啤酒桶造酒，在厅堂的客人可以看到这些大酒桶，从而增加了气氛。原来悬挂在上面的一些大铁钩，依然悬挂着，但千万不要以为这些东西会大煞风景，相反，美国人觉得很有特色、很趣致、很自然并有原始气息。美国文化有时就是这么不可思议！这家酒吧餐馆没有自己的店名，依然用奥本尼水站（Albany Pump Station），但是却远近闻名。很多人初到奥本尼，都会被当地的朋友带来这里饮酒和见识当地文化。

可惜，哈哈和他的三位朋友都未到可以饮酒的法定年龄，只好望而兴叹，发誓过两年到了法定饮酒年龄时，再来一偿心愿。

（十二）

哈哈和他的朋友们虽然未能一尝奥本尼水站的啤酒，但他们还是到了那个地方，观光了哈德逊河边的景色，因为水站酒吧就在百老汇大道旁边，他们出来转个弯就走到了百老汇大道上。他们在百老汇大道上见到了联邦大楼和著名的皇宫剧场，同时他们见到一群人和很多新闻媒体在那里，便好奇地走过去看热闹。哦！原来是当地一大发展新闻，两个大地产发展商已经用高价收购了这个地方，包括一个停车场、一个加油站、一栋旧的大楼。他们要兴建一个大型的综合大厦，里面有各行业的商店，有餐馆、酒吧、娱乐中心，高层的楼层是办公楼，地下是停车场。旁边另建一栋有 80 个豪华套间的住宅单位，这种称为 LOFT 的住宅套间，每个单位内都有半边是两层的，在中国叫复式设计，很受欢迎。

这些楼宇建在风景优美的哈德逊河边，邻近是新建的有两千多员工的纽约州环保厅，对面是联邦大楼、皇宫剧场以及娱乐性很强的北珍珠街。在这些地方建住宅，大大地打破了奥本尼当地历史的习惯—刻意将住宅群与商业区和办公楼群地域性地分开来。在闹市区兴建超级豪华住宅，的确是当地创举。

这些豪华公寓的住客，预计会是一批有一定经济能力的白领阶层和每年有相当一部分时间要在奥本尼生活的来自纽约各地区的州众议员和参议员。而这些有舒适的内部装修设计的住宅，配合方便的交通、周边文化娱乐设施齐全的大环境，对这一阶层的人士再也适合不过了。

这两个如此有远见的地产发展商又是谁呢？他们其中一位来自纽约州西北部的城市—雪城，是 Queri Development Co. 地产发展商，另一位是当地大名鼎鼎的地产商 Norstar Development USA，他们拥有全美东最大的综合商场 Crossgates Mall。现在他们给这个地产项目投资 6000 万美元，即将破土动工。

哈哈和他的朋友们听到这个消息非常高兴，他们相约一起来奥本尼读大学，因为这个城市正在悄悄地发展起来，前途一片光明。另一个他们看好的原因是，就业机会有很大的发展空间，对于这些未来大学毕业生，是一个不错的地方。

（十三）

哈哈他们意犹未尽，继续沿着百老汇大道向南慢行，转入哈德逊河边的林荫小道，一边散步，一边欣赏那些水上的滑水表演，不知不觉他们走进了奥本尼海港。他们看到码头上堆放了很多集装箱，一列拖着 20 多个货柜的货运列车正徐徐驶进海港码头。他们好奇地停下来并孩子气地数着这列车拖了多少个货柜。列车过后，他们与海港的门卫闲聊起来，通过聊天他们对奥本尼海港又有了一番认识。

原来在全美国交通计划研究机构的调查报告中显示，奥本尼港口很适合用作货物的集散地。所以奥本尼政府不断地投资扩充码头和兴建仓房，增加先进的货运设备，拓宽河床，并与加拿大铁路联运服务。在柏德基任州长时，州政府拨了75万资金给奥本尼海港，专门用于铁路直达码头装卸货物。现在码头可以同时容纳24000个货柜，所以今日的奥本尼海港就有了这么良好的基础设施和运输条件。

奥本尼海港位于市区下城，占地面积391英亩，始建于1925年，已有82年的历史，是一个四季海港，设有24小时清关的特殊政策。同时奥本尼政府给予港口高度的自主权，自定收费标准，以纯商业机构的结构进行运作，政府从旁给予各种支持和优惠。由于有了这种内外配合的优越条件，美国的九家大运输公司争相与奥本尼港务局签订合同，以奥本尼为基地，作为出入海关港和货物集散地。另外，美国总统运输公司（American President Line）第一个在奥本尼海港开辟了美国与亚洲的航线。新泽西州的伊丽莎白海港长期不胜负荷，从2000年开始，部分运往亚洲的货物经由奥本尼海港出关。

（十四）

从2000年开始总部设在新泽西州的著名能源公司Forster Wheller，由奥本尼海港运往中国的货物每年大幅增长。加拿大太平洋铁路局买了蒙特利尔至纽约的一整段铁路，用于连接温哥华港。他们认为这条运输线比目前常用的运输线方便、省钱、省时间。因为经太平洋的船只必须绕过美国外海进入巴拿马运河才能到达纽约港或新泽西港。海陆联运，就是从美国西岸用货柜车托运往东岸，这样的运费会相对增加，所以一直以来，亚洲运往美国或者美国运往亚洲的货物，西岸和东岸在运费和时间上有很大的差别。因此，有关研究报告指出，用奥本尼海港作为亚洲和美国东岸运输线，除了进出海关的快捷和24小时可清关的特殊政策外，另一个优点就是，相比常用的运输航线，可节省大概8天的时间。

哈哈他们听得入了迷，他们无意中闯进奥本尼海港却带给他们意想不到的实际知识，这些东西是他们在课堂上学不到的。米高的父亲是搞国际贸易生意的，经常与亚洲和中国发生贸易往来，但他从来没有听他父亲说将奥本尼作集散地，他决定将这个信息告诉他父亲，同时他还十分认真地向那位叫佐治的门卫叔叔请教，例如：为什么至今知道这条运输线的国际贸易公司不多？另外，如果使用这一条航线运输，应该找哪一些运输公司？

佐治叔叔告诉他们：

1. 自从2000年奥本尼海港与铁路运输公司和多家船运公司签订了合作关系后，大量的货物经由奥本尼进出关，但奥本尼海港原本不是一个国际级大海港，吞吐量太大，负荷不了。所以，奥本尼海港本身没有去推介这条运输线，而与之合作的运输公司也不是以亚洲业务为主线。

2. 如果和奥本尼当地的国际运输公司合作，会清楚整条航线的运作，因为亚洲当地的货运公司只会选用他们惯用的航线操作，只要向你的运输经纪提出这个要求，正常情况下，他们会找在奥本尼有办事处的运输公司合作。或者向你的运输经纪提供奥本尼海港地址的邮编区号（奥本尼海港的邮编区号是：12207），他们就知道怎样操作。

（十五）

哈哈他们从海港码头出来后，沿着百老汇大道经过灰狗巴士站，到州府大街入口见到很多人，他们好奇地问路人才知道，在市政府门前，市长杰宁正在向外界和传媒公开宣布，一个酝酿已久的关于哈德逊河畔奥本尼市区地段的特大型商业发展计划终于水到渠成。预计耗资数亿美元，现在首期资金已到位，资金来源大部分由联邦政府、州政府和州交通部等三大政府部门拨出，相连的商业发展，正在物色私人机构、财团来投资兴建，现在到位的首期资金将用于项目的前期运作、设计和制定项目标书等。

该商业广场的建筑模型，是参照康州首府的河边商业娱乐中心来设计的，内容有多功能商业大厦、娱乐中心、高层公寓住宅区，并引入哈德逊河水建设水上乐园，人们可以在此划艇和垂钓，以配合现在的每年夏天在哈德逊河边举行的快艇表演和水上芭蕾表演。

奥本尼市政府近年来重点发展经济。杰宁市长是一个开明的市长，在他任市长的前段期间，已经做了很多经济发展项目，吸引了很多财团的关注。今年奥本尼的经济发展目标更大，几大发展项目正在迈向成功。

哈哈他们真正体会到，奥本尼的确是可造之地。

（十六）

哈哈他们从奥本尼市政府看完热闹后，穿过帝国中心广场，进入了麦迪逊大道。听朋友以前介绍过奥本尼有一所很出名的医学中心，就打算去看看。他们到奥本尼医学中心很幸运地遇到了一位好心的医学博士，这位博士知道他们几位年轻人从外地来，便热情地带他们到处参观。并告诉他们，奥本尼医学院是目前全世界四个换心脏最先进、最成功的医学院之一。另外，已故美国亿万富豪慈善家 Marty Silverman 在 2000 年创立了“奥本尼杰出医学研究大奖”（Albany Medical Center Prize in Medicine and Biomedical Research），他一次性捐出 5000 万美元给奥本尼医学中心建立了这个基金，每一届的得奖者可独得 50 万美元，是世界第二大金额奖，仅次于诺贝尔奖。该奖与众不同的地方和最大的特点是：获奖者可以自行支配奖金，不会受到基金会的任何限制，其研究成果也不受时间的限制。Marty 的理由是获奖者已经用了无数的时间精力和心血为人类的健康作出贡献，所以 50 万奖金是完全给予获奖者的私人奖励，他相信这样可以更好地鼓励科学家为人类的健康而努力攻克难关。该奖于每年三月份由评委会评定得奖者，四月份颁奖。第一届全世界有 70 名科学家被提名，其中一名有代表性的得奖者是六十多岁的 Dr. Arnoldlevine。他的研究成果证实“P. 53 体细胞内的淀粉质可防止病毒发生和坏细胞扩散”。通俗地说，是防止癌细胞病变和扩散。但在 80 年代，P. 53 则被认为是产生癌病的原因，到 1989 年，Dr. Arnoldlevine 发现这是对 P. 53 的误解，其实 P. 53 的真正功能是找出人体内有病的坏细胞，并将之排出人体外。他的研究为日后医学界研究防止癌病病因作出了重大贡献。

（十七）

大慈善家 Marty Silverman 活到九十六岁高龄，刚在去年仙逝。Marty 生前是布什总统和前任州长柏德基的座上宾，他是第二代犹太人，他的人生轨迹充满传奇，纽约 9·11 之后，他力促重建纽约世贸中心。他对纽约有着一种特别的感情，他在纽约出生长大，他和山姆大叔同一个故乡。早年他毕业于纽约大学，再进入奥本尼法学院，毕业后成为一名律师，他在进入法学院前当过兵，参加过第二次世界大战，退役后一直在纽约市经商。他以过人的聪明才智和超凡的商业头脑，成为美国上流社会著名的商业巨人、亿万富翁。在美国，上至总统，下至州长、市长，都对他恭敬有加，人们对他的敬重不是因为他的富有，而是他的一颗慈善心，他对于社会的公益事业出手阔绰，一捐就是数百万、数千万的巨款。但他为人低调，外界没有多少人知道他到底有多少个亿的身家，只知道他是一个大慈善家。

他临终前几年的最后心愿是发展“奥本尼国际学术研究中心”。他除了捐资5000万美元设立“奥本尼杰出医学研究奖”外，另外再捐出5000万美元给他的母校“奥本尼法学院”，用来创立一所“国际商业法研究院”，研究重点是国际法律，其宗旨是培养一批熟悉国际法律的人才，以适应日益活跃的国际商业市场的需要，同时鼓励和推崇企业化和加强各级政府走向国际化。他认为所有的国际活动和国际合作都离不开国际法。

（十八）

听完医学博士介绍大慈善家Marty Silvermen的生平之后，哈哈他们觉得经过这几天对奥本尼的参观，一下子增长了很多知识，人生的内容也随之丰富了，同时学到了很多在学校课堂上学不到的东西。因此，他们恳求博士带他们去多参观几个代表美国先进科学的地方。这位医学博士姓叶，是中美混血儿，父亲是中国人，很多年前来自香港，母亲是英国人，他见这几个年轻人这么好学，也很高兴，因为在现在的美国中学生里面这样的年轻人是不太多的了。所以他决定放下手上的工作，带他们去参观世界闻名的医学研究中心Wadsworth。他将这几个年轻人带到了位于帝国中心广场地下层的Wadsworth研究中心，并且语重心长地对他们说：“生活在美国只要肯努力，机会是很多的，大富翁Marty Silvermen的人生经历，就是美国社会特色给人民的公平机会。”

他们一边谈一边走，很快就来到了Wadsworth研究中心，他们惊奇地发现原来帝国中心广场的机构真是卧虎藏龙，这个著名的研究中心就设在帝国中心广场最高的那栋康宁塔的地下四层，这个康宁塔就是他们几天前在顶楼的瞭望台观看奥本尼市景和哈德逊河的那栋高楼。在这高楼的地下几层原来别有洞天。

Wadsworth 研究中心分布在世界各地，在美国很多大的州和著名大学都有研究中心，但设在奥本尼的这个是全世界最大、最先进和最全面的。这个研究中心主要的任务是为纽约州卫生厅服务，在这里的挂牌是："Wadsworth Center NYS Department of Health"，属于一个不对外开放的科研机构。因为有叶博士的带领，他们顺利地获得批准进入参观。哗！想不到在康宁塔的地下一、二、三、四层全部是属于 Wadsworth Center 的占地，这里除了最上一层有一排贴着地面的窗户之外，其他三层全部是密不透风，因为要保护这些世界上最先进的科学仪器，这些仪器价值连城。这里容纳了两千多名来自世界各地的科学精英，他们每天不分日夜地研究，为人类的健康和医学的进步在努力。

（十九）

Wadsworth 研究中心有四个大分部，分别是：

1. 环境因素疾病的预防（Environmental Disease）；

2. 基因的反常（Genetic Disorders）；

3. 传染病感染（Infectious Disease）；

4. 医学研究（Molecular Medicine）；

这里的科学家经常观察因为遗传而引发的疾病、新生婴儿的发育情况、艾滋病的早期预防，T B 研究等等。

同时纽约州卫生厅通过 Wadsworth 进行各方面的研究，从而制定纽约州的卫生标准和规定，他们负责监控纽约州的饮用水质量、居住环境因素和外在环境卫生因素对纽约州市民的影响。

Wadsworth 设有尖端的研究院，具体的测试中心，负责国内和国际培训计划。他们巨大的研究经费大部分来自专业基金，他们进行的是整体研究、大项目研究、威胁人类健康的疾病研究。他们一般不作小项目的研究，例如某种药物的开发研究。他们会与大公司合作研究和攻克医学难关，他们近年来重点攻克的医学难关是癌症。

在叶博士的带领下，哈哈他们获准参观了很多研究室，看到了很多不同肤色的研究人员。其中不少是来自外国的科学家，亚洲人和中国人不少，在一个专门研究人类遗传细胞的研究室里面，一位热情的中国女士告诉他们，她和她的同事们正在进行细胞核的研究，细胞核是细胞的核心，目前的医疗水平还不能使药物有效地影响到细胞核，所以人类目前对癌症的治疗非常困难。

（二十）

哈哈他们从 Wadsworth 研究中心出来后，深深感到科学家为人类健康和进步所付出的努力和贡献是这么大。同时也感到作为一个年轻人肩膀上的重任之巨。

他们从康宁塔走出来，在地下商场漫步。这是一个很大型的地下商展中心，有很多个大大小小的展示厅，整个地下商展中心占地面积 20 多万平方尺。横跨 7 条街道，上面是帝国中心广场、巨蛋剧场、纽约州博物馆以及 6 栋办公大楼，里面容纳了两万多办公人员。而这个地下商展中心，就是连接这些上面建筑物的来往要道。因为这里聚人气，很有商业意义，所以这里每周都有不同的行业在举办展销会。那天，哈哈他们正好遇到一个大型的展销活动，他们见到很多亚洲人在推介他们的产品，有工业用品、建筑材料、家用商品、服装、玩具、食品等等。他们打听一下才知道，原来这是一个由纽约州商会和纽约亚洲商贸理事会联合举办的一次国际商品交流活动，参加的公司有来自中国的、南美洲的，也有美国本地的。主要以食品、速冻食品、工艺品、礼品、服装为主题。哈哈他们见机会难逢，便马上入场参观看热闹。真是人山人海！他们远远看见一个展位前围满了一大堆人，原来是一家叫“亚味食品”的公司在推介产品，他们几个来晚了，只能在人群的后面观望，后来他们向旁边的一位女士打听，这位女士告诉他们，这是一家在美国专门供应亚洲速冻食品的公司的展位，他们在现场向大家提供中国点心试食，很有新意，大家可以品尝很多种点心，这些都是目前在奥本尼的亚洲餐馆里很难品尝到的。

这家叫“亚味食品”的美国公司，在中国有很大的加工厂作后盾，所以他们的食品很有风味，也很传统和地道，不像我们平常在美国的中餐馆吃的那些变了种的中国餐。他们的点心食品多种多样，非常吸引人，这位女士早上已经试食过，但意犹未尽，现在又等机会挤进去再试食其他。哈哈这几位毕竟是年轻人，又好奇又嘴馋，于是他们找机会挤进去试食，还想与他们的主管交谈，因为他们平时都对中国食品很有兴趣，希望值此机会了解多一些这方面的食品文化。

（二十一）

哈哈他们终于挤到前面，品尝了很多款“亚味食品”公司的点心食品，有虾饺、炒面、炒饭、菜包、春卷等等，五花八门。这几个年轻人很少有这样的机会到纽约市或者是洛杉矶这样的大城市的唐人街，所以也就很少有机会品尝到如此地道和美味的中国食品。因此，他们高兴得不肯离开，亚味公司的主管见这几个年轻人总不离开，觉得奇怪，便上前去与他们打个招呼，哈哈他们见主管主动上来很高兴，他们本来就想找人了解中国食品文化，所以哈哈便高兴地告诉这位叫米高陈的经理，说他们如何喜欢这些食品，但是在美国人开的超市里买不到，亚洲人的超市他们又不知道怎样购买，更不懂如何选择。他们从小到大在学校都是吃传统的美国食品，如麦当劳、肯德基，三文治加水果汽水。如果学校和政府教育部门可以提供多元化的食品给学生就好了，起码有中国食品，因为现在很多地方都有中餐，也说明中餐在美国已经很普遍，他们为什么不在学校的餐单里加进去呢？相信会很受欢迎的。陈经理听了这几个年轻人七嘴八舌的一番伟论，深受启发。目前的中国主食的确未能有系统地进入美国主流市场，实在遗憾。而最主要的原因是，中国食品至今未能与主流市场沟通合作，传统的中国餐馆只提供现炒现卖的食品给顾客。这种经营方法尽管维持了美国历史上几代中国移民的生存，但始终未能影响美国主流食品文化，也不能在主流的食品市场上占一席位，不但没有登上大雅之堂，有时还受到攻击和误解。其中主要原因可能是传统中国人做生意太过容易满足和不懂得用美国人的商业手法推介自己的产品，这位中国人经理一口气告诉哈哈他们目前美国市场上中国食品实况后，同时表示对他们的提示非常感兴趣，并告诉他们，他们公司是由一群受美国教育和了解美国文化的人组成，他们之中有亚洲人、中国人、意大利人、英国人。他们目前的顾客对象主要是西人市场。

（二十二）

陈经理还说：他们公司现在除了将亚洲和中国美食供应给一些赌场、马场等饮食连锁系统外，很快又会进入几家大型的美国连锁超市零售。现在经过哈哈这几个年轻人的提示，他会将他们的意见反映给公司董事会，下一个目标就会是大学和中学的食堂。

陈经理告诉这些年轻人，中国食品要进入主流市场必须要规范化生产，其卫生标准和加工过程都要经过认真的、反复的测试和研究，以制定适合美国人的煮食习惯。正常中国餐的饮食、煮食习惯与美国人很不同，很复杂。而且中国食品品种繁多，加工方法千变万化，又有地域习惯，但是一种东西经过中国人的烹饪，可以做出很多款美味食品，所以中餐与西餐比较，西餐就显得单调多了，制作过程也简单很多。有些中国人认为制作一顿可口的晚餐慰劳一下自己和家人朋友，是繁忙生活的一种调剂，是一种享受。所以中国人一向讲究饮食。可惜历史上中国人做生意只讲求实惠，不重视包装和宣传推介，一种固步自封的心态，困扰着好几代中国生意人，所以，中国饮食文化至今还未能成功地在世界各地流行，也未能成为国际食品文化舞台上的主角之一。反观美国的麦当劳、肯德基，这些快餐文化就深深地影响了中国市场，现在生活在中国国内的儿童和年轻人个个都吃这些美国快餐。哈哈他们听到这里露出惊奇的表情问："中国国内的年轻人吃这些美国快餐是他们自己喜欢而选择吃呢，还是学校的午餐提供，他们别无选择？"

陈经理笑起来，告诉他们是他们用自己的零用钱去买或他们的父母买给他们吃，而且是他们自己喜欢吃的，这就是不同国家和民族的饮食文化之间的互相吸引和欣赏，所以年轻人平时要多尝试不同地方的美食，会有不同的享受，其乐无穷。最后，陈经理送给哈哈他们很多食品样板，并告诉他们，这些食品全部用微波炉加热10分钟左右就可以吃了。哈哈他们谢过了陈经理，高兴得很，实在不枉此行！

（二十三）

哈哈他们从帝国中心的地下广场出来后，便乘上10号公共巴士来到近年来美国科学界无人不知的俗称“东岸硅谷”的新一代晶片研究中心。当他们来到这个位于奥本尼华盛顿大道西的地方时，一位叫查里斯的博士接待了他们。本来这个地方是不对外开放参观的，但之前带他们去参观 Wadsworth 医学中心的叶博士请他的朋友查理斯博士帮忙带领这几名好学上进的年轻人去了解和见识一下这个科技王国。查理斯博士见到他们后先让他们坐下来，并请他们喝咖啡，他们一边喝着咖啡，一边听着查理斯博士像讲故事般地介绍这个晶片研究中心的诞生。

在2002年的时候，州政府的官员以及几家联营的晶片制造厂商向外界宣布，世界上最大的电脑晶片制造商—权威集团决定在奥本尼的纽约州立大学内建造一座全世界最先进的晶片研究中心，作为研究及开发新一代晶片的基地。这个消息在当时的科技界和商界引起了爆炸性的轰动，而对于当时的纽约州政府来说，只是期待这个计划会在哈德逊河谷地区带来几千个新的工作位置而已。

在2002年的时候，这个“电脑晶片联盟”商团包括了7家美国本土公司：IBM 电脑公司、英特尔、摩托罗拉、惠普、德州仪器，Advanced Micro Devices 简称 Amd 和朗讯旗下的微机电子公司 Agere Systems。另外5家海外公司也加入了此计划，他们是：荷兰的 Royal Philips Electronics，德国的、法国的 Stmicroelectronics，韩国的 Hynix，台湾的积体电路制造有限公司。三年之后，日本的东京电子也加盟并大规模进驻奥本尼，当时的州长和政府期待这个行动可以让纽约州州府奥本尼也像德州州府奥斯丁一样辉煌，重现奥本尼昔日的光辉。20世纪80年代后期由于“国际半导体技术联盟”（International Sematech）落户在德州州府奥斯丁，自此以后的几十年间，奥斯丁成为国际高科技世界里的最佳领地，当地经历了爆炸性的经济增长，引来了各类型的晶片制造商，有关设备及软件制造商和专业人士到那里工作。不久的事实证明，奥本尼已经成为第二个奥斯丁。

(二十四)

查尔斯博士还告诉哈哈他们，根据内部消息，建造这个芯片的计划是厂商与当年的纽约州州长柏德基经过长达一年的秘密谈判后定下来的。而在更早期，是由众议院的一个计划开始，再由一位传奇式的人物推动发展而成的。大概在2000年的时候，由纽约州众议院议长肖华与奥本尼州立大学一起共同制订了一个教育计划，当时这个计划叫“Center of Excellence”，中文意译“精英中心”，这个计划的初衷是推广州立大学的教育计划，从而吸引世界各地的科技精英来奥本尼学习研究，当时的目的只是希望以大学为基地，将私人企业和教育阵地联合起来。当时的州政府很大手笔地拨了四亿美元的巨款在州立大学的旁边兴建了一栋世界最先进的科技研究大楼。这栋大楼建成的同时，一位神秘人物出现在州长柏德基面前，他向柏德基承诺只要州长全力配合，州政府愿意放出鱼饵，提供一个拥有世界一流条件的科研基地，他保证可以令奥本尼成为东岸硅谷，重现十几年前德州州府奥斯丁当日的辉煌。说到这里大家一定很想知道这是何方神圣，其实这个名字叫 Alan 的人本身并不是达官贵人，但神奇在于他有能力左右达官贵人。他神通广大，一手牵着国际大企业和美国顶级大公司的关系网，另一方面又得到美国政界的高度重视。所以当时的州长柏德基和参众议院两大首脑肖华和布鲁诺都相信了他，州政府再次拨出16亿美元建造第二、第三栋科技大楼，本来建造大楼的资金有限，而且建筑时需要预先安装大楼里面的基本科技设施，投资这些最先进的科技设施是天文数字。

结果，Alan 和当年州立大学的女校长希彻富不负众望，经过他们一年多的努力，终于首先成功地将使德州州府奥斯丁成为国际科学重地的国际半导体联盟（International Sematech）拉来奥本尼，建立最新一代的科技研究中心，奥本尼的这个科研中心比德州的庞大而且更加先进。他们所有最先进的设备和研究计划，都放在奥本尼这个新的基地。今日的奥本尼芯片研究中心，就是因为有了当日这个伟大的成功的开始，而走向更大的辉煌。

（二十五）

查尔斯博士讲完了关于奥本尼芯片研究中心诞生的故事后，又继续讲到在这个研究中心里面还有两个世界上最先进、最前卫的高等学府。一个是纳米工程学院，另一个是纳米经济科学院，这两个学院是近两年才成立的。

纽约州是一个非常动感的州，要确保其一贯在世界的领先地位，当然是决不能忽略纳米技术这一颗新的科技明星。在新世纪开始之初，世界科技领域里继信息技术、基因组工程之后，纳米技术成为科技界的最新热点。据调查报告显示，到2010年纳米技术将成为仅次于芯片制造业的世界第二大产业，拥有14400亿美元的市场份额，纳米经济将炙手可热。有专家认为，谁能在这场遍及全球的纳米决战中抢占一席之地，纳米技术就能为谁带来滚滚财源。因此，对于纽约州，抢先开创纳米经济科学高级学院就更是当务之急了。纽约州政府的经济智囊团一致认为，新世纪的下一次工业革命，将会是纳米技术时代，纽约州一定要像以往一样，誓当时代的领头羊。所以在2006年，州政府便委任了首席经济师兼州政府经济研究室主任爱德华先生出任纳米经济学院的首任院长。爱德华先生担任首席经济师达23年之久，每一任的州长和参众两会都十分重视他的经济意见。讲到这，查尔斯对哈哈他们说，他将会安排爱德华院长接见他们，让他亲自为这几个年轻人讲讲关于纳米经济科学对市场经济的重要影响。但是在与爱德华院长见面之前，哈哈他们必须知道纳米究竟是什么东西。

其实，纳米（nm）实际上是一种计量单位，1纳米是1米的十亿分之一，相当于10个氢原子一个挨一个排起来的长度，人的一根头发丝的直径相当于6万个纳米，而纳米技术则是指在纳米尺寸范围内，通过直接操纵单个原子、分子来组装和创造具有特定功能的新物质。当物质颗粒小到纳米量级后，这种物质就可被称为纳米材料。神奇的是，同一种物质因为构造上以纳米为单位的变化，其物理性能与化学性质便会产生意想不到的巨变。也许你们会觉得纳米技术离你很远，实际上纳米技术在生活中的应用可以相当广泛。

（二十六）

查尔斯博士像给学生上课一样，很耐心地向哈哈这几位年轻人讲授关于纳米的基本常识。他说：在现代的科技世界里面，纳米技术对信息技术、材料科学也将产生深远的影响，人类可以运用纳米技术将储存器的储存能力提高1000倍，到时计算机小到可以放进口袋里，国家图书馆的全部数据信息可以储存在一块水果糖般大小的储存器中。科学家认为，纳米材料将会引领计算机革命，预计到2010年前后，以硅为材料的微米级集成电路技术将走到尽头，纳米材料将成为替代硅和其他半导体材料的最佳候选。从技术上讲，碳纳米管很有可能成为硅的替换品，成为电子产品的主要材料。碳纳米管是一种长度和直径之比例很高的纤维，单个碳纳米管的直径只有1.4纳米，50000个碳纳米管并排在一起相当于一根头发丝的直径，它的韧性极高，兼具有金属性和半导体性，强度比钢高100倍，而重量却只有钢的1/6。科学家分别研究了金属性的碳纳米管和半导体性的碳纳米管，认为金属性碳纳米管可以用作电路中的连接件，而半导体碳纳米管可以用作电路开关。

所以讲，纳米技术的最终结果之一是纳米材料的使用，纳米材料具有许多奇异的特性，这些东西带给人类前所未有的惊喜。例如，原来是导体的铜等一类金属，在其尺寸减小到几个纳米时就不再导电了，而绝缘的二氧化硅当尺寸减小到几个纳米或十几个纳米时电阻会大大下降，同时失去绝缘体特性，变得能够导电。还有在通常情况下，陶瓷是脆性材料，因而限制了它的应用范围，而纳米陶瓷却变成了韧性材料，在常温下能弯曲，坚固无比。因为纳米材料具有的独特性质，因此它对人类的应用前景之广大，目前实在难以估计。

（二十七）

纳米技术的科学家们坚信，尽管纳米技术操作于微观世界，但它的影响却可以被放大到宏观的物质世界。日本已用极微小的部件组装成一辆只有米粒大小，能够运转的汽车。工程师们制成了直径只有1—2毫米的静电发动机，体积只有常规机器的万分之一并能运转的车床以及直径仅5.5毫米的“尺蠖”，有朝一日它也许会钻进核工厂的管道系统检查管道是否有裂缝；德国工程师还制成了一架只有黄蜂般大小并能升空的直升机以及肉眼几乎看不见的发动机。

更加引人注目的是科学家已经开始在硅片上造出微机电系统（MEMS）。这种装置把电路和运转着的机器合装在一个硅片上，它最终将像目前的硅芯片一样普遍。几种基本的微机电系统已经在美国、日本、德国使用，包括在上百万辆汽车里安装的一种细如发丝的传感制动器，当它“感觉”到撞击时，就会立即打开保险气袋，及时地防止撞伤乘客。这种只有缝衣针尖般大小、每分钟转速高达10万转的1伏特发电机最终将推动电子显示器、手表、摄录机和激光扫描仪的发展。正如一些科学家所预言的那样，纳米技术将引发一场新的工业革命。

随着纳米技术的发展，可以想像，以纳米材料制造的生物芯片的速度在原则上是硅片速度的1万倍，这意味着将会有一个全新的纳米经济时代来临而取代现在以网络为代表的经济时代。

目前，美国、日本、欧洲各国纷纷制定对策，争夺纳米科技的制高点。美国政府和科技界把纳米技术置于国家最优先发展的地位。在纳米研究的领域里面，美国在合成化学品和生物方面处于领先地位；日本在纳米设备和强化纳米结构领域具有优势；欧洲国家在涂层和新仪器应用方面处于领先地位。

（二十八）

查尔斯博士意犹未尽，继续向哈哈这几个年轻人讲解有关纳米的常识。他说：其实每一样科学或科技从诞生到变为成果，都要经历一个很长很长的探索过程，这个漫长的摸索过程，是很多科学家前赴后继的接力赛，他们付出了很多心血和精力。

纳米最早的开始，只是一个理论。早在1959年的时候，距离现代差不多50年了，当时一位名叫理查德·费伊曼的理论物理学家在加州理工学院的一次演讲中提出：人类组装原子或分子这一理论是可行的。

后来一直到了1981年，科学家发明了研究纳米的重要工具—扫描隧道显微镜，从此原子、分子世界里的东西就为人类所见证，也因此引起了科技界的震动。1990 年首届国际纳米科技会议在美国东岸的巴尔地摩举行，纳米技术形式也从此诞生。

1991 年碳纳米管被人类发现，它的质量是相同体积大小的钢的 1/6，强度却是钢的 100 倍，这个发现马上成为纳米技术研究的热点。

1997 年美国科学家首次成功地用单电子移动单电子，这种技术可以用于研制速度和储存容量比现在高成千上万倍的量子计算器。同年，美国纽约大学研究发明，DNA 可用于建造纳米层次上的机械装置。

1999 年巴西和美国的科学家在进行碳纳米管实验时，发明了世界上最小的“秤”。它能够称量十亿分之一克的物体，即相当于一个病毒的重量。此后不久，德国科学家又研制出能称单个原子重量的“秤”，从而打破了美国和巴西科学家联合创造的纪录。但在同年，美国科学家在单个分子上实现有机开关，证实在分子水平上可以发展电子和计算装置。

从此，科技世界里纳米技术的研究、纳米经济科学的市场价值观，就成为科技人员和经济学家们的主要研究内容，并形成了一种你追我赶的局面。纳米一词也成为现代人最前卫的科学名词。

（二十九）

查尔斯博士在适当的时候，带着哈哈这几个年轻人敲开了纳米经济科学院爱德华院长的办公室大门。爱德华院长热情地接待了他们，开始的时候他感觉到这几个年轻人拘谨的态度，便主动带出话题。他说：“听查尔斯博士说，你们在踏进这个纳米中心之前对纳米科学几乎没有认识，这并不重要，也不要觉得自己与现代科学脱节。这是因为在美国市场上并没有什么关于纳米的推介活动，这是美国对市场经济的概念与众不同的原因。现阶段美国的纳米研究还是处于科技方面的研究探索，并不急于向国民作知识灌输。美国习惯于在科技研究进行到相当成熟阶段再作深度的经济研究，最后才有市场推广。这些步骤基本不变，目前（2007 年）在美国的纳米技术正迈向经济研究阶段，一切还在科学大门之内。所以你们对纳米知识认识不深不足为怪，很多人都跟你们差不多。但是纳米科学离市场经济已经不远，你们现在知道的知识对你们将来会很有帮助。”

爱德华院长还说，在遥远的中国，纳米这个非常前卫的科学用语，几乎传遍大街小巷，妇幼皆知。市场上不断推出“纳米冰箱”、“纳米洗衣机”、“纳米衣服”等等。在中国，纳米不躲在实验室里，而是急速地转化为产品冲向市场。

去年他在美国亚洲商贸理事会的安排下访问了中国，看到纳米商品在中国家喻户晓。有关生产商向他作介绍时说，他们的冰箱内胆采用最先进的纳米材料，纳米抗菌门把手、纳米清味器等等。这种热闹的“纳米现象”在中国影响着人民的生活，大家也许会喜欢穿纳米制造的不用洗的衣服，以及在生产洗衣机时在其内胆涂上一种纳米材料以抑制霉菌的生长。但是这远远不是纳米作为一项严谨的科学研究的全部方向和真相。

这种现象如果发生在一个国家的市场经济领域里，其结果可能会是起步早、转化难，最终落后，而美国就会很刻意地避免这种情况发生。

（三十）

哈哈这几个年轻人参观完奥本尼科技中心后，礼貌地谢过了查尔斯博士和爱德华院长，正当他们即将离开的一刻，听到了一个很振奋人心的消息：在前一天，也就是2007年5月9日，纽约州政府正式宣布，国际半导体联盟（International Sematech）的总部经过一段时间的考虑正式决定，其总部将从德州首府奥斯丁全面撤退，搬到奥本尼来。国际半导体联盟建于1987年，当时由14个美国半导体制造商联合组成，其成员的销售额占世界市场的一半份额。20年前奥本尼就参与竞争，希望成为该总部所在地，可惜当时被奥斯丁捷足先登，之后几年之间，奥斯丁增加了12万人口，当地房地产价暴涨。

如今随着国际半导体联盟总部的到来，其在奥本尼现有的分部里的250个高薪研究开发科技人员的基础上，将再增加450个同类的工作位置。纽约州府和国际半导体联盟各拨出3亿元，共6亿美元用于基础建设、购置设备设施等等。预计联盟总部大楼的建筑需要两至三年时间完工并投入使用。纽约州府预计这个总部的落成和进驻，将带动全纽约州的经济增长，因为纽约州有500家公司与国际半导体联盟相关相连。它的到来将创造4550个平均年薪为8万美元以上的高科技工作岗位。国际半导体联盟的进驻将为奥本尼当地带来蓬勃的商机、更多的工作机会、更多的人口、更高的房价和更拥挤的交通！

奥本尼以其得天独厚的地理环境和机遇，成为纽约州的政治重地和科技重地，成为美国的一颗闪耀光芒的城市新星。无论对于创业者、新移民、科技人员、学生学者、政客律师等等，今天的奥本尼都是他们的可选之地！

奥本尼的发展史真正见证了美国城市的特色、美国城市的内涵！

穷孩子设立巨额医学研究奖

他曾经一穷二白，他和山姆大叔同一个出生地，不同的是，他是历尽苦难的犹太民族的后裔，后来他以过人的聪明才智和超凡的商业头脑，成为美国上流社会著名的商业巨子、亿万富翁，在美国上至总统下至州长、市长，都对他恭敬有加，不单纯是因为他的富有，更大的因素是他的善举。他为人低调，外界没有人知道他到底有多少个亿的身家，只知道他是一位大慈善家，对于社会的公益事业出手阔绰，经常捐出数百万、数千万的慈善巨款。

A Poor Boy's Success

A poor boy understands where he came from and generously gives back to society.

世界著名的奥本尼杰出医学研究奖（Albany Medical Center Prize in Medicine and Biomedical Research）由大慈善家 Marty. Silverman（中文翻译为马田·萧华文）2000 年创立，他一次性捐出 5000 万美元给奥本尼医学中心建立这个基金，每年一届，每一届的得奖者可独得 50 万美元，是世界上第二大金额奖，仅次于诺贝尔奖。该奖与众不同的地方和最大的特点是，获奖者可以自由支配奖金用途，不会受到基金会的任何限制。其研究成果也不受时间的限制（即不局限于近年的新成果）。马田的个人理由是，获奖者已经用了无数的精力和心血为人类的健康作出贡献，所以 50 万美元奖金是完全给予获奖者的私人奖励，他相信，这样可以更好地鼓励科学家为人类的健康而努力攻克难关。每年三月份由评委会评定得奖者，四月份颁奖。

大慈善家马田·萧华文是历任总统和历任纽约州长的座上宾。

马田是第二代犹太人，出生在美国纽约州，与中国人十分熟悉的“山姆大叔”同一个故乡，他的童年是在贫穷的环境中艰难地度过的。那是一个犹太人在世界上没有社会地位的时代，20 世纪 20—30 年代的犹太人生活在美国社会的底层，他们背负着历史留给他们的亡国的包袱。当时摆在他们眼前的是民族的耻辱、被灭国的痛苦、经济上的贫穷、无国可归的惆怅。但是他们经过岁月的洗礼、经过苦苦的拼搏挣扎，培养出下一代的坚强和奋发。那时候所有的犹太人父母都用非常强硬的方法强迫自己的子女读书成才，合力提升犹太人的社会地位，终于贫穷的艰难环境磨炼出意志坚强的人，马田作为贫穷的犹太人后代，他无可幸免地从一出生就受到强制性的教育，成长后经过自己的不懈努力，从纽约大学毕业，很多年后再进入奥本尼法学院，毕业后成为一名很富有的律师。因为他在进入法学院之前当过兵，参加过第二次世界大战，退役后一直在纽约市经商。他以过人的聪明才智和超凡的商业头脑，成为美国上流社会著名的商业巨子。他累积了非常丰富的资金，成为美国早期的亿万富翁，在美国上至总统，下至州长、市长，都对他恭敬有加，但他为人低调，外界没有人知道他到底有多少个亿的身家。只知道他是一位大慈善家，对于社会的公益事业出手阔绰，动辄捐出数百万、数千万的巨额。

从他公开的资料只知道他用前半生的时间和努力创立了一家机器租赁公司，成为全美国最大规模的机器租赁公司。美国进入工业革命时代，如火如荼的生意为他赚取了第一桶金，晚年的时候，他建立了一家慈善机构，由他的家庭基金会来运作。他的慈善机构在以往的工作中，做了很多公益事业。例如，资助纽约市政府老人服务计划，同时在 Hunter 大学成立“Brook Dale”中心，专门研究老人问题和老人生活。另外他以他夫人的名义出资在纽约市小学系统建立了一个以“Giffen”命名的纪念基金，专门帮助学生补习，专门辅导一些国际学生、新移民学生和后进学生等。与此同时，他也是一个民族意识非常强烈的人。从以下的事件中可见一斑，例如他捐了一大片地，在休斯顿成立讨伐德国大屠杀历史博物馆，以纪念在第二次世界大战期间被德国军队杀害的众多犹太人。近年来他又捐了一笔巨款在以色列建设住宅群，帮助从前苏联回到以色列的犹太人等。另外，有一件他特别觉得自豪的事是他成功地资助和鼓励犹太人教会，在著名的美国西点军校内，建了一座犹太人教堂，成为至今唯一一座在军校内的少数民族教堂。因为犹太人在军校内的力量和影响都不深，他能够促其成功确实不易。

目前，他最大和最主要的工作是发展奥本尼国际学术研究中心。他除了捐资 5000 万美元成立了“奥本尼杰出医学研究奖”外，另外再捐出 5000 万美元给他的母校—奥本尼法学院，创立一所国际商业法律研究院，重点是研究国际法律，其宗旨是培养一批熟悉国际法律的人士，以适应日益活跃的国际商业市场的需要。同时鼓励和推崇企业国际化及加强各级政府走向国际化。他认为所有的国际活动和国际合作都离不开国际法。

他远大的目光和善举令各界人士和各族裔社区钦佩不已。他是纽约亚洲商贸理事会的好朋友，一直支持和鼓励纽约亚洲商贸理事会的活动。他经常用自己的经历鼓励理事会的中国人，因为他认为中国人和犹太人是历史上的好朋友，也曾经共患难，当年就有很多犹太人逃亡到中国的东三省，一起抗击日本军国主义和德国纳粹军队，所以他们的民族一直都视中国人是他们的好朋友。他认为在美国的中国人应该团结和凝聚，不断提升自己的民族素质，要以自己的民族力量来在美国定位，这样才可以有能力去影响主流社会。他希望看到美国华裔在美国壮大和成长。他相信中国人一定可以用自己的能力和实力建造好自己的社区。也很希望有机会看到中国人获得他的医学奖金。他认为中华民族是个古老而优秀的民族，聪明勤奋，在历史上人才辈出，中医中药近年来更冲破了重重阻碍，渐渐得到西方医学界的认同和接纳。因此，他向纽约亚洲商贸理事会的中国朋友表示，希望中国的医学科学家，能够勇敢地走向国际医学舞台，为人类健康作出更大贡献。他希望在他有生之年，有机会亲自颁奖给中国科学家。

商 业 篇

你对金融风暴知多少？

一场由美国次贷危机引发的金融风暴，成为谁也绕不开的话题，这场危机是怎样产生的？它给世界带来了什么影响？所有人都想知道这些问题的答案、但是关于这个充满是与非的问题，每一个国家和地区、每一个人都有自己的观点和立场。如果你不想人云亦云，如果你想有自己的看法，就应当先去了解这场风暴的真正成因，起码去了解一些 2008 年国际金融市场的点滴。

What Do You Know About Financial Turmoil?

How much do we know about America's 2008 financial turmoil? How much did it affect the world? Let's take a glance at some of events that may have cased such chaos.

（一）次贷风暴席卷全球

一场由美国次贷危机引发的金融风暴，成为谁也绕不开的话题，这场危机是怎样产生的？它给世界带来了什么影响？所有人都想知道这些问题的答案，但是关于这个充满是与非的问题，每一个国家和地区、每一个人都有自己的观点和立场。如果你不想人云亦云，如果你想有自己的看法，就应当先去了解这场风暴的真正成因，起码去了解一些2008年国际金融市场的点滴。本章节除了有作者本人对这场国际金融风暴的一些个人看法之外，也提供了这方面的参考资料。

首先我们应该知道次级房屋信贷危机（又称次级房贷风暴、次级按揭风暴）是指由美国次级房屋信贷行业违约剧增、信用紧缩问题而引发的于2007年夏季开始的国际金融市场上的动荡、恐慌和危机。

这是一种抵押品坏账情况，因为次贷对象多数是经济较差的蓝领阶级，剧烈的利率变动原意是要刺激经济，却对蓝领阶级形成陷阱效果，他们拿到贷款买下自己原本买不起的房屋，同时也埋下了祸因。

后来美国政府为了缓解次贷风暴及信用紧缩所带来的各种经济问题，同时需要稳定金融市场，美联储连续几个月大幅降低联邦基金利率，并打破常规为投资银行等金融机构提供直接贷款及其他融资渠道。美国政府还批准了耗资逾1500亿美元的刺激经济方案，另外放宽了对简称“两房”的两大房屋抵押贷款公司房利美（Fannie Mae）、房地美（Freddie Mac）等金融机构融资、准备金额度等方面的限制。

但是不幸的是美国房贷市场继续低糜、法庭拍卖房屋量大幅增加、金融市场继续动荡，在这样的情况下，美国政府于2008年9月宣布以高达2000亿美元的代价接管濒临破产的房利美和房地美，以850亿美元贷款为代价接管美国最大的保险公司美国国际集团，另提出了政府以7000亿美元出面收购、处置金融机构坏账的计划。因此次案风暴引爆的环球金融危机被认为是20世纪下半叶以来最为严重、影响最为广泛的金融危机。

这场世纪金融风暴在2008年横扫全球，但是它的开始是在6年前，因为从2002年以来利率先降后升，房地产市场却先热后冷，导致大批蓝领阶级陷入房贷的陷阱。

“次级房贷”很多都使用机动利率，以弥补借钱给蓝领阶级的风险成本，但一般人借钱时都只看眼前利率，忽略将来调升的风险。

次级抵押贷款就是指一些贷款机构向信用程度较差和收入不高的借款人提供的贷款。近年美国等国家放松购房信贷标准（不用付首期，不用收入证明，也不计较抵押单位的资质等），形成次级房贷市场。次级房屋信贷经过贷款机构及华尔街用金融工程方法加以估算、组合、包装，以票据或证券产品形式在抵押二级市场上出卖、以高息吸引其他金融机构和对冲基金购买。

原先在美国次级贷款市场占七成份额的房利美和房地美公司，由政府机构主导，将贷款打包成证券，在金融学上将贷款证券化，其背后的财务风险计算颇为复杂，通常得先分析被证券化的那一堆贷款案与过去类似贷款案例之风险，计算出房贷债券的价格与利息。当房利美和房地美还占据房贷市场主导地位时，他们通常会制定明确的放贷标准，严格规定哪些类型的贷款可以发放。但是随着这两家公司的丑闻爆出，政府对这两家公司的业务增长加以限制，整个次贷市场开始争抢这两家公司所购贷款。整个过程中，新的市场参与者出于逐利目的，过分追求高风险贷款。

由于全球成千上万的高风险偏好的对冲基金、养老金基金以及其他基金投资者的介入，原有的放贷标准在高额利率面前成为一纸空文。2008年美国有约8500家银行，其中约有8000家是小型地区银行，因为资金有限并不想等20年后才回收房屋贷款，所以乐意将手上的房贷债权转卖出去，美国的大型投资银行（大型证券商）则使用最新的金融数学工具来为房贷证券化提供银行大量的房贷资金，新的市场参与者与华尔街证券商不断鼓励放贷机构尝试不同贷款类型。许多放贷机构甚至不要求次级贷款借款人提供包括税收表格在内的财务资质证明，做房屋价值评估时，放贷机构也更多依赖机械的计算机程序，而不是评估师的结论，潜在的风险就深埋于次级贷款市场中了。

随后美联储连续17次提高美元利率，联邦基金利率从1%提升到5.25%。利率大幅攀升加重了机动利率的次贷购房者的还贷负担，再加上油价上涨的因素，很多蓝领阶级被解雇而付不出房贷，美国住房市场开始大幅降温。受此影响，很多次级抵押贷款市场的借款人的房子资产价值缩水，购房者难以将房屋出售，或者无法通过再次抵押获得融资。于是普通居民的信用降低，与房地产贷款有关的债券的评估价格下跌。一旦抵押资产价值缩水，很多金融公司资产负债表的平衡就会产生危机，这些房贷债券又已经产生了许多金融衍生性商品，而且透过连动债波及许多法人散户。结果法庭拍卖屋大量供应，美国房地产市价在2006年开始持续转差，循环性的再次令次级房屋信贷的拖欠以及坏账增加，次级房屋信贷产品的价格大跌，直接令欧美以及澳洲不少金融机构出现财政危机，甚至面临破产，这些情况导致全球信贷出现收缩。部分基金为了应付客户大规模的赎回潮而借日圆平仓，大举投资的方法再行不通，唯有沽货套现，即是所谓日圆利差交易拆仓，造成连串的多米诺骨牌效应，导致2008年环球股灾。

因此造成的连锁反应是负面的，2008年1月中，因国际市场忧虑美国经济衰退、美国次按风暴无法受控以及法国兴业银行交易员热罗姆·凯维埃尔涉嫌违规交易欧洲股价指数期货，及随后的巨额平仓活动而引发的全球金融市场震荡。1月21日，伦敦金融时报100指数、巴黎CAC40指数、法兰克福DAX指数、新加坡海峡时报指数、香港恒生指数、上海上证综指跌幅均超过5%。

香港由于没有实施限制沽空，在市场一有消息出现时往往会成为沽货首选地，使股市波幅异常的大。在10月的一个月内，因外围股市波动，恒指波幅便高达7000点。同期港股下跌了22%，为亚洲金融风暴以来最差的一个月。

冰岛股市事发以来萎缩75%以上，政府几乎破产，向国际货币基金组织提出第一阶段约50亿美元救援贷款需求。

1月24日，法国兴业银行完成平仓活动，并正式对外公布事件，欧洲股市仍然大幅上升，但香港股市却在15分钟内急跌逾800点，倒跌收市。

美国次级房贷演变成2008年的风暴，严格来说不能归咎于华尔街无风险意识，而是愈来愈复杂的金融工程方法提供许多理论上的避险工具，在数学体系里甚至形成研究财金问题的财务数学领域，吸引许多投资人信赖，这让房贷形成可切割为不同风险等级的多种类衍生性金融商品，市场上次贷高风险部位被大量买走后，其他投资人（含法人）以为手中的次贷商品风险已经降低同时保有次贷的高利率，加上附有 CDS 作信用加强，而放心地大量买进次贷金融商品；然而大量买进高风险部位的投资者另有所图，并非看好次贷价值会上涨，而是看坏次贷价值并到市场上提早放空相关的高风险部位，扣掉高风险部位实现的损失后，这些放空次贷的投资者仍可趁次贷价格下跌大赚一笔，放空者买进愈多房贷高风险部位时，房贷低风险部位又卖得更多更快，因此房贷泡沫更快形成也更快破灭，加速出现对放空者有利的情势，持有低风险部位的多数投资者则看着房贷价值反转下跌，由于房地产市场规模庞大，难以做多现货拯救市场，终于陷入卖不掉次贷金融商品的困境，影响所及连评等较好的房贷金融商品也一起跌价，美国房贷龙头房地美与房利美先前以高价买入房贷债权，现在却无法一如既往地高价将房贷证券化后卖出，便濒临倒闭。大量卖 CDS 给投资人当投资保险的全球最大的保险公司 AIG 自己也陷入困境。

华尔街许多投资银行过去协助客户夸大投资评级以换取企业债券股票的承销和企业并购的大生意，近几年来被美国政府取缔起诉后，传统的佣金收入与业务费用收入大幅减少，因此这些大型投资银行不只是设计与经销金融商品，自己也开始跳进去投资，结果和客户一起陷入困境。金融理论的缺陷是次级房贷危机的重要原因之一。然而追本溯源，次贷金融商品热卖让房贷市场上资金十分充裕，房贷条件才能不断放宽，但蓝领阶级还不出钱或是贷到超出能力的款项，是引爆一切多米诺骨牌效应的开端，因此本质上还是经济景气问题，技术面上则是政府金融监督问题。

美国联邦储备局前主席格林斯潘在回忆录中指出："总统乔治·布什令美国国库由盈余转为赤字，也是导致次级房屋信贷风暴的主要原因"。

另外，新任美国总统奥巴马曾于 1994 年以申告人律师及其律师团队身份，控告花旗银行针对美国藉非洲裔和信用较差、收入较低者的房屋信贷系统化的否决，并且申告成功，某种程度上为次级房屋信贷危机埋下伏笔。

（二）金融海啸潜伏已久

次贷危机与金融海啸是一个因果关系，也是一对双胞胎，他们的相继出现，是很难避免的，是泡沫经济的必然结果。那么泡沫是怎样形成的呢？简单来说“就是它的价格高于它的价值”。通常它有两种形成的机制，一种是生产已经不能再增加了，政府就只有增发货币，这是增加商品需求所产生的泡沫。另一种成因是在原油价格不动的情况下价值的损失。

石油是一种金融产品，作为世界上最重要的原材料之一，石油本身是投机生意的目标。由于许多企业依靠石油发展和生存，因此它的价格对股票影响很大。

2007—2008 年全球金融危机，又称金融海啸，是一场在 2007 年 8 月 9 日开始浮现的金融危机。国际原油市场剧烈动荡，直接导致工业和民用油价急速上涨，全球性的经济危机迫在眉睫，经济危机指的是一个或多个国家的国民经济或整个世界经济在一段比较长的时间内不断收缩（负的经济增长率）。

为什么发生危机？为什么产生泡沫？还是效应价值论的问题，自从 1900 年发明了“效应价值论”以后，100 年没有改变，但是它改变了 100 年的经济。这 100 年经济的动荡，在经济学的辞典里面增加了两个字：“泡沫”！这是一个令人类经济发展触目惊心的词汇。

自次级房屋信贷危机爆发后，投资者开始对按揭证券的价值失去信心，引发流动性危机。即使多国中央银行多次向金融市场注入巨额资金，也无法阻止这场危机的爆发。直到 2008 年，这场危机开始失控，并导致多间相当大型的金融机构倒闭或被政府接管。

最初的流动性危机可以在事后被看做是由于早期次级房屋信贷危机所引发的。北岩银行是首批遭遇冲击的对象之一，它是英国的主流银行。该行已借不到额外资金来偿还 2007 年 9 月中旬产生的到期债务。由于没有持续现金注入，其所经营的高杠杆性质的业务无法支撑，最终导致其被接管，并形成了很快降临到其他银行和金融机构的灾难的早期迹象。

在松弛的签名承受标准下的过度借贷，就是美国房贷泡沫的特征，导致大量的次级按揭（次级贷款）。投资者认为这些高风险的贷款会被资产证券化而缓和。不过，事实是，不但没有缓和危机，反而这个策略似乎以多米诺骨牌效应扩展和散布。由失败的资产证券化计划所导致的损害横扫了房屋市场及其企业，继而引发了次级房屋信贷危机。这危机令更大量的银主盘被银行在市场上抛售。这些过量的房屋供应使得周边的住房价格都大幅下跌，造成它们遭法院收回拍卖或被放弃。这个结果为以后的金融危机埋下了伏笔。

最初，受影响的公司只限于那些直接涉足建房及次级贷款业务的公司，如北岩银行、美国国家金融服务公司以及一些从事按揭政券化的金融机构，例如贝尔斯登，就成为牺牲品。2008 年 7 月 11 日，全美最大的受押公司瓦解。印地麦克银行的资产在他们被紧缩信贷的压力压垮后被联邦人员查封。由于房屋价格的不断下滑以及房屋回赎权丧失率的上升，当天，金融市场急剧下跌，投资者想知道政府是否将试图救助抵押放贷者—房利美和房地美。2008 年 9 月 7 日，已是季夏时节，虽然联邦政府接管了房利美和房地美，但危机仍然继续加剧。

然后，危机开始影响到那些与房地产无关的普通信贷，进而影响到那些与抵押贷款没有直接关系的大型金融机构。这些机构拥有的资产，大多都是从那些与房屋按揭关联的收益所取得的。对于这些以信用贷款为主要目标的证券，或称信用衍生性商品，原本是用来确保这些金融机构免于倒闭的风险。然而由于次级房屋信贷危机的发生，使得受到这些信用衍生性商品冲击的成员增加，包括雷曼兄弟、美国国际集团、美林证券和 HBOS。而其他的公司也开始面临压力，包括美国最大的存款及借贷公司华盛顿互惠银行，同时影响到大型投资银行摩根史坦利和高盛证券。

这是金融投机者制造的一场国际性灾难，他们先搞起一场泡沫，随着时间的流逝，泡沫终究会化成一摊水，可能是污水、可能是“坑渠水”，也可能是清水或者是香水。但 2008 年的这一场金融泡沫绝对是化成了一大摊臭水。泡沫所产生的连锁反应，是国际金融市场的地震，历史上每一次金融风暴后的结果都是经济衰退，一种人人自危、全球担心的阴影弥漫着 2009 年新年的晨曦，为新一年的前景增加了一份担忧。因为在所有的国家里面，经济衰退的后果是大规模的失业。

“次贷风暴”紧接着“金融海啸”，一波未平一波又起，令世界在咆哮、在埋怨。世界埋怨美国、美国抱怨中国、中国抱怨美国，其实这些都只是民间看到的表面，到底谁是谁非，各国的掌权人比谁都清楚。中美关系已经是今非昔比，他们是一对经常吵架的恋人，但是又谁也离不开谁，因为他们的结合会让世界瞩目，2008 年的世纪金融风暴，已经导致了第一阶段的全球性经济衰退，到底谁可以力挽狂澜，不让经济衰退再滑向经济大萧条？试问在当今世上，如中美联手，谁与争锋！

华尔街的梧桐树

1792年5月17日，24位证券交易商在华尔街68号门口的一棵梧桐树下签订了一个协定，历史称“梧桐树协议（Buttonwood Agreement）”。他们商定，以后每周用几个上午在这棵树下聚会。规定有三条：1. 只在会员间进行交易；2. 不准外人参加；3. 交易按规定收取佣金。后来就将这个根本不起眼的事件日期，作为纽约证券交易所的诞生之日。而这三条规则也成为后来交易所的基本规则。当天按照这个规则进行交易的，是美利坚银行的股票，这家银行就算是纽约证券交易所的第一家上市公司，从此翻开了“纽约证券交易所”的第一页！

The Wall Street

On May 17,1792,24 men met in front of 68 Wall Street and signed an agreement known as the *Buttonwood Agreement*, this started the first page of Wall Street.

金融业务的灵魂是证券交易

总结过去数百年的经济史，如果说有什么东西是颠覆不破的真理的话，那其中肯定应该有这么一条：一切金融创新及其他的一切产品、技术甚至制度创新，都是市场上的企业家自发活动的产物。证券交易的形态及基本规则，当然也不例外。世界最著名的证券交易机构——纽约证券交易所，就是一群聪明的交易商自行创立的。令现代人惊奇的是，在上个世纪前的百年中，交易所一直也是靠自律维持了基本的交易秩序。

纽约交易所是商人们自发地创办起来的，美国的证券交易起源颇早，公司股票交易早就有了，但数量较少。1790 年，美国联邦政府发行了 8000 万美元债券，成为第一笔大宗公开交易的证券，标志着美国投资市场的诞生。随着交易数量的增加，商人们觉得零散的交易形态已不能满足市场需求。

1792 年 5 月 17 日，24 位证券交易商在华尔街 68 号门口的一棵梧桐树下签订了一个协定，史称“梧桐树协议（Buttonwood Agreement）”。他们商定，以后每周用几个上午在这棵树下聚会。规则有三条：1. 只在会员间进行交易；2. 不准外人参加；3. 交易按规定收取佣金。后来就将这个根本不起眼的事件日期，作为纽约证券交易所诞生之日，而这三条规则也成为后来交易所的基本规则。当天按照这个规则进行交易的，是美利坚银行的股票，这家银行就算纽约证券交易所的第一家上市公司。

直到 1817 年，在这里交易的证券经纪人成立了第一个正式的交易组织——纽约证券交易委员会，也租了一座房子，人们便移到房子里面交易。纽约交易所开始登堂入室。1865 年，纽约交易所建起了自己的大楼。1903 年，纽约证交所迁往现在的地址。

此后，在学者、作家的笔下，纽约证券交易所成为美国的象征，成为自由市场（或者是资本主义）的象征。到 20 世纪 20 年代，纽约股票交易所战胜了所有挑战者，成为美国首屈一指的交易所，成交量占美国上市证券交易量的75%。到20世纪90年代，纽约证券交易所经历了一次辉煌，上市公司股份达到20亿股，而1886年时仅为100万股。纽约证交所目前有上千会员，美国著名的投资银行都在证交所场内拥有自己的经纪人。目前有来自全球的2800家公司在纽约证券交易所挂牌交易，总市值达13.5万亿美元。其中来自国外的企业有470家。

在《证券交易法》颁布后，1934年10月1日，纽约证券交易所在美国证券交易委员会正式注册。直到1938年，纽约证券交易所才雇用了一位受薪主席，在这之前的管理都是交易商的无偿劳动。1971年，交易所组建为一家非赢利公司。现在的管理机构是理事会，其中12名理事来自社会，12名来自证券业界，还有一位主席和首席执行官。

纽约股票交易所成立之后，几乎完全依靠自我管理。联邦政府对于证券市场没有采取任何规制措施，仅有一些州有些零星的法律。当然，由于美国实行普通法司法制度，没有成文立法并不意味着证券市场不受法律监管。所以，交易活动并不完全是无制约的。

但对于交易所最大的约束，还是市场竞争本身，首先是交易所之间的竞争，正因为政府没有任何像样的监管，所以，开办交易所没有任何进入门槛。就是说，任何人都可以自由地创办交易所，只要有人愿意到你这儿上市、有人愿意在你这儿进行交易。历史上，纽约证券交易所始终面临其他交易所的竞争，例如纽约的“股票经纪人公开委员会”，它的交易量一度比纽约证券交易所还高，直到后来与纽约证券交易所合并，才结束了竞争。

现在的美国，还有大名鼎鼎的纳斯达克，还有不太出名的美国证券交易所以及众多规模更小的地方性交易市场。而随着通信技术日益发达，国外的交易所也对纽约交易所构成了挑战。

正是这样的竞争，迫使纽约证券交易所不断地完善自己的规则。归根到底，证券交易所提供的服务，其实就是有关证券交易的规则。证券交易必须根据上市公司、交易商、普通投资人等各方面的需求，制定出恰当的交易规则，最恰当地平衡各方面的利益。各交易所之间的竞争，在很大程度上也是规则之间的竞争。恰当的规则能够吸引上市公司、交易商和普通投资人。人气旺了，各方面的收益高了，交易所自然繁荣昌盛，反之只好关门大吉。

在竞争的压力下，200 多年来，纽约交易所不断地调整自己的规则。比如，在纽约交易所地位稳固的时候，曾有一条“Rule 500”规则，规定在纽约的交易所挂牌的公司，如果要退市，必须经过 2/3 以上股东同意，并且反对者不能超过 10%。在 20 世纪 90 年代中期，为了争取一家电信公司到交易所上市，纽约交易所放宽了这条规则。整个 90 年代，为了与纳斯达克竞争，吸引高科技企业，纽约交易所降低了上市门槛，又调整了会计标准，以吸引非美国公司前来上市。

当然，为了执行规则，交易所内部也有自己庞大的监管、调查、执法部门。早在 1817 年，交易章程就规定，交易所可对任何违反交易所规则的行为进行调查、予以处罚。而且，美国证券交易委员会的大多数监管规则，其实最初都是交易所自己制定出来的。

同时，市场竞争的力量也迫使交易所不断地改进交易技术。所有的最新通信技术都立刻被纽约证券交易所采用。纽约股票交易所于 1867 年首创股票行情自动报价器。以后又相继引入最新发明的电话、传真机、计算机、网络等等，使纽约交易所的交易范围不断扩大，其影响力也越来越大。

正是市场竞争，使得整个证券交易市场尽管没有政府严厉管制，却依旧安然地运转了上百年。当然，这个世界上总有一些意志薄弱的人，这个世界上的任何规则也都有漏洞。因此，和任何地方一样，证券市场上也不可能没有欺诈投资者、操纵市场的行为，比如虚假抛售（Wash Sale）、囤积居奇（Corner）、合谋操作（Pool Operation）等等。但这些东西并没有摧毁市场本身，相反，市场的自我修复机制总是在每一次遇到冲击之后及时地发挥作用，并使交易规则的技术日渐完善。

20 世纪 20 年代，由于政府奉行错误的扩张性货币政策，导致市场出现巨大的泡沫，结果，在政府收缩信用之后，1929 年 10 月 24 日，爆发了著名的“黑色星期五”事件，纽约证券交易所崩盘，公众和政府却把责任完全归咎于贪婪的交易商和上市公司，推行管制政策的罗斯福政府一上台，就说服国会陆续通过一系列证券立法，包括《证券法》、《公用事业公司持股公司法》、《信托条款法》、《投资公司法》、《投资顾问法》。1934 年 6 月 6 日，美国国会通过了《证券交易法》，根据此法，1934 年 7 月 6 日，美国证券与交易委员会正式挂牌成立，从此联邦政府深深地介入到证券市场监管中。

美国商业与政治挂钩

在美国，那些大企业在其商业运作的过程中，必然会千方百计、千锤百炼地打造一个坚硬牢固的金钩，然后寻找一条可靠的、坚实的绳索，由绳子带着金钩飞向美国的政治舞台……一旦钩住就会结盟……这就是美国商业与政治的关系。但你千万不要认为这是不干净的勾当，这一切都是在美国法律允许的基础上达成的交易，没有人认为不妥。而在世界上其他国家，这种结盟交易会被视为腐败和贿赂。

Business and Politics

American Businesses must make networks with politics. Other countries may view lobbying as corruption, but this activity in America is a legal platform for social networking.

如果要了解美国，首先要了解美国商业如何与政治勾结。必须讲明，用“勾结”这个字眼，似乎很难听，很贬义。但事实上，难听是肯定的，贬义却非也，因为我认为在中文的词典里，实在找不出更为贴切的形容词来形容美国商业与政治之间的关系了，所以，“勾结”这个词在本文中的用意，既不是褒，也不是贬，只是想更清楚地表达这两者之间的关系而已。

因为在美国，那些大企业在其商业运作过程中，必然会千方百计、千锤百炼地打造一个坚硬牢固的金钩，然后寻找一条可靠的、坚实的绳索，由绳子带着金钩，飞向美国的政治舞台，飞向企业所在州、郡、市的政治舞台。他们一旦钩住就会结盟，最终的结果是，你给我好处，我也给你好处，大家来个双赢，这就是美国商业与政治的关系。但你千万不要认为这是不干净的勾当，只要对美国的主流社会有所认识和接触的人都会知道，这一切都是在美国法律允许的基础上达成的交易，没有人认为不妥。而在世界上其他国家，这种结盟会被视为腐败和贿赂。

所以，如果要在美国成功地达到目的，无论是个人、企业或者大集团公司，都必须要清楚地知道美国商业与政治之间的微妙关系。所以，在美国生活也好、做生意也罢，如果你要成功，要在这个国家顺利发展，首先就要选择一个很好的法律顾问，这非常重要。一个好的、经验丰富的律师，可以保护你的利益，并且让你在这块土地上放胆前行。

对一个企业而言，拥有一个强力的律师或律师楼，加上一个专业并对美国社会认识很深的顾问或顾问公司，可以帮助这个企业迈向更高的境界。这些因素，就是前面讲到的金钩。当有了金钩后，就要寻找一条坚牢的绳索，这条绳索带着金钩，带着计划、蓝图，抛向美国的政治舞台，然后设法勾住某一个部位，从而迈向成功。但是凡事均有例外，万一勾不住，这个企业要有能力承受这笔不菲的经济损失，甚至名誉损失，但通常以经济损失为主。讲到这里要解释一下，有能力将金钩抛上政治舞台，并可以影响其决策的绳索是什么，就是“说客”。

什么是说客？说客的工作是影响政治人物对议案的投票决定，使之偏向于他们所代表的客户。为了达到目标，说客必须拥有随着局势的变化而调整的弹性，也必须具有能言善道的说服力。最重要的是，他们必须与政治人物维持良好的关系，因为拥有能够亲自接触政治人物的渠道是他们最重要的工作资格。大多数的说客认真负责，他们代表社会中的各个领域的利益，他们对从事实现他们理念的工作引以为荣。在美国说客被允许在法律限制范围内与议员保持友善关系，也可以协助议员筹款。一直以来，普通的美国人可能不知道，但美国的大公司早已经知道的事实是：有实力的说客所产生的影响力能改变我们的生活。

在美国这个特殊的社会，有些人选择成为说客主要是由于性格合适加上很强的关系网。但有的只是因为正义感，加上一份执著而变成说客的，老实讲在美国有同情心和有正义感的人，真的不少。讲一个与我们中国人有关的白人说客的故事，可以说这个白人医生就是因为出于一份同情心和正义感，多管了中国人的“闲事”，而最后加入了说客的行列。

20年前在中国人的社区，发生过这样一件事：

当时，美国加州卫生厅以烤鸭在华人市场中摆卖的方式及其烹调过程中使用的方法和烘烤温度不符合标准为理由，颁布法令禁止贩售烤鸭。这个禁令，令当时的中国人十分失落，就在那时有一位执业药剂师兰·汤姆（Ron Tom），他非常喜欢吃唐人街上的烤鸭。这个禁令一出，这位汤姆医生立即察觉这是对华裔商人的歧视，但是，鉴于几千年形成的“忍”的性格，中国人也只有敢怒不敢言。上几代生活在美国的中国人，特别是从事唐人街服务行业的华人，除了本身息事宁人的性格之外，对美国法律和主流文化也缺乏认识，所以对当时的禁令只有默默地接受。但是汤姆医生以他美国人的性格特性，凭着他对烤鸭的喜爱，凭着他对中国人的友善，加上一份正义和执著，在完全没有与州议会打交道的经验的情况下，他利用自己的医学及科学训练背景，再加上他个人那散发着魅力的性格，执著地、义无反顾地向美国的政治领袖游说，反对这个禁令。最后，汤姆医生的努力终于成功了，政府接受了他的理论，取消了禁止贩售烤鸭的法令，就是他，令烤鸭有幸继续成为美国唐人街上主要贩卖的餐馆食品之一。当年汤姆医生成为华人社区的一位英雄、贵人。喜欢吃烤鸭的人，除了欣赏厨师的手艺外，更特别感谢汤姆医生。20年后的今天，生活在美国的华人已经增加了几十倍，几百倍，唐人街的烤鸭，成为生活在异国他乡的中国人回味祖国饮食的美食，也可能成为他们的生意。但已经没有多少人知道20年前发生的这件事了，但华盛顿及加州的主流社会都知道，因为汤姆医生经过那次中国烤鸭事件之后，给美国的议员们留下深刻的印象，于是有人劝他当说客。后来，他真的成为加州最优秀的说客，他这20年的政治成就成为美国主流社会的美谈。2005年，他在创下极为成功的职业生涯后宣布退休。但凭着对中国人的友情和对烤鸭的热爱，他依然为亚裔社区非盈利组织提供免费的顾问服务，这些组织需要有人为之争取利益，却又没有太多的钱支付专业说客的服务费用。

汤姆医生以崇高的敬业精神及具有道德感的方式来工作，赢得了社会的尊敬与认同。在美国，像汤姆医生这样富有正义感并不计报酬去帮助别人的人，实在不算少，但与此同时唯利是图、损人利己的人也十分多，之所以有这种人性极端的产生，是这个社会的相对自由。自由度高的社会，个人的机会就会相对地多，这时候法律就会制约这个社会的个体、群体甚至政府部门。所以，在美国上至总统，下至市民，如果你有本领，你大可从公开地玩弄法律，但千万不能触犯法律。

然而，在说客这一个行业里，财政系统这一个环节，是法律的死穴，碰不得。你可以钻法律空子，将一笔资金私有化，但千万不能在这个问题上犯错，一旦犯错，将会连带你的合作者、客户等被打入十八层地狱，永不超生。因为有能力站在美国这个主流舞台的不管是政客、说客或者聘用说客的公司、集团、社区、国家、机构组织等，都不是等闲之辈，自然他们的对手、仇人也不会少，这些对立者也同样不会是等闲之辈。大家都对对方虎视眈眈，一旦犯错就难已补救了。不久前，就传出美国国会议员与一名说客之间的不正当关系，而引起主流社会轩然大波。因为国会的众议院多数党领袖狄雷（Tom Delay）与说客亚伯拉莫夫（Jack Abramoff）之间的往来内情，引起社会大众对说客失去信任，并充满反感。

在2004年，亚伯拉莫夫还是华盛顿最具影响力及最有权势的说客，每小时收费高达500美元，他是共和党圈子里长期的政治党工，与掌握大权的议员、行政官员以及有良好关系的保守派活跃分子维持密切的关系。亚伯拉莫夫在布什总统上任之后的10个月中，至少与行政官员接触了195次，他也是熟练的筹款人，为布什总统竞选连任筹到数万美元，同时也为其他议员筹措成千上万的竞选资金。说客被允许在法律限制范围内与议员保持友好关系，或协助他们筹款，这些都没有错，也是正常的合法的交易。但是他可能在与议员打交道并借着支持他们竞选来取得偏袒时，逾越了法律界限，更因此踩上了地雷。所以这次迫使亚伯拉莫夫引退的原因正是对他处理财务手法的指控。

为此，2005年美国白宫发生的这一件政坛丑事，使众多政客被卷入。随着调查的进行，其他政治领袖也纷纷被卷入这个争议事件。李德（Ralph Reed）是保守派的宠儿，他在华盛顿开设游说公司前，是基督教联盟主席。他当时还打算竞选2006年佐治亚州副州长。但他曾经因为赌场交易与亚伯拉莫夫合作过，现在必须向社会大众解释说明，身为虔诚的基督徒，却收受赌场利益团体的捐款，但李德声称，当时并不知道捐款的来源。

亚伯拉莫夫与众议院多数党领袖狄雷之间的关系更为复杂，狄雷先生的数名前任高级助理皆曾与亚伯拉莫夫合作。亚伯拉莫夫数次招待狄雷议员及其家人到国外旅行，所花费用高达数千美元。此事也被揭露。但狄雷议员的解释是，这些旅行（其中包括到苏格兰打高尔夫球）均是官方的为调查证据安排的行程，所以并未违反国会道德规章。故此，狄雷和亚伯拉莫夫两人都否认犯错。反过来指控民主党意图抹黑，狄雷称呼亚伯拉莫夫是他最亲密的私人朋友。

美国的政治舞台是永远的战场，两党斗争长流不息。从四年一次的总统选举到中期选举，每一个阶段都硝烟弥漫，等选举告一段落，两党之间又互相对骂，到处去找寻对方的错处。所以美国国会内，双方无时无刻不处于剑拔弩张的战争状态下。因此两党之间，无论是挑战方或者是迎战方都离不开运作资金，他们各自都要付出昂贵的金钱代价才能达到打击对方的目的，或来个漂亮还击，所有这些都离不开一个“钱”字，包括人员运作费、广告媒体费，都与钱有关。因此，也就自然地给美国的企业团体提供了机会，并建造了一个政客和商人握手的平台。但有一点要切记的是握手互助可以，一旦结盟就很容易成为对方攻击的目标，甚者更会身败名裂。

据美国主流媒体报导，狄雷议员的两名前任高级助理，曾经协助劝说北马里亚纳群岛政府将160万美元游说合约交给亚伯拉莫夫，而他需要做的工作是什么呢？当亚伯拉莫夫收取了160万美元的工作报酬后，他的工作是阻止国会提高北马里亚纳群岛最低薪资。

北马里亚纳群岛是美国领土的一部分，虽然拥有自治权，却须受到美国联邦政府和国会的管辖。该岛的移民政策非常宽松，华裔劳工经常被带到群岛的首府塞班岛（Saipan），为那里的成衣制造商工作，劳工及民权活跃分子长年来一直敦促国会调查当地血汗衣厂的工作环境。当时华裔及其他族裔的移民所获得的时薪只有3.05元，比起当时联邦政府制定的最低薪资5.15元低很多。那时大约是1995年，在10年后，当时的内幕终于被揭发。

1997年，国会考虑进行改革，规定成衣厂必须支付给工人联邦最低薪资。但是当时国会议员狄雷带头反对这项议案，亚伯拉莫夫也代表客户反对此案，来个里应外合。结果，该议案没有被通过。但有趣的是，虽然亚伯拉莫夫的游说费用由群岛政府支付，但却连带美国国内成衣制造业也因该议案的失败而受益。受苦的是千千万万的制衣工人，依然在血汗衣厂拿着超低的时薪苦干。

1998年，这个议案的胜利者亚伯拉莫夫，为狄雷及其家人安排了一次丰盛的塞班岛旅游。

三年后的2001年，国会又为禁止群岛的制造商在成衣上贴上美国制造的标签进行议案。虽然当时有234名议员支持，已经超过了通过立案所需的多数票数，但并没有举行国会投票。

2005年，狄雷的办公室对当时出现的这些指控做出回应，同时发表一份声明说明狄雷反对这些议案的合理性，指称这些议案会扼杀马利亚纳群岛刚起步的经济发展。这些解释是否合理就见仁见智了，到底是群岛政府的160万美元游说费起作用呢，还是这些议案真的会扼杀群岛刚起步的经济发展？

但是，无论怎样，众议院道德小组对狄雷的活动指控展开了调查程序。狄雷的对手党将会轻易地夺取到一件有力的攻击武器，成为下一次选举的话柄和政治筹码。

事件的最后结局是；狄雷被德州法庭起诉，同时被迫辞职。亚伯拉莫夫和狄雷这一对曾经纵横美国国会、风光一时的搭档，最终还是踩上了地雷。美国政治舞台风云变幻，又有谁可预料？

美中商业文化碰撞的反思

……他们太高调、太张扬了，最后还提升到政府行为。因为中国政府的出面干预，反而造成反效果，让这件事的反对者捉住了把柄，继而向美国国会施压。如果让反对派有理由将一种商业行为提升到政治层面，那么国会的立场一定会偏向美国国内的势力，这是毋庸置疑的。

美国的商业文化“纵观是商业，横看是政治”。所以说，美国政治舞台上的背景画，实际上是一幅商业图画，这是历史原因造成的……所以，了解美国的商业文化，就等于了解整个美国社会，当你读懂了美国商业文化，即是读懂了美国主流文化，就可以看到一幅清晰的美国社会画面。

U. S. —China Corporate Ethics

If one looks straight into the Corporate portrait, once may see that it is all purely about business, yet if you look at an angle, one will see that it's a portrait of politics. If you look into the background of the political stage, you'll see that it is a corporate background. Hence for one to understand the social culture of America, he must understand what the US Corporate Culture really is made of.

2005年中期，中国三大国有能源公司之一，中国海洋石油有限公司（中海油）出高价收购美国第九大石油公司优尼科公司（Unocal）。海尔集团也几乎同时间宣布收购美国老牌电器公司美泰克（Maytag）。由于太过张扬，加上事先对美国的商业游戏规则认识不深，没有铺好路就匆匆行动。结果惊动美国朝野，惊动有利益冲突的团体组织。结果尽管是中海油出到无人匹敌的高价，同时承诺保留原有员工的工作，这样优厚的条件，还是在美国国会的干涉下，收购行动宣告失败。按我的看法，失败的主要原因是他们太高调、太张扬了，最后还提升到政府行为。因为中国政府的出面干预，反而造成反效果，让这件事的反对者抓住了把柄，继而向美国国会施压。如果让反对派有理由将一种商业行为提升到政治层面，那么国会的立场一定会偏向美国国内的势力，这是毋庸置疑的。其实，自从中华人民共和国成立的那一天开始，台湾当局就一直没有停止过在美国国会的游说行动，他们一直重金聘请政治说客，所以直至到20世纪90年代，美国国会议员还是一面倒偏向台湾的。尽管这样，几十年来台湾在美国国会的活动一直是相当低调的、不张扬的。据说这是台湾当局的政治策略，他们的原则是：“不惜重金，不事张扬，只求达到目的”。与其说这是台湾的政治策略，倒不如说台湾的政治人物对美国主流社会、商业文化是何等的了解，因为了解深刻，所以运用自如。这方面的高手当以已故的蒋宋美龄为首选。

后来由于中国在国际上地位的转变，局势有所变化，但是，却又出现了中国国内的异见分子，这些所谓的民运人士和后来的法轮功学员在美国国会的活动比起台湾当局更加激烈、更加明显化。在这样并不是太理想的政治气候之下，像中海油这样大、这样敏感的中国国有大企业，如果要在美国进行大动作的收购行动为什么不应太高调，太张扬呢？

请看当时的美国国内形势：1. 中国威胁论在美国国内以及在国际上甚嚣尘上；2. 很多工会和团体正联同美国联邦参议员在那段时间努力向国会

提案，限制中国纺织品进口；3. 美国国会不断迫使中国的人民币升值。在如此不理想的大环境下，这些超大型中国企业要吞并美国大企业，试问怎可以高调、怎可以张扬呢？实在是棋差一着，假如这些中国大企业真正的目的是为了单纯的收购合并，只想拥有一个大型美国企业，就应该要先聘请一名有实力的负责任的说客或说客公司，先游说国会，再静静地进行相关活动。成功之后，再张扬也不迟。我想这样的做法，成功的机会应该大很多。

但问题是，当时他们对美国主流社会与商业之间的关系了解得不太透彻，或者又太过依赖代表他们的美国的操办机构。据说，在中海油收购美国第九大能源公司优尼科公司一役中，中海油的公关队伍也可谓阵容鼎盛，包括了 Akin Gump Strauss Hauer & Feld 在内的 6 家公司，在短短 8 天内，约见各类政界人士 250 人次，其中包括美国副总统办公室、能源部、商务部和大批国会议员。需知道，这样的大动作，这样的过分张扬，是适得其反的。因为这样不但不能成功游说国会，反而促成国会必须站在反立场处理这宗交易。为何这样说呢？因为中海油这样的大肆张扬，引来了国会那些反对派，那些早已成为台湾盟友的议员、行业工会或协会以及所有反对中国的政客的注意，这些反对力量将会一齐集中向国会施加压力，这样的局势下，即使先前白宫政府有意支持中海油的收购行动，也会在这种突变形势下放弃原来立场。来个“弃车保帅”，美国国会是坚决不与这些国内势力抗衡的。因此，中海油之前所有的付出和努力就此毁于一旦。

但是，如果这些大企业收购的目的主要为了壮大企业声势，形成国际影响，并向外国、向世界显示中国企业的实力，那就另当别论。如果是这样的目的，那么收购的成败与否，结果都没有太大的区别了。

然而，事后这些企业的主管包括中国政府都在抱怨美国国会在处理这些问题上，将两国的经济问题上升到政治层面。但美国的商业文化“纵观是商业，横看是政治”。大家只要翻开美国近代历史，就会认同我的讲法，在美国能够将政治舞台操纵到风起云涌的，是什么人？是大财团或者是由大公司、大财团支持的协会、工会、行业同盟。有能力去角逐总统宝座的人又是谁？数以千万美元的竞选经费从哪里来？就算有，也要来路清楚干净。众所周知，当任总统布什，是家族石油公司的创办人之一。刚过去不久的第四十三届总统竞选的民主党竞选人克里，其夫人是美国茄汁大王。

最后克里输了，而且他上亿的竞选费用也同时输掉。所以，没有千亿财富作基础是没有能力去问鼎白宫宝座的。所以说，美国政治舞台的布景画，实际上是一幅商业图画，这是历史的原因所构成的社会格局。了解美国的商业文化，就等于了解整个美国社会，当你读懂了美国商业文化，即是读懂了美国主流文化，就可以看到一幅清晰的美国社会画面。

让我将美国的社会格局，大概归纳成下面一条公式：商业产生财富——财富影响政府、政治——政府、政治制定法律——法律保护和约束人民与种族社会——人民和种族社会影响法律——法律制约政府、政治——政府、政治带动财富——财富推动商业发展——商业发展产生财富——财富影响政府、政治——……

这个公式是一个环环紧扣的圆形，它的每一个周期的终点又是另一个周期的起点，这样循环不息，这样相生、相克，这个规律有点像中国人的五行定律，像金木水火土那样相生相克。

但是，美国是一个重商的国家，商业经济始终是美国社会的主要架构。各行各业的商业创造了财富，这些商业巨子、企业大亨用他们的财富影响政府组织结构和国家政治决策。政府行政运作和政治的决策制定了法律，国家既保护又约束人民和各个种族社会。人民和种族社区又可以影响立法。通过众议院提案，参议院立案的法律影响或者制约政府决策和政治行动。政府政策和政治游戏又带动和创造了社会财富，人民财富增强社会消费，从而推动了社会的商业发展。国家的商业发展好，发展迅速，就会给这个社会带来财富，财富又影响着这个社会结构，同时影响了国际，影响了我们生活的这个世界、这个时代……这条规律不断循环，不断更新，200 多年的美国历史，就在这样的基础上编写出来的。（注明：上述规律是本人经过多年来对美国历史的分析而归纳出来的）

只要大家留心地看一看一个多世纪以来美国在世界中的崛起和沉浮，或许可以体会一下美国政府和美国人民什么时候开始意识到经济发展，商业、工业发达，对一个国家和人民的重要性和好处的。

美国是凭借两次世界大战的历史机遇，登上世界霸主地位的，美国抓住的其实只是一个商业机遇。美国当时要称霸世界的野心还未萌芽，而之所以有胆量超越英国、法国而称霸世界，是建立在其经济实力的基础之上的。

中美贸易启示录*

向所有从事贸易的成功者、失败者致敬！

我衷心地、真心地向从事中美贸易的朋友们说出上面这句开篇语！

由于中西商业文化的差异，尽管历史发展到今天，中美之间已经成为朋友和战略伙伴，但中美贸易这条路因为受太多政治因素的影响和中间的商业文化差异，依然崎岖不平、风风雨雨！所以面对一条如此艰辛的路，只要能够成功地踏出一步、几步，无论是否成功，在我的眼中，他们都是勇者！

所以，在这篇启示录里面，我们不去说成功，不去论失败，只讲事实的经过。相信大家将会在别人的故事里找到答案。

成功与失败，关键在于你对美国商业社会的了解有多少！了解得够不够！

China—US Trade Apocalypse

There is a large gap between the Eastern and Western business culture. It took much hard work and dedication of many people for there to be a China—US trade relationship. Although not every one of them succeeds, we still have to acknowledge and appreciate the hard works that they have contributed.

* 本文系作者“中国贸易论坛”中的一篇讲稿。

（序）

由于中西商业文化的差异，尽管历史发展到今天，中美之间已经成为朋友和战略伙伴，但中美贸易这条路因为受太多政治因素的影响和中间的商业文化差异，依然崎岖不平、风风雨雨！所以面对一条如此艰辛的路，只要能够成功地踏出一步、几步，无论是否成功。在我的眼中，他们都是勇者！

所以，在这篇启示录里面，我们不去说成功，不去论失败，只讲事实的经过。相信大家将会在别人的故事里找到答案，得到启示。

在中美贸易的路上，成功与失败，关键在于你对美国商业社会的了解有多少！了解得够不够！如果一个企业能够与美国本土一个具规模的企业搭上关系，我指的是直接的合作关系，因为很多的中国企业出口到美国的商品，中间都经过了多重关系，这些中间关系主要是由一些香港、台湾地区或美国本地的贸易公司担当了进口商的角色。所以，到底怎样直接地与美国本土的企业打交道，中国的很多企业几乎一无所知，因为他们的生意命脉都掌握在进口商的手里。如果当一个中国企业能够去到与美国的本土企业一对一的直接合作时，这个企业一定会变得更有生命力，一定会变得规范化、企业化，我先不去评说美国的商业文化的本身是否完美、是否不足，但可以肯定的是，只要你与之发生关系，它会很自然地逼着你去改变，去规范化、去企业化、去提高应变环境变化的基本素质、去提高解决困难的能力，总之它会逼着你去进步、去提升、去逐步完美。

2008 年，美国面临着经济衰退的巨大威胁，这个威胁同时影响了世界、影响了中国，特别深受影响的是中国的出口企业。所以一个成功的企业在大风大浪中，自然会发挥排除万难的能力，所以才能成功，才能立于不败之地。基于种种原因有不少的中国企业很缺乏这方面的能力，所以在遇到困难或者阻碍时就会束手无策，处于相当被动的位置。如果遇到的进口商合作伙伴有解决问题能力的，或许可以开创出一个新的局面，否则大浪淘沙，徒呼奈何！所以我认为一家企业在还没有遇到困难之前，先充实自己，多巩固这方面的知识，多一些这方面的关系网络，在遇到困难的时候就不会那么无奈，就会去坦然面对。

我本人是美国国会商业咨询理事会的荣誉主席，是代表纽约州的。纽约州是国际性的商业大州，遇到的国际间的商业问题很多，而美国500强的大企业中大部分都在纽约设立总部办公室。这些企业中有很多都已经与中国或多或少地拉上关系，然而中美贸易这20年来，太多风风雨雨，相互之间的合作都是在摸索中爬行。时至今日就像大浪淘沙，很多都已经无法继续，这里面存在一个非常主要的原因就是商业文化的差异，因为这点差异就导致了大家在处理问题的手法和态度上拉开了一段很长的距离。所以，美国国会商业咨询理事会就提议我成立一家顾问公司，可以协助中美两地的企业解决问题或开拓业务。后来我成立了一家顾问公司，当我这家顾问公司开始运作之后，果然有很多美国500强的企业和一些政府部门来找顾问公司解决问题，或直接请我们当顾问。其中有一个城市的政府部门是我们中国人很熟悉的地方，那就是象征美国的“山姆大叔”的故乡（纽约州的卓拉市），这个城市有纽约州规模巨大的高科技园区，有亚洲人熟悉的RPI理工学院，中文译为“伦斯勒理工学院”。

顾问公司成立后很快就成为一些地产公司、金融公司、大型超市、美国地方政府的国际顾问，可见美国地方政府和企业都需要寻找解决问题的方法和途径，以减少误会和矛盾。更需要一家得力的顾问公司为他们在中美贸易的丛山峻岭中指点迷津。

两件我亲身经历的个案可以体会逆流而上的考验和艰难！

（一）

当一件交易，已经经历了最初的接触、沟通、磨合，到最后落实订单准备出货，通常说明了双方企业都已经付出了不少精力和财力。我说的这个故事，这些合作方的磨合期历时两年，中间也经历了不少波折、碰撞，就在“好事多磨”之后，想不到最头疼的事却在后头。突然之间，国际市场的原材料猛涨，汽油价飞涨，中国的生产商实在无法按原定的价钱供货。怎么办？面对这个难题的是美国一家进口供应商，这家进口商经过了两年时间的不断努力才把中国的一种传统食品打进了美国一家500强超市集团，这家超市集团在500强里面排在前52名，在美国东岸有100多家大型超市，全部24小时营业、全年开门。众所周知，要把产品推入这样规模的地方，是非常非常的困难，能够成为他们的供应商，很坦白地说，除了实力加努力，更主要的应该是人际关系网。全世界都是一样，没有了人际关系网事情就难办很多，成功的机会就会减去一半。所以为了达到三方面能够合作成功，可以成功地将一种全新品味的商品投放到美国普罗大众的主流市场，大家都作出了努力，特别是生产方和进口商方面，他们排除万难，很不容易才走到了这一步。这时候，如果按一般的企业决策者的观点来处理就很简单，就是直接地与零售商说明，因为原材料起价运输费涨价等等原因无法按原价生产，这些是全世界都知道的事实，对方一定要接受这个解析和同意在原来的基础上调高价格。而且，对于零售商而言这是一种新加进去的新商品，还没有在该超市里面出售。这种新商品的价格变动只有生产商、进口商和超市零售商才知道，将价格提高15%是很正常的，在当时的形势下这是众所周知的理由，无可厚非的。好！道理讲通了，千百个道理让提价的理由变得理直气壮，而且是实事求是嘛！

如果当时美国的这家进口商真的这样做了，那么我可以说他们两年的努力、他们与这家美国大企业之间的合作，将会蒙上阴影。不是说与这些美国大企业做生意就不能涨价了，绝对不是！只是时间要合适，如果在不适当的时候做，双方合作的路就很可能无法继续下去了。本来，在正常的情况下这件事和这个项目对我和我们的顾问公司来讲，无论结果怎样，无论是进或是退，影响都不会很大，大不了放弃这个项目，充其量只会是感到遗憾。但是，在我个人的立场上就有另外一个原因，一个算是有点自私的、与这件事有关联的原因。

（二）

在中国的生产厂家是我家乡佛山市的一家企业，虽然那里不是我的出生地，5年以前我对那里也非常陌生，那是我父亲的出生地，但我父亲17

岁的时候就离开了家乡，到广州和香港两地打天下。但是这几年当地的政府很活跃，3 年前成立了世界南海联谊会，把全世界 40 万南海乡亲凝聚在一起，政府统筹组织安排了首届大会，当时我参加了，感觉很温暖，还应邀当选了佛山市海外联谊会理事。我是一个凡事都要有交代的人，我觉得既然当地政府给我这样一个位置，肯定是希望我能为家乡做点事情。我回美国之后真的很努力地去找关系、找合作人，希望能把佛山南海的瓷砖产品推入美国主流市场，在开始的阶段我操作得还算顺利，与我合作的美国公司投资了一笔资金，租了一个很合适的展示厅，准备大展拳脚，还通过关系，使之进入了美国出名的大型装修材料连锁店 Home Depot，Home Depot 是国际连锁企业，中国也有。但问题是，在美国与这些 500 强国际大企业打交道，除了要有诚意和决心之外，如果没有足够的实力和财力是无法进行合作的。当时因为中间千丝万缕的关系，我们很快就得到对方的重视，一张长期合作的订单已经摆在眼前。但有一样是我们无法回避的，就是他们公司的规定，所有供应商都必须在他们的每一个销售点预备最起码 10 万平方尺的存货，“相当于 10 个货柜”，因为他们的客人不能等，就算我们一开始先做一个销售点，也必须要先预备 10 柜存货随时供应。这个投资和运作费用就会很大，这个还不是最大的难题，我们最大的难题是厂家是否配合，怎样建立一个互助互利的合作关系和操作方式。这才是我们最担心的问题，这些不是小买卖，前期投入不少（当时我们已经投资不少了，但这些前期投入只是能够买一块敲门砖，我们已经算很幸运才这么快就有个开始）。但当时的情况只是当地政府的一个愿望，如果厂家没有进军美国市场的常识、信心和豪气，是很难合作的，如果要做大事就要有大气才能成功。可当时的厂家表现得很令我们失望，他们只对一手交钱一手交货的贸易感兴趣，甚至连前期提供样板布置展厅都不太愿意，更何况要他们提供存货，简直是天方夜谭。这样一厢情愿的项目是注定无法成功的，结果这个得来不易的生意机会就只好拱手相让，给了别人！因为他们表示如果要令他们感兴趣，必须先做几货柜的订单，让他们看到收获才好商量。我对这番话十分反感，原因是他们把角色调转了，我完全可以不做这个贸易。后来我找来的投资者认为厂家方面并不太热衷此合作，如果再这样一厢情愿地进行下去，将来可能有大麻烦，所以他们就没有与这个中国最大的陶瓷厂家合作。对于我是一个遗憾，本来我认为珠江三角洲的企业纵使多得数之不尽，但很多都跨不出国门，登不上国际的商业舞台，这不只是我个人的遗憾，广东的遗憾、也是中国的遗憾。

(三)

我并没有因为一次失败而放弃，后来我开始帮助一家同样是位于佛山市的急冻食品厂的产品打入美国市场，但仍旧是好事多磨。上天好像要考验我，经过两年的多方面努力，正当要跨进成功之门的时候，就发生了前面的局面。面对这种突变的大环境，要想扭转乾坤，又谈何容易呢！这是一个牵涉利益的问题，谁愿意让步呢？进口商有太多的选择，对于他们来讲一种还没有上货架的商品随时可以放弃，何必自找麻烦。超市集团是一家从来不会向供应商让步的大企业，而中国的生产厂家已经在能力范围内对价格做了调整，但还是和当初的报价相差很远。怎么办？这是一个三角关系，任何一方都不肯让出一步，通常在这种情况下就等于进入了一条死胡同。大家两年的努力也就白白浪费了，付出的金钱和心血将会付诸东流。现实也真够残忍的，面对这种逆境，是否要放弃，往往只是一念之差。对于我来讲，眼看一个很好的合作关系可能无法继续下去，只差一步就成功了，太可惜了！通过这两件事，我一直参与的这两个项目，对于中美贸易这条路真是感到无奈而且伴着很多感慨！

正当我心灰意冷的时候，顾问公司的同事们知道我的心情后理解地对我说：我们再努力努力吧，这一次我们不要去问结果，不要去想将来，不管成与败！

就让我们潇潇洒洒地去面对一回吧！在中美贸易这条路上“付出未必有收获”已经是一句名言，也是司空见惯的结局。当我们不再去介意成与败的时候，思路就相对地清晰了。既然我们是他们的顾问公司，应该可以找到解决困难的办法和空间。但是我们从何处着手呢？厂家？进口商？超市集团？

当时我们是第一时间排除了超市集团，为什么？先听听他们的故事。

超市集团的现任总裁是我们的朋友，认识好几年了，有一次在闲谈之中，他说了一个关于他们超市的故事：他们的超市集团发展到今天，已经有60多年的历史了，很多供应商都是从他爷爷的时代就开始合作了，到现在已经是由子孙一辈去继续了。这些供应商与他们的集团同步成长，很多都已经发展成为上市公司，经营范围遍布全美国甚至全世界。但是他们的起点几乎都是由跟他们合作开始。这时候我们很好奇地问他：“你们拥有这些有历史渊源的供应商队伍，那么外面接待大厅里每天拿着样品来推销产品的人还是否有机会进入你们的超市并成为你们的一名供应商呢?”他说：“这样的推销商每天都很多，我们超市的商品也要日新月异，而且会不断地扩大，所以这些推销商的商品如果有市场前景就肯定有机会的。但要成为我们的供应商很不容易，有耐力和有恒心是最起码的，而最主要的是要清楚地知道自己的责任，如果遇到应该是由供应商负起的责任时千万不要推给超市来解决。这是我们与供应商合作的一个很关键的前提。我们这家拥有100多家门市店而且全年日夜营业的集团每天都有新的问题，如果还要管供应商的问题那是不可能的。记得我父亲对我讲过一个故事，几十年前，有一个苹果汁供应商用了两年的时间和努力，不停地游说当时的超市老板，也就是我爷爷。他的公司本身拥有一个当时已经很具规模的苹果园和果汁加工厂，实力是足够的，但因为当时超市已经有几个品牌的果汁供应商，因此爷爷并没有多大的兴趣与他合作。但由于他两年的时间耐力和诚意，感动了爷爷，结果爷爷决定给他一个机会，让他的产品进入超市货架销售。有一年，美国苹果欠收，他的苹果园几乎没有苹果收成，而且附近很多果园都没有收成。有几个供应商来跟爷爷说了这个原因和困难，希望能够停止供应一段时间。当时爷爷就讲：‘这是你们要解决的问题，我的客人不会与你一起面对你们的困难，他们只是消费者，他们进超市只有一个目的，就是要挑喜欢的东西，如果没有他们平常喜欢的东西会很失望，甚至会改去其他地方购买，我的公司就会受到影响’。

当时只有那个等了两年才等到合作机会的供应商没有来找爷爷，但他却可以如期地供货，那一段时间货架上只有他的商品。后来才知道，原来他的苹果全部都是从加州和南美洲购买回来的，他自己的果园根本没有收成，那一年他不但没有赚到钱，还亏了本，赔了人工。但是他却换来了与我们集团长期的合作关系，因为，当我爷爷知道后，非常欣赏他的商业作风和合作的诚意态度。爷爷认为这是一个可以给人信心的、可以依赖的合作伙伴，所以在后来的岁月里他成了我爷爷的好朋友。爷爷还承诺，只要他的公司能够一直保持这种合作态度，双方的合作可以千秋万代，并把他的公司排在所有供应商的首位，即使到了只能留下一名供应商的情况，那也是他！

后来这家果汁公司借助了我们集团不断扩张的势力，将自己的公司在华尔街上市。现在他的产品已经是全美国家喻户晓的生活必需品。当年创业的那一代人已经不在人世，我们的超市集团也已经由创始人的第三代和股东董事局共同经营管理，而那家果汁公司也同样是由第三代和股东董事局营运，但我们的宗旨一点都没有改变，大家依然合作愉快。”

（四）

这个故事我听了几年，一个很普通的故事，一段别人的前辈的经历，本来真的很普通，换了别人可能早就忘记。但是我却时常记起，在我要做一个决定的时候，时常就会从我的脑海里蹦出来，提醒我做任何事情都要负责任，要有交代。我做事变得越来越追求完美，我的生活开始变得有很多责任，我的人生变得沉重了，我认为一个承诺的背后是一个诚信加努力的过程，只有交出一个结果，才能取代那一个承诺。有朋友说，我这样会活得很辛苦、很累，有时候更会吃力不讨好，很不适合现代社会，现代人哪讲什么诚信，一个承诺的背后也许是一个大谎言，哪会那么认真。也许吧！有时我真的觉得自己落后了，与我们这个时代脱节了，有时我真的很想忘记像魔咒一样影响着我的那个超市总裁的故事，但是似乎不可能。

由我来牵线的家乡的两个项目，一个已经无法继续下去了，剩下的这个又面临着进退两难的局面，一个类似“苹果失收”的大环境。但是我们还是决定逆流而上，不去问结果，不管成与败，只希望能在逆境中探出一条路来。

于是我们首先说服了进口商，无论如何要推出第一批货，将这种新食品投放市场，如果能够成功地占有市场，受美国人欢迎，进口商再回报我们。如果有任何损失，我们一起承担。因为只有走出第一步才能检验我们当初的眼光是否准确，如果事实证明我们的商品市场前景乐观，我们的下一步就可以将之发扬光大，也有理由去调整价钱。那么销路打开了，我们各方面的前期投资也就回来了。可能是一步险棋，但总比现在就放弃好。

我们的坚决和恒心感动了进口商公司的总裁许先生，他认同了我们的观点，于是我们决定换一种方式和语言先跟超市集团的总裁商量一下，毕竟我们与他不是纯粹的生意关系。我们认识的起点很高，是在上一任的纽约州副州长的介绍下相互认识的，是多年的朋友。所以我们经过商量之后，就去向超市的总裁汇报了这个急冻食品的情况和我们目前遇到的困难。同时，进口商公司的许总裁很清楚地表示，为了尊重大家的合作，第一批货既然价钱已经定下来，就算是亏本也要开始。但是如果市场前景好，希望超市可以适当的让我们提高价钱，这样我们才可以继续运作下去，因为一家企业不可能负担一种长期赔钱的生意。

超市集团的总裁听了许先生的话，沉默了一阵后表示："我很欣赏许先生作为亚洲人却能够有如此高层次的美国商业文化意识和这么豪气的决定。但他认为一种新的产品在刚刚推出市场的前一段时间，不论开始时的市场反应如何，都不适宜提价，顾客会反感。如果在推出市场之前还没有面对顾客前来个内部提价配合国际大环境的恶劣影响，这个想法局外人认为是很合理的做法，但是我个人认为提出这个要求的供应商是不熟悉美国大公司的运作以及内部复杂的人际关系的。因为你们的商品是双方经过了很长一段时间的接触才能成功地获准进入我们的货架销售的，有关部门已经开始在选定的那些试销店内添加了急冻冰箱，用于摆放这些新商品，在收银机系统里设置商品编号和条码等等，这些工作都要经过好几个部门来完成。一个供应商的商品与我们的集团能够走到这一步很不容易，但是不幸的是在这关键时刻，你们遇到外部因素的影响，例如你们说的成本涨价，运费涨价等原因。作为朋友我表示同情和理解，如果这些情况发生在早期，我们各个部门还没有行动之前，我还可以帮帮忙。但是现在所有资料已经进入电脑运作程序，事情就很难处理，公司不能由我来开这个头，就算我愿意不顾一切帮助你们，但你们作为供应商的等级评估上就会受影响，你们还有其他商品在陆续上货架，不要为了一种商品而去冒险。

如果是站在集团的管理层的角度，我们认为这么大的企业面对数以千计的供应商，我们没有可能去解决他们的问题，这是我们企业的立场，我们一贯都是某个供应商一旦不能达到要求，我们就去选择另一个，就是这么简单。但现在不同的是，我很想帮你们，因为大家是朋友。让我们一起来看看可以在哪一个环节里有调整的空间。首先我要知道，你们公司现在是否已经配备了一条急冻食品的运输线，送货到我们各地的门市店？"

许先生回答说："现在只有普通的货物运输车，因为现在没有做急冻的商品，我们正准备购买急冻运输车，专门用于这些急冻商品的运输，我们目前在建造急冻雪房。我们用在开发这个急冻食品的前期投资已经花了不少资金，因此，如果在销售时无法盈利的话，这个商品我们将会无法继续的。"

"好，我知道怎样帮你们了。"超市总裁表示，他认为可在运输费用上节省开支，因为急冻运输很专业，费用也很贵。在刚开始的时候，许先生可以先不要投资急冻运输设备，他会安排他们的一家供应商跟许先生合作，这是一家全球性的大公司，跟他们超市合作已经很多年了。我们请他们帮助一下，暂时用他们的急冻运输线，只收回成本费用，这样就可以走出第一步，以后看发展再说了。在超市总裁的帮助下，事情终于有了转机，到今天我只能告诉大家进口商和佛山市的食品加工厂，又继续开始了操作。厂方并不知道上述经过，至于他们双方是否可以一条心互相体谅、携手共进、跨过难关，谱写低潮下的高歌，我们只能拭目以待了。如果他们的合作可以在如此恶劣的经济环境下起步，可谓不简单，这中间所经历的一切很值得所有从事中美贸易的企业借鉴。

在当今的商业文化社会，只有双赢才能持久、才能永恒。如果要双赢，基本条件是：双方先经历从了解到理解的过程，才可以发展长久的、友好的合作关系。所有的投机取巧、欺骗手段，在现代已经逐步完善的国际社会中，都是行不通的。

中国企业经历了20年的摸索、碰撞，一路走来风风雨雨也该成长了！该成熟了！应该有能力与国际接轨了！

最后，我衷心地祝各位成功！

宏观篇

移民改变了美国的命运

每一个美国人，背后都有一个移民的故事，不同的只是这个故事可能是由他或她开始写，也可能是由他或她们的父母，或祖父母那一代开始写。也就是说区别在于这个故事有的长一些，有的短一些而已。

被称为“种族大熔炉”的美国是个典型的移民国家，其移民历史最早可追溯到1620年。近400年来，美利坚民族已成为由100多个民族组成的混合体，就连矗立在纽约的“自由女神像”也是在1886年从法国“移民”到美国的。移民们怀着各自的梦想，远涉重洋来到这片理想中的土地，在美国历史上曾经掀起几次大的移民潮。可以毫不夸张地说，是移民造就了美国，是移民发展和改变了美国！

被美国历史学家称之为“伟大的人类迁徙运动”的第一次移民高潮发生在1820—1860年，这期间移民总数高达500万。移民主要来自西欧和北欧，其中爱尔兰人大约200万，德国人大约170万，还有大量被贩卖到美国的非洲黑奴。同时，移民中也有少数来自亚洲，主要是一些来美国淘金的中国人。

Immigration and America's Fate

America's success was fought by its millions of different cultural immigrants.

每一个美国人，背后都有一个移民的故事，不同的只是这个故事可能是由他或她开始写，也可能是由他或她们的父母，或祖父母那一代开始写。也就是说区别在于这个故事有的长一些，有的短一些而已。

每一个美国人，背后都有一幅背景画，这幅背景画是他或她祖藉国的折射面，这幅背景画在国际舞台上是色彩斑斓，还是暗淡无光，将会直接影响他或她在美国的人生舞台上的表演。

所谓的美国人，只是一群来自世界各地的美国梦的追寻者。所谓的美国梦，是一种相信只要在美国经过努力不懈的奋斗便能获得更好生活的理想，也就是人们必须通过自己的勤奋、勇气、创意、和决心迈向繁荣，而非依赖于特定的社会阶级和靠他人的援助。

每一个美国人，都很清楚自己的定位。西欧裔美国人，自视最高，他们的祖先最早移民来美国，所以在美国社会的地位最稳固、最权威，其中以英国裔美国人为首。这些英国后裔又分为三帮，所谓的英伦三岛是英格兰、爱尔兰和苏格兰，他们各自拥有独立的社区和教堂。与这些统领美国主流社会几百年的西欧裔美国人相反的是那些曾经生活在社会最底层的非洲裔美国人，他们从祖先那一代开始，经历了奴隶生活和被社会忽略、排斥、歧视的过程。但他们一直没有停止过抗争。在美国有一种很特殊的现象，就是“会闹的孩子有糖吃”。所以，在美国的近代史上，黑白族裔社区的距离逐步拉近，现在非洲裔美国人的社区和社会地位不断提高，成为主流社会的威胁。

犹太裔美国人，经过了一代代的努力，掌握了美国的财富，借着美国的强大，成功地将以色列复国。

强大的移民民族，造就了美国，发展和改变了美国。其中参与发展美国的移民民族当然还包括了很多民族，例如亚裔移民、欧洲移民和其他族裔的移民。近 400 年来，美利坚民族已成为由 100 多个民族组成的混合体。

只是历史的原因又或基于某种因素，很多族裔的移民未能团结起来，没有成功地提升自身族裔在美国的影响力和民族地位，这方面尤其是亚裔美国人的四分五裂最令人惋惜，其中的中国人，这样一个聪明的民族，却坠入了自己编织的网中。

其实中国人早期对于美国的贡献，已经被美国历史记载，被美国政府肯定，在改变美国早期政治格局和社会面貌的“西进运动”中，中国劳工的作用不可小觑。

在这场以铁路建设为中心的运动中，中国劳工以血汗和生命为代价，在极其艰苦恶劣的条件下，出色地完成了横贯美国东西的太平洋铁路西段工程的建设。至今，在加利福尼亚州的铁路沿线还可以看到一个中文题字的金属牌匾，上书“加州铁路，南北贯通。华裔精神，血肉献功”。诚如招募华工的倡议者克罗克尔所说：“这条铁路能及时完成，在很大程度上要归功于当时贫穷而又受鄙视的中国劳动阶级——归功于他们的忠诚和勤劳。”这句话后来成为美国移民史上著名的一句话。

被称为“种族大熔炉”的美国是个典型的移民国家，其移民历史最早可追溯到1620年。近400年来，美利坚民族已成为由100多个民族组成的混合体，就连矗立在纽约的“自由女神像”也是在1886年从法国“移民”到美国的。移民们怀着各自的梦想，远涉重洋来到这片理想中的土地，在美国历史上曾经掀起几次大的移民潮。可以毫不夸张地说，是移民造就了美国，是移民发展和改变了美国！

被美国历史学家称之为“伟大的人类迁徙运动”的第一次移民高潮发生在1820—1860年，这期间移民总数高达500万人。移民主要来自西欧和北欧，其中爱尔兰人大约200万，德国人大约170万，还有大量被贩卖到美国的非洲黑奴。同时，移民中也有少数来自亚洲，主要是一些来美国淘金的中国人。

第二次移民高潮是从1861—1880年，约有500万移民来到美国。南北战争结束后，美国迎来了工业化的高峰期，劳动力需求旺盛。为了吸引欧洲移民来美国，1864年，林肯总统游说国会，通过了《鼓励外来移民法》。国务卿西沃德甚至向美国驻欧洲的外交官发出通告，要求他们把吸引欧洲移民作为一项最重要的外交任务来对待。为了从欧洲招募熟练工人来美国工作，一些企业还组团赴欧洲招聘。它们在欧洲许多报纸上刊登广告，印发小册子，向有移民愿望的欧洲人描绘美国诱人的前景。一些企业还为愿意移民美国的欧洲人提供所需的路费。

第三次高潮从1881—1920年，移民人数猛增到2350万。移民顶峰是1907年，达到128.5万人。这一阶段，美国政府多次立法，限制欧洲移民，排斥亚洲移民。来自英国、德国、瑞典等西北欧国家的“老移民”增长有限，但来自意大利、俄国等东南欧国家的“新移民”却增长迅速。

经过这三次移民高潮，1920年美国的人口总数首次超过1亿。在1820—1920年的100年间，移民数量占美国人口年增长数的20%以上。

美国历史上的这三次移民潮，不但对美利坚民族性格的形成产生了深刻影响，而且使得美国在短短100多年里能够迅速崛起，取代英国成为世界头号经济大国，并为以后成为世界超级大国打下基础。可以说移民潮铸就了美国的强大。

在移民潮中，美国坐享其成，无需教育和培训就从欧洲得到成千上万的熟练工人。据统计，1871—1892年间，来自西欧和北欧的移民中，有大约23%是熟练工人，他们带来了钢铁、纺织等工业技术，成为美国工业革命的重要技术力量。曾被美国第七任总统杰克逊誉为“美国制造业之父”的塞缪尔·斯莱特移民美国后，凭借其盗取的英国纺织业的秘密，在美国成功复制出了高效棉纺机，并办起棉纺厂，吹响了美国工业革命的号角。电话发明家亚历山大·贝尔和电报之父萨缪尔·莫尔斯等人也是移民或移民的后裔。此外，亚洲的中国、日本和菲律宾等国移民带来了农业和园艺技术，意大利移民则在煤气、电力、自来水等市政建设技术方面功不可没。

在持续100多年的移民潮中，外来移民都经历过这样或那样的排斥。就美国政府来说，其移民政策也并非一成不变。1815—1882年间，美国政府实行完全自由的移民制度。但是从1882年开始，美国移民政策发生了很大变化。限制和排斥外来移民的法律一个接一个出台。其中的规定更是千奇百怪，例如禁止白痴和意志薄弱者入境等。1920年以后，美国彻底结束了自由移民的时代，开始实行有配额的限制性移民政策。

由于就业、宗教和民族问题方面的矛盾，1880—1920年间，美国排外主义发展到了登峰造极的地步。华人、日本人、犹太人、意大利人和匈牙利人等都成为美国本地工人和西北欧移民肆意排斥和迫害的对象。更有甚者，1882 年 5 月，美国国会通过了一个专门禁止华工入美的排华法案，该法案直到 61 年后（1943 年）才被废除。在这一时期，由美国本地人和先来的西北欧移民新教徒组成的“美国爱国者联盟”、“美国联盟”等排外组织应运而生。其中，影响最大的首推 1887 年成立的“美国保护协会”，该协会到处煽风点火，把这一时期美国社会出现的政治腐败、市政建设滞后、犯罪率上升和人民生活水平下降等问题都归咎为新移民的到来。

移民成为话题！成为问题！

当移民问题成为一个政治议题时，大多数美国人倾向于“同化”而非“多元化”。

在同化还是多元化的问题上，我个人的观点认为，在一个理想社会，二者应是共存的，新移民既能保持原籍国的文化习俗，同时又能以参与经济生产的方式加入美国社会的发展行列。

未来会怎样呢？让我们回顾美国历史，18世纪末，宪法的起草者写道：“我们，美利坚合众国的人民，为了组织一个更完善的联邦，树立正义，保障国内的安宁，建立共同的国防，增进全民福利和确保我们自己及我们后代能安享自由带来的幸福，乃为美利坚合众国制定和确立这一部宪法。”这是在表达他们希望建立一个移民国家。进入21世纪，美国面临的挑战是如何继续将移民融入美国的未来。

Immigration

When immigration becomes the topic of politics, we wonder if diversity or unification is more important. What will the future of America's immigration system be like?

从上世纪 90 年代开始，美国移民成为话题！成为问题！

美国历史上，20 世纪初与该世纪末的移民人口现象相似。20 世纪第一个十年里每年有 100 多万移民涌入美国，最后一个十年里每年大约也有 100 万移民（相对而言，1915—1965 年间移民较少，部分由于 20 年代末和 30 年代的经济大萧条，还因为不同形式的立法限制）。今天，不同于 20 世纪第一个十年，移民来自更多的国家，并在更多的城市定居。不过，他们仍带来了些与 100 年前同样的问题。

1994 年一份题为《移民美国：命运叵测的旅行》（Immigration to the United States：Journey to an Uncertain Destination）的政府报告中，作者菲利浦·马丁（Philip Martin）和伊丽莎白·米奇利（Elizabeth Midgley）指出了移民成为 20 世纪 90 年代争论主题的三个原因。

第一，移民数目自 20 世纪 40 年代低潮期上升。第二，现在的移民同土生土长的美国人在民族、教育程度、技能等方面存有巨大差异。第三，对于移民会成为美国社会的财富抑或负担无一致的政治观点。虽然 1994 年的社会普查（1994 General Social Survey）表明人们普遍能接受移民，但也发现 60% 的人认为应该减少当前的移民数量，大约 2/3 的人认为更多的移民“将令国家更难保持团结”。美国人认为移民不太可能带来更高的经济增长，而且逾 80% 的人认为移民越多，失业率就越高（虽然他们不害怕移民会影响自己安定的工作）。

在 1905—1914 年间，平均每年有 100 万移民乘船来美国登陆。自 1992 年以后，每年的移民数目大体上与 90 年前相同。但是现在的移民通过海、陆、空不同方式来到美国。

虽然本世纪初和世纪末移民数量都很大，但是它们对美国人口构成的影响却不同，因为现在国家的人口比那时多得多。根据菲利浦·马丁和伊丽莎白·米奇利的报告和卡罗尔·J. 德维塔（Carol J. De Vita）在 1996 年

《人口通报》（Population Bulletin）上发表的题为《90 年代中期的美国》（The United States at Mid－Decade）的文章，20 世纪初外国出生的人占总人口的 15%，而现今只占大约 9%。

本世纪初与世纪末移民的最大不同在于来自的国家。1900 年前后多数移民来自意大利、奥地利、匈牙利帝国、俄国、加拿大和英格兰。19 世纪自欧洲航行到美国的移民如此之多，事实上，美国政府直到 1908 年才开始统计从墨西哥和加拿大越境到美国的移民。上世纪 20 年代，墨西哥开始成为美国移民的重要来源国，现在成为移民美国人数最多的国家。其次是菲律宾、中国和印度。

1910 年自艾丽斯岛（Ellis Island）登陆的欧洲移民最喜欢在纽约市定居，那时大约 40% 的纽约居民是在外国出生的。由于现在中美洲和亚洲成为主要移民来源，洛杉矶可以与纽约并列第一了。1991—1996 年间，定居这两个城市的移民各有 60 多万。这两个城市的新移民人数占居民总数的 1/5。其次最受欢迎的城市是芝加哥和迈阿密，1991—1996 年间平均每年各有约 20 万新移民。波士顿和旧金山是本世纪初重要的移民定居地，现在仍排在前 12 名。

来自欧洲的移民主要定居在美国东北部和中西部。近年的中美和亚洲裔移民正移向西部和西南部。因此，外国移民的特点正与美国本土移民的特点相接近，这就使有关同化和多元化的辩论明显带有地域特点。

在美国，教育程度、职业和收入是社会经济地位的三个基本标志。在一个完全同化的社会中，来自不同国家的居民在这些方面没有太大的差别。人们期望文化差异可以随移民在这个国家居住时间的增长而减弱。1990 年的人口调查数据在一定程度上支持上述设想。早期移民比近期移民有更高的家庭收入，更易被聘用为经理和专业人员。不过，近期移民比早期移民和本土人更可能拥有大学文凭。

1980 年以前移民到美国的人，在 1990 年的家庭平均收入为 3.57 万美元，与美国本土家庭相近。而 1980 年以后移民美国的人，在 1990 年家庭平均收入只有 2.46 万美元。近期移民贫困的可能性（23%）比早期移民（11%）和美国本土人（10%）多一倍。这些经济状况的统计数字反映了就业模式的不同。1980 年以前移民美国的成年人有 1/4 从事管理和专业工作，与美国本地人做管理人员和专业人员的比率相近。

相比而言，1980 年以后来美国的适业年龄移民只有 17% 的人从事管理和专业工作，而个体经营者的比率与美国本地人一样（13%），这一反常在于教育程度的差异。据菲利浦·马丁和伊丽莎白·米奇利的报告，1990 年，近期移民约有 1/4 的人有大学学历，而早期移民和美国本土人只有1/5 的人受过大学教育。

当移民问题成为一个政治议题时，大多数美国人倾向于“同化”而非“多元化”。全国舆论研究中心 1994 年进行的民意调查表明，2/3 的美国人赞同或是十分赞同这样一种观点，即“以种族或民族为基础的政治组织会导致分裂，让我们难以共同生活在一起”。人们似乎躬行己说，当问到自己的身份时，绝大多数的受访者（89%）认为他们“就是个美国人”，而不是一个特定种族或民族的成员，或是认为自己是“美藉……人”。

过去和现在的移民趋势导致了目前美国人口的绝大多数是白人和非拉美裔人（74%）。不过，如果目前的移民速度继续下去，到 2050 年白人将只略占多数（52%）。拉美裔会成为最大的少数民族群体（22%），非洲裔将占人口的 14%，亚裔人口比例会由现在的 3% 升至 10%。

在进行 2000 年人口普查时，美国人有史以来首次用“一个种族或多个种族”的形式来定义自己的身份。决定人们可以用“多种族”定义自己，是人口统计学者、政界人士和公众激烈争论的结果。这标志着向种族同化的转变，而且增大了以往有争议的种族差异最终消失的可能性。《我们中的陌生人：拉丁裔移民正在如何改变美国》（Strangers Among Us: How Latino Immigration Is Transforming America）的作者罗伯托·苏罗（Roberto Suro）提出“我们在种族问题方面的词汇尚不完备，因为在一个依照肤色白或黑来判断是自己人还是外人的世界里，无法归类拉丁裔和亚裔”。事实上，拉美裔可以指移民也可以指土生土长的美国人，这便模糊了新移民和长久居民的差异。未来关于同化与多元化的争论将会因种族和民族差异的减弱而与现在不同。

那么，我们应为文化差异而欢呼还是应尽量减少文化差异？是应通过淡化差异和同化移民来消除民族和种族的界限以实现大融合，还是应保存这些差异，建立更加强大的多元社会？

每种观点都有为数不少的支持者。全国舆论研究中心（National Opinion Research Center）1994 年所做的全国性调查中有这样的记载：“一些人认为不同种族和民族保持各自特有的文化对美国更好；另一些人认为按照大熔炉的概念，不同种族和民族改变自己的文化，以便融入更大的社会，对美国更有利。”人们在就“保持各自特有的文化（多元化）”或“融入大社会（同化）”的程度表明自己的观点时，大约 1/3 的人认为多元化最好，1/3 的人赞同同化的观点，1/3 的人想法介于二者之间。

在同化还是多元化的问题上，我个人的观点认为，在一个理想社会，二者应是共存的，新移民既能保持原藉国的文化习俗，同时又能以参与经济生产的方式加入美国社会的发展行列。

未来会怎样呢？让我们回顾美国历史，18 世纪末，宪法的起草者写道：“我们，美利坚合众国的人民，为了组织一个更完善的联邦，树立正义，保障国内的安宁，建立共同的国防，增进全民福利和确保我们自己及我们后代能安享自由带来的幸福，乃为美利坚合众国制定和确立这一部宪法。”这是在表达他们希望建立一个移民国家。进入 21 世纪，美国面临的挑战是如何继续将移民融入美国的未来。

美国的法律架构*

美国联邦法院是根据美国宪法和美国法律成立的法院。其中美国宪法只指明要成立最高法院，其余法院由美国国会授权成立。

美国的最高法院为美国最权威的独立司法系统，它以保证政府尊重法治以及所有公民在法律面前一律平等为首要职责。

法治是民主社会的一个基本元素。广义而言，法治指所有社会成员，包括公民和统治阶层均受制于一套明确规定和受到普遍承认的法律。在民主社会，法治表现为拥有独立的司法系统，自由的媒体以及自由选举和政府部门的分权原则对领导层进行制衡的机制。

The Judicial System

America's Judicial System protects its Citizens' rights, freedom and democracy.

---

* 本文资料来源美国公有领域。

（一）美国法律、法治为民主奠定基础

法治是民主社会的一个基本元素。广义而言，法治指所有社会成员，包括公民和统治阶层均受制于一套明确规定和受到普遍承认的法律。

在民主社会，法治表现为：拥有独立的司法系统、自由媒体以及通过自由选举和政府部门的分权原则对领导层进行制衡的机制。

成文宪法并非民主制度的必要元素，例如英国就没有成文宪法。但在美国，法治主要以《美利坚合众国宪法》为依据，同时也基于美国各类法律和宪法本身的公正性和保证所有社会成员在法律面前人人平等的原则。

在美国，以美国的最高法院为美国最权威的独立司法系统，它以保证政府尊重法治以及所有公民在法律面前一律平等为首要职责。

美国最高法院大法官安东尼·肯尼迪（Anthony Kennedy）于 2005 年 11 月 11 日在美国律师协会（American Bar Association）举办的国际法治研讨会（International Rule Of Law Symposium）上表示，他认为法治具备以下三大要素：

- 政府受法律制约；
- 法律面前人人平等；
- 法律承认“每个人都有内在的精神追求、人性尊严与人道信念”。

“坚持法治摈弃人治”的政府

曾与托马斯·杰弗逊（Thomas Jefferson）共同起草《独立宣言》的约翰·亚当斯（John Adams）于 1776 年在《关于政府的思考》（Thoughts on Government）一书中写道：“共和国是法治的天下，不是人治的帝国”。

在美国司法体系中，《美利坚合众国宪法》规定的三权分立原则保证

美国政府的三大分支—立法（国会）、司法（法院）及行政（总统及其内阁）各自在本部门内拥有一定的权力。按照开国元勋的设想，三权分立的原则可防止某一个人或某一部分人集所有的政治权力于一身，从而建立按照民选国会通过的法律实施管理的政府，不由少数人独断专行。具体而言，美国政府的正常运行获得几项保障，以保证某一个部门无法在不尊重其他部门的情况下行使权力。例如，总统对法律有否决权，国会只有在获得绝对多数赞成票的情况下方可推翻总统的否决。

美国国会是由民选官员组成的机构，国会成员肩负着履行选民意志的重责。据安东尼·肯尼迪说，这种机制可保证“政府受到法律必须来源于人民的意志这项原则的约束”。

美国最高法院负责保证联邦法律和各州法律不违反《美利坚合众国宪法》规定的人民的权利。即使一项总统支持的立法得到国会的批准并正式成为法律，受到这项法律影响的个人若认为法律侵犯了《美利坚合众国宪法》赋予的权利，也有权向法院提出申诉。但要使这种制度发挥效力，就必须保证司法独立。

最高法院大法官桑德拉·戴·奥康纳（Sandra Day O’Connor）指出，建立一个独立的司法系统并非易事。她说：“司法独立绝不会自行实现。它的建立极其困难，而要摧毁它却比大多数人想像得容易。”一个独立的司法系统不听命于民选官员的意志。美国的法官和律师受法官行为准则的制约，这套准则明确规定了法官可采取和不可采取的行为。

为保障美国的司法独立，负责监督法官行为准则的司法联合会（Judicial Conference）规定了哪些属于正当行为。司法联合会以美国最高法院首席大法官为首，成员包括联邦巡回法院和地区法院的主要法官。司法联合会下属的各委员会负责执行行为准则，在收到申诉后要求有关法官承担责任。财产申报表是防止腐败的一项必要措施。奥康纳大法官认为，上述所有措施“发挥了巨大作用，有助于一国公众对于在职法官公正执法、廉洁奉公有一定的信心”。

虽然法官必须遵守行为准则，并为不遵守行为准则承担责任，但他们完全不必为在个案中独立做出的裁决承担任何责任。

肯尼迪大法官说：“法官的独立性不是指他们能够为所欲为，而是指他们能够做必须要做的事。”

（二）美国联邦法院

美国联邦法院是根据美国宪法和美国法律成立的法院。其中美国宪法只指明要成立最高法院，其余法院由美国国会授权成立。

美国联邦法院是美国联邦政府的一部分，可分为普通法院和专门法院。普通法院分为三级，从下到上分别是：

- 地方法院
- 上诉法院（除了联邦区域上诉法院）
- 最高法院

专门法院有：

- 破产法庭
- 税务法庭
- 国际贸易法庭
- 联邦区域上诉法院

国会批准任命的联邦法官有：

- 地方法官 642 名
- 上诉法官 179 名
- 最高法院大法官 9 名

共 840 名联邦法官，均为终身制，以保证司法独立。

美国历史新一页

2008年对于地球人来讲，没有多少值得开心和庆祝的事，而这悲多于喜的一年，对于美国人来讲，起码有三件大事，将在美国历史上写下非一般的一页！

2008年的美国历史写下一个超越“从奴隶到将军”的故事！

“从奴隶到将军”在世俗人的眼中是一个人命运的错位，一个人要成就一次命运的错位，需要很强力的内因和很配合的外因，然后等待一次人生的交叉点。

2008年对于全世界来讲是多灾多难的一年，然而对于奥巴马这个黑人之子，却是幸运的一年。美国的恶劣经济和世界大环境的影响给了他机遇，为他创造了一次辉煌的人生交叉点，把他推到生命的巅峰！

A New Page in American History

The World faced many dismays in natural disasters and tragedy in 2008. Yet America wrote a new page in her history by electing a minority as the President of the United States of America.

（序）

2008年对于地球人来讲，没有多少值得开心和庆祝的事，而这悲多于喜的一年，对于美国人来讲，起码有三件大事，将在美国历史上写下非一般的一页！

从年初的次贷风暴到年中的金融海啸，再到年底的总统大选，每一件都是举足轻重的大事，每一件都严重影响世界，牵动国际神经，影响人类大环境。次贷风暴令美国人民一筹莫展，令国际金融市场进入寒冬，继而引发金融海啸，将国际金融市场推入冰川期。曾经辉煌一时，并且整整一个世纪领导世界金融业的纽约华尔街在一夜之间陷入万劫不复的深渊。黑人总统的胜出，将美国梦的童话推至最高境界。但是，奥巴马当上总统后，能否在未来四年内将美国经济带出低谷、编写美国历史新的一页、谱写美国经济低潮下的高歌，现在评论实在太早，我们只有拭目以待！

但是，无论如何，在美国的历史上，2008年的确写下了美国历史上前所未有的一页！

（一）美国的前所未有

2008年11月4日，是世界人民关注的一天，是美国人民无法忘记的一天。因为这一天，美国历史翻开了全新的一页。一群寻梦的美国人，他们编织了几十年的梦想，在这一天圆了，梦想成真了！

非裔美国人奥巴马在他成功赢得了2008年美国总统大选后，即时在芝加哥发表了胜选感言，他激情无限地说："如果还有人怀疑美国是一切梦想可以成真的地方，如果还有人犹疑我们奠基人的理想在我们这个时代是否仍然存在，如果还有人质疑我们民主的威力，那么今晚就是对他们的回答。

这个回答来自年轻人和老年人，富人和穷人，民主党人和共和党人，黑人、白人、拉美裔人、亚裔人和印第安人，同性恋人和异性恋人，残疾人和健全人。美国人民向全世界表明，我们绝不仅仅是一群个体或一组红蓝州。我们是、而且将永远是美利坚合众国。

我要感谢我在这一征途中的竞选伙伴，一个凭心声竞选的人，一个为在斯克兰顿城共同长大的邻舍和为他从特拉华州的家乘火车通勤路上共处的普通百姓代言的人，他就是美国当选副总统乔·拜登。

如果没有过去16年来我最知心的朋友的不懈支持，我今晚不会站在这里。她是我们家的基石，我生命中的挚爱，我们国家的下一位第一夫人—米歇尔·奥巴马。

萨夏和马莉娅，你们无法知道我是多么爱你们。你们现在可以得到一只新的小狗了，它将跟我们一起去新的白宫。

我从来不是最有可能担任这一职务的候选人。我们开始没有多少资金或支持。我们的竞选不是诞生在华盛顿的议会大厅，而是起始于得梅因市的邻里后院、康科德市的起居室和查尔斯顿市的房前门廊。它是靠工薪男女民众为这项事业从自己不多的积蓄里拿出5美元、10美元和20美元而发展起来的。

它通过年轻人而增强了力量——他们打破了被说成是冷漠的一代的不实之言，离开家乡和亲人，担当起酬劳甚微、睡眠更少的工作。

它通过不那么年轻的人而增强了力量——他们冒着严寒酷暑去敲开陌生人家的大门；还有那些自愿组织起来的数百万美国人——他们证明，在两个多世纪以后，民有、民治和民享的政府没有从地球上消亡。

这是你们的胜利。

我知道，你们这样做不只是为了赢得一场选举。我知道你们这样做不是为了我。

你们这样做是因为你们知道我们前面的任务多么艰巨。就在我们今晚欢庆胜利的同时，我们知道明天将带给我们的是一生中最大的挑战——两个战争、濒危的地球、百年来最严重的金融危机。

就在今晚我们站在这里的同时，我们知道，美国的勇士们正从伊拉克的沙漠和阿富汗的崇山中醒来，将为了我们而冒生命危险。有多少父母在孩子入睡后愁绪难眠，不知如何支付房产贷款和医疗账单，不知如何为孩子备足大学学费。

我们要聚起新的力量，创造新的就业机会，建立新的学校，要应对威胁，修复同盟关系。

前面的道路是漫长的。攀登是艰难陡峭的。我们可能无法在一年内，甚至一个任期内实现目标。然而，美国，我从未像今晚这样对我们必将实现目标充满信心。

我向你们保证，我们作为一国同胞必将实现目标。

会有挫折和错步。有很多人不会对我身为总统作出的每项决定或制定的每项政策都表示赞同。而且我们知道，政府不能解决一切问题。

但对于我们所面临的挑战，我会始终对你们坦诚相告。我会听取你们的意见，特别是在我们有分歧的时候。而最重要的是，我会呼吁你们加入重建这个国家的努力，221 年来筑就美国的唯一途径是——凭着一砖一瓦，还有一双双长满老茧的手。

21 个月前在深冬时节开始的事业，不会在这个秋日的夜晚终止。这次胜利本身并不是我们所寻求的变革。它只是我们实现变革的机会。倘若我们回复原状，变革便无法实现。

实现变革离不开你们，离不开新的奉献与牺牲精神。因此，让我们唤起一种新的爱国精神和责任感，让我们每个人都下决心参与并更加勤奋地努力，不仅顾及自己，也要相互关照。让我们记住，如果此次金融危机能给予我们任何教训的话，那就是，我们不能不顾城街的疾苦，只求华尔街的繁荣。

在这个国度，我们作为一个国家，作为一国同胞，同甘共苦。让我们抵制诱惑，不回到长久以来腐蚀我国政治的老一套的党派斗争、斤斤计较和幼稚无知之中。

让我们记住来自这个州的第一位高举共和党大旗进入白宫的人，共和党正是建立在自力更生、个人自由和国家团结的价值观之上。这是我们共有的价值观。尽管民主党今晚赢得了重大胜利，但我们对此要虚怀若谷，并决心弥合阻碍我们前进的隔阂。林肯曾对当时分裂程度比我们现在严重得多的美国说，我们不是敌人，而是朋友。虽然热情会受压抑，但绝不能切断我们之间亲情的纽带。

对于那些我还没有赢得你们的支持的美国选民，我今晚可能没有得到你们的选票，但我听到了你们的声音。我需要你们的帮助，我将同样做你们的总统。

对于所有那些今晚在海外关注我们的人，从议会大厦到宫殿官邸，还有那些在世界各地被遗忘的角落里围坐在收音机前的人们，我们的经历可能是独特的，但我们的命运是共同的，美国发挥领导作用的新曙光就在眼前。

那些妄图毁灭世界的人，我们将击败你们。那些寻求和平与安全的人，我们将支持你们。对那些怀疑美国这座灯塔是否依然那样明亮的人，今晚我们又一次证明，我国的真正实力不在于军力强大或财富规模，而在于我国理想经久不衰的力量：民主、自由、机会和坚信不移的希望。

美国真正的神奇在于美国能够变革。我们的合众国能够完美。我们已取得的成就让我们对明天能够而且必须取得的成功充满希望。

这次选举创下了许多先例和许多将被代代相传的事迹。但今晚一直在我脑海中浮现的，是在亚特兰大投票的一位妇女。她像其他数百万站在队里等待发出自己声音的选民一样，唯有一点不同：安·尼克松·库珀（Ann Nixon Cooper）已经106岁。

她是奴隶制度被取缔后出生的第二代人；那时候路上没有汽车，空中没有飞机；像她这样的人因为两个原因不能投票：一是因为她是女性，二是因为她的肤色。

今晚，我思考着她在美国一个世纪中所目睹的一切——伤心与希望；斗争与进步；以及我们被告之我们不能、而一些人凭借“我们能”这一美国信条继续努力的时刻。

在那个女性被迫保持沉默和她们的希望不受重视的时代，她目睹她们站起来，发出声音，争取投票。是的，我们能。

在干旱区人心绝望，大萧条席卷全国的时候，她看到这个国家以新政、新的就业机会和新的共同目标战胜了恐惧。是的，我们能。

在炸弹在我国港湾爆炸，暴政威胁这个世界的时候，她目睹了一代人展现出的崇高气概，民主得救。是的，我们能。

她目睹了蒙哥马利的公共汽车，伯明翰的高压水龙头，塞尔玛的桥，以及一位亚特兰大的牧师对人们说“我们一定会胜利。”是的，我们能。

人登上了月球，柏林墙倒塌，世界因我们自己的科学和想像力而连在一起。

而今年，在这次选举中，她用手指触摸屏幕，投出了她的一票。这是因为，在美国106年的生活，在经历了最美好和最黑暗的时光之后，她知道美国可以如何改变。

是的，我们能。

美国，我们已经走了这么远；我们已经看到了这么多；然而还有如此更多的事情有待我们去做。所以，今晚，让我们扪心自问——如果我们的孩子能够看到下一世纪；如果我的女儿有幸像安·尼克松·库珀那样长寿，她们将看到怎样的变化？我们又将会取得什么样的进步？

现在我们有响应这一召唤的机会。这是我们的时刻。

这是我们的时代——让我们的人民重新就业，为我们的孩子打开机会大门；恢复繁荣和促进和平事业；重拾美国梦，重申这一根本的真理——我们万众一心；生命不息，希望不止。在我们面对嘲讽怀疑和别人对我们说我们不能的时候，我们将用凝聚了整个民族精神的永恒信条作出回答：我们能！”

以上是奥巴马的部分胜选感言，不可否认美国这位前所未有的黑人总统，他的演说才华是非常优秀的，他能从容不迫地从一个话题转向另一个话题，并且不露痕迹地缝合语气，情绪，概念和论点上的启承转合。

整篇演讲词中，奥巴马没有一次提及自己的半非裔身份，也没有提及他将成为第一个带有非裔血统的美国总统，但是他又无处不在地提醒他的听众这样一个难以置信的事实，邀请他们在纵深的历史画卷中共同领悟此时此刻的意义。

尽管奥巴马的激情演讲非常感人、非常煽情，但是我在美国生活多年，见证了好几任美国总统的当选，总结出一条经验，就是告诫自己不要被这些胜利者忘情的演讲感染，无论我是否投了他一票。因为生活在美国的人，最在乎的是这些未来的美国掌舵人是否可以、是否有能力兑现他们当初的承诺。这才是最重要的。然而，悠悠的美国历史告诉我们一个事实，每一位总统竞选时的承诺，到最后又有多少可以兑现?!

奥巴马的胜选，更多的原因是机遇，他顺应了2008年美国社会人心思变的时代脉搏。时势造英雄，次贷风暴、经济危机、金融海啸、伊拉克战争等等，这些外在的元素成就了奥巴马，促成美国第一位黑人总统的诞生。因为当全球经济仍然在金融海啸的狂澜面前惊魂未定之际，一道“希望与改变”的口号给美国人民带来了希望，人民在大萧条即将到来的惶恐之中，祈盼着另一个政党和新一任的总统可以扭转乾坤。但是，美国的传媒认为，如果奥巴马在当选的100天内，无法向美国和世界证明他的经济领导能力，选民的失望将会以排山倒海之势向他压过来，那些因对布什政府失望，抛弃种族因素而投票给奥巴马的选民，马上就会后悔当初选择了奥巴马，奥巴马执政的日子就会蒙上阴影。

事实上奥巴马面临的经济形势的确是十分严峻的，也是十分复杂的，一方面是由华尔街捅出来的金融市场的大窟窿要赶紧填补，另一方面金融风暴已经造成对实体经济的损害，大家都认为美国已经进入衰退状态。填补金融市场的窟窿需要立即的资金支持，这笔资金十分庞大，但效果只能是挽救金融体系免于崩溃，却很难让经济好转，要将经济从衰退中挽救回来，还得花费另一笔庞大的资金。

无可否认，奥巴马的总统之路从一开始就站在了历史的重要的十字路口，站在十分恶劣的全球经济的风口浪尖。所以他也不讳言说喜欢找一批个性强，意见也强的人一起进行脑力激荡，他说他读了不少有关美国总统的史书，不希望白宫变成一个没有挑战性的群体思维场所。我想美国人民真的希望他的团队是名副其实的强人组合，能创造好的政绩，造福人民。

（二）作者的个人看法

对于奥巴马，无论你或我是否喜欢他，无论他作为美国第四十四任总统还是美国第一任黑人总统。事实上他的确创造了历史，他所形成的美国近半个世纪以来最壮观的政治旋风，令世界瞩目，这是不争的事实。

然而，无论他是作为美国少数族裔的代表而胜出，无论他能够给我们这些美国的少数族裔真正带来多少利益和好处，这些都不重要，重要的是"美国梦"的实现！他的成功，让世界、让我们看到了美国梦真能实现，看到了美国人民的包容，看到了泱泱大国的风范。

"梦"是奥巴马人生的关键词，他的两本书——《父亲的梦想》和《无畏的希望：重申美国梦》，就是一个梦连着一个梦。《父亲的梦想》是奥巴马的第一本自传，出版于1995年，在他的人生走过了47个年头的2008年，他的梦想成真了。

有人问我对这位美国前所未有的黑人总统的看法和感觉，我很坦白地说：

[开始时]

他并没有引起我的注意，因为我认为在2008年之前美国人还没有准备好去接受一位黑人当他们的总统。

[竞选时]

觉得他的口才不错，很有政治家的才华和风度，但同时觉得如果他作为一个世界大国的领导者，又好像缺少了什么，是外交能力和经验？是经济策略？不知道，或者是他作为美国总统而有某一方面欠缺。

[胜选时]

我看到他与所有的胜利者一样，有点得意忘形，但他的演讲词很圆滑、很煽情，也很高明。

[组阁时]

那是我真正对他改观的时刻，他任命曾经的对手希拉里担任国务卿，任命华裔当能源部长，拉美裔人任劳工部长。从他组阁的方向隐约可以看到他已经在正视自己的不足。有一句名言说：当你看到了自己的缺点时，你已经向前跨进了一大步了！奥巴马看到自己的缺点，于是在组阁时他不去明显地划分党派，不拘一格用人，任人唯贤，这一点是值得大家欣赏的。

[期待时]

2009年的1月20日，那是美国新旧总统交接的历史时刻，2008年的一切已经成为历史。因为2008年，一个多灾多难的历史印记，所以人民急切地期待着！世界急切地期待着！期待新的一年可以乾坤扭转，世界可以歌舞升平。美国作为统领世界的大国，其一举一动都会备受关注，而在这个非常时期，当任的是这样一位完全没有治国经验也没有资历的平民总统，他肩上的担子实在不轻。对普罗大众也不知是祸是福，或者是乱世出英雄，或者真的是英雄莫问出处。总之，我们只有期待！

[了解时]

作为一个生活在美国的居民，最好对每一任的美国总统都多一些了解，因为通常他们的出身、家庭背景、党派、社会关系等外因，都会很大程度地影响他们的政纲、美国今后的政治方向和经济策略。

我是在奥巴马胜选之后才去了解他的背景的，关于他的出身，和美国所有的混血儿一样，两字概括“复杂”。

奥巴马的父亲老奥巴马是肯尼亚人，母亲安·邓纳姆是美国一名白人女教师，两人的婚姻没有维持多久，他们只生下奥巴马一个孩子，后来奥巴马随母亲与继父在印度尼西亚生活了四年。

奥巴马的父母分手后，据说老奥巴马在回到肯尼亚后的1982年死于车祸，在他去世前，奥巴马只见过父亲一次。老奥巴马出生在肯尼亚西部的一个贫穷的小村庄，从小当放牛娃，后来因为一个很偶然的机会去美国读书，与邓纳姆相遇，生下了奥巴马。老奥巴马的生平比较复杂，他在肯尼亚娶了第一个妻子，并育有两个孩子。与邓纳姆分开后，一个叫露丝的美国女人成了他的第三任妻子，并跟他回了非洲，生下了两个儿子，其中一个儿子在车祸中去世。

老奥巴马和邓纳姆在夏威夷的婚姻也许没有适当的法律文件证明，奥巴马在回忆录中说："这段婚姻如何开始和何时开始依然弄不清楚，有些细节我永远没有勇气弄清。"

尽管奥巴马身世复杂、经历坎坷，但他对生活的勇气、追求、奋斗、对自己的信心和对人生的希望，是我最佩服、最欣赏的，他继承了父亲的肤色，却在白人外祖母的家庭里成长，他应该从小就听到了不少冷言冷语，但是命运的无奈却让坚强的人打开另一扇门，父亲留给他的肤色，在他的政治生涯中成为一面旗帜。

［改观时］

经过上述的了解，我对奥巴马彻底改变看法，我由衷地佩服他、欣赏他，他的确是一名勇者，从他父亲的身上就已经体现出来，老奥巴马——一个非洲穷国小村庄里的放牛娃，可以跨过千山万水，成为美国顶级名校的学生，是一个奇遇加勇气的奇迹！

可能这两父子肩负了改变黑人命运的历史使命，同样是奇遇加勇气的一个奇迹！奥巴马总统的奇遇，由他父母的相遇开始，到2008年的大环境带给他的优势，不由让人想到这是上天的安排。他捧着美国黑人百年的梦想，真实地入主白宫。一路走来他经历了几多风雨，世人对他多少怀疑、多少疑问，他排除了多少阻力，这不是普通人可以面对的。但是在一个充满危机的岁月里他成功了，2008年的美国历史写下一个超越"从奴隶到将军"的故事，"从奴隶到将军"在世俗人的眼中是一个人命运的错位，一个人要成就一次命运的错位，需要很强力的内因和很配合的外因，然后等待一次人生的交叉点。

2008年对于全世界来讲是多灾多难的一年，然而对于奥巴马这个黑人之子却是幸运的一年，美国的恶劣经济和世界大环境给了他机遇，为他创造了一次辉煌的人生交叉点，把他推到生命的巅峰。一个人的命运可以有如此大的起落、反差，只有在美国才有这样的机会。所以，我再一次说：美国不是天堂！不是地狱！这里只有机会，是寻梦者的梦乡，你可能一觉醒来会梦想成真。

（三）迎接2009

当2008年已经成为历史年轮的一个符号时，我们迎来了2009年。

2009年1月20日，美国第四十四任总统奥巴马正式上任，他带着国际社会的美好祝福和所有美国人对于未来会更美好的期待，正式入主白宫，在以后的日子里面，他需要实现他当初的承诺，负起重整美国的责任，处理好目前的国际事务危机和国内金融危机。

今日美国人对奥巴马的期望很大，但是一个政治人物具有他的理念是一回事，实际上是否实行或者是否能够实行却是另一回事，奥巴马的演讲不乏机智，但更多的是激情，他的举手投足之间，都能够让人感觉到希望和改变。1月20日里他的就职演讲是一场精彩的表演。然而，演讲本身绝对不能满足美国选民，他得把激情的理想变成现实中可以触摸的东西，可以让一个个体感受到的好处才会让民众信服。他能够兑现自己演讲中的承诺吗？在四年或八年后，当他离任的时候，那时的事实可以帮我这篇文章划上一个完美的句号吗？因为成为美国总统像登天一样难，但是在成为总统后要写好总统的业绩比登天还要难，当这个总统离任的那一天，是否还是保持了上任时的民望，是否在一片赞扬声中离开白宫，这才是最重要的，这才是我最期待的。

在民主国家当总统，绝对不是一件容易的事情。八年前布什总统当选的时候，美国人的激情一点也不比现在低，但是八年后的今天，他带着全世界的批评、美国人的抱怨离开白宫。个中的甜酸苦辣，或许只有他自己最清楚。午夜梦回，他也许后悔当初踏入白宫的抉择。

至于奥巴马，他的当选不但实现了他自己的梦，也实现了美国创建者奠定的美国梦，同时让今日世界看到了美国的包容。所以我祝福他！但同时更希望他在四年之后向美国人民交出一份优秀的成绩单，可以为我这篇文章划上一个完美的句号。

中美政治背后的人和故事

纽约州政府在长岛召开了一个特别会议，主题是“凯利州长时代施政报告研讨会”。凯利州长是纽约州历史上有特别贡献的州长之一，他与洛克菲勒州长一起被列为杰出州长。

凯利州长还是纽约州历史上第一位在任期间访问中国的州长。

宴会上，凯利瞅准机会，突然向州长柏德基说：“中国的朱镕基总理已到达纽约，你应该去拜会一下他，他是一个在国际上口碑相当不错的人，处事干练并且很有风度”。当时，在场的是罗顿先生和一位大公司的董事长，这家大公司在中国有很多分公司，在国际上非常活跃而且极有影响。当时柏德基听到这一番话后，先是一愣，后是一阵子的沉默……

China—US Behind the Scene

A Governor’s efforts in promoting China—US friendship

当年举世瞩目的朱镕基总理访美，在各方的支持下，终于圆满成功，朱镕基总理更为纽约之行留下一个美好的形容词“Wonderful”—美妙。而居住在纽约州的华人至今还为当年的州长柏德基突然决定会晤朱总理而感到意外和惊喜，同时又在揣测这位一向对中国外交往来态度不热衷的州长，当年何以有这惊人之举，迈出了这么重要的一步。一时之间人们议论纷纷，各种的猜测成了一个街头巷尾议论的话题，特别是在中国人的圈子里，更是一个解不开的谜。因为在中国驻纽约领事馆1999年4月9日正式向外公布的朱总理访纽约活动日程中，都没有这一个会面的安排。

或者到今日都没有多少人知道真正促成这次会面的人是谁以及这背后的故事。笔者当年接到不少朋友来电，询问有关实情，这是因为我的朋友们知道美国纽约亚洲商贸理事会为促成这次会面而默默地、非常低调地工作着。尽管笔者非常清楚当时的情况以及其中的细节，但因为牵涉一些当年政要而不能贸然公开，当时的中美关系也不及现在的密切，只是后来觉得这是一件好事，应该让大家分享。所以，在朱镕基总理访问纽约两个月后，我在征得当事人同意的前提下，特别撰文，在报纸上公开了事情的简单经过，也算解开了当时很多人心中的谜团。

2009年，已经过去了整整的十年，所谓的十年人事几番新，当年的风云人物基本上都离开了政坛。十年不算长，但也绝不能说短，今日的中国在世界上的地位直逼美国，如果今天的中国总理要来美访问，美国的总统会站在白宫的草坪上恭候光临！不要说区区的一个州长。我相信如果今天的中国总理说来访问纽约州要与州长会晤，纽约州长会受宠若惊。但是在十年前不是这样的，真的不是这样的！

中美关系能够走到今天，除了中国本身的强大之外，我们是不可以忘记在这两国关系中作出贡献的人物的。没有“人”的努力，国家和民族不会强大，我们要明白国家与人民的关系，就是“名词和形容词的关系”—

国家是一个名词，人民才是形容词。所以，今天如果什么“藏独”、“疆独”出来闹事的话，是不会影响“中国”这个名词的，因为十年的接触、十年的了解，世界已经接受“中国”这个名词为一级名词。既然是一级当然就是举足轻重了。同样十年的接触、十年的了解，美国政府、美国人民，对中国已经是超越了了解，是到了“理解”的时候了，因为了解所以理解，因为理解所以携手。之所以世界能够看到中国和美国今天站在一起的画面，是经过了很多人努力的成果！当年的“形容词”人物，今天可能已经不在位了，今天他们头上的光环已经褪色，已经不再辉煌。这都不重要了，尽管人类很健忘，但历史是公平的。作为中美关系某段历史的见证人，让我来讲述这十年前的谜团，就像我在说历史长河中的一个微不足道的小故事，就像今天我们在看张爱玲的文集——文坛里面的一片黄叶，不再鲜艳，但记录了当年。就是这样！

当年舞台前面的人物大家是太熟悉了，一位是堂堂中国总理，另一位是美国大州州长。当年他们在中美两地都各有其影响力。他们自然有自己的历史位置。在这篇文章里面说的是当年的两片绿叶，现在成了两片褪色的黄叶，但是依然值得一提，因为中美关系需要这样的绿叶，这是今天我们的世界继续需要的。下面介绍的两位美国朋友，让我们记住他们！

（一）政坛前辈—纽约州前州长凯利

前纽约州长凯利（Hugh Carry），于1974—1982年担任了两任的纽约州州长（那时是纽约州最鼎盛的时代）。离任后，担任华尔街数家金融集团和银行的董事长和荣誉董事长。他有七个儿子，五个女儿，全部都在政界、商界、金融界任职，业绩斐然。有的在白宫政府担任要职，其中一子是克林顿时代的美国联邦政府证券监察委员会的主席，直接影响华尔街的命脉。在当时可谓是举足轻重的人物。

凯利被任命为纽约州州长顾问委员会副主席。这个机构在州政府内，地位特殊、举足轻重。内部结构大致是：顾问委员会主席由当时的州长柏德基担任；副主席两位，其中一位是凯利，另一位是在任的经贸厅厅长。秘书长是前任的州财政部部长麦克·罗顿，下有20名委员，均由纽约州著名的大企业、大公司集团的董事长或总裁出任。

凯利在任州长期间曾出访中国，并得到了江泽民主席的接见。他是第一位访问中国的美国州长。他一直为中国的前进感到高兴，他很早就在好朋友麦克·罗顿先生的鼓励下，在美国政府内部做了很多对中国人民和中国政府有益的工作，但他们两位从来都不希望我们这些知情者张扬。他们平时党派意识并不强烈，所以在两党之间都有一定的影响，关系良好。尽管美国每四年或八年要经历一次“改朝换代”，他们却一直受到美国政界的重视。纽约州政府曾经在长岛召开了一个特别会议——“前州长凯利时代施政报告研讨会。”凯利州长是纽约州历史上有特别贡献的州长之一，他与洛克菲勒州长一起被列为杰出州长。

研讨会由纽约州参议员、州参议院副院长、高等教育委员会主席Knnneth Lavalle主持。纽约州政府历届部门首脑和现任部长、主任以及新闻界人士约200人云集一堂，共同研究前州长凯利八年（1975—1982）施政期间的主要策略，从中吸取经验，以使未来纽约州的发展更上一层楼。同时介绍了凯利州长在政府为公众服务40年的历史，特别是在财政危机中拯救纽约市和对纽约市城建发展部的贡献。

研讨会的目的是承前启后，帮助现任州政府更好地搞好国民经济和解决现在问题。研讨会之所以要选择凯利时代，是因为凯利时代初期充满危机和困难，最后充满成功和辉煌。凯利州长是纽约人的骄傲。在他1975年开始执政时，纽约州人的税收负担是全国最高的。政府机关的庞大臃肿已经伤及私人企业的利益，而州政府本身也面临财政问题。当年在他的第一个任期中，他采取果断措施，平衡预算并削减州政府的财政消费，吸引商业和旅游业返回纽约。他为反犯罪法案而战并最终赢得了纽约州立法历史上的胜利。在他领导期间，纽约州经济繁荣，旅游业兴旺发达，司法力量大大加强，政府为公众服务的职能日臻完善。他最为人称道的成功是在纽约市政府濒临破产的生死关头力挽狂澜，也同时挽救了城建发展部，还改善了老人看护中心的条件，推动并设立了“我爱纽约”（I Love NY）的运动，建立了帝国州运动会等，他的政绩数不胜数。在他施政的八年中，纽约人的生活水平和生活质量大大提高。为此，他赢得了纽约州人民的尊敬和爱戴，也赢得了民主党和共和党两党人士一致的称赞与拥护。当纽约和世界再次遇到了重大的困难——“9·11”、金融风暴时，当这些灾难降临纽约、影响美国、影响世界的时候，人们再次怀念凯利州长，怀念他力挽狂澜的本领。

与凯利州长一起走过那危机和困难日子的主要人物之一，是他的亲信兼得力助手，即当年的州财政部部长麦克·罗顿先生，也是现任的纽约亚洲商贸理事会主席和州长国际贸易委员会秘书长。他在研讨会上作了专题发言。麦克·罗顿在纽约州仍是举足轻重的人物。他是白宫政府全国州郡政府管理委员会常委兼首席顾问。罗顿先生的发言引起与会者的高度重视，他为纽约州人民所做的贡献也受到两党、前任和现任州府领导的交口称誉。他在提到现在的工作时，不失时机地特别指出应该搞好美中关系。

罗顿和凯利州长对中国人民非常友好，凯利州长还是纽约州历史上第一位在任期间访问中国的州长，之后他们一直沿着这条路走下去。他们两位为搞好中美关系而作出了不少的贡献，而且是亲历亲为，主要体现为创立“美国纽约亚洲商贸理事会”这个实体机构。当年为了更灵活地进一步促进纽约州和中国之间的种种交往和发展，于 1995 年成立了“纽约亚洲商贸理事会”，由罗顿出任主席，凯利州长任荣誉主席，由他在各方面支持配合。由于罗顿的出色领导和主要由中国人组成的操作班子，十几年来“纽约亚洲商贸理事会”为中美两国贸易交流作出了杰出贡献，深受中美两国政府信任。多次受到了州政府的表彰，他们盛赞理事会已成为沟通中国城市与纽约州政府及商界的真正桥梁。理事会的副会长被美国国会商业咨询理事会任命为代表纽约州的荣誉主席，颁发全国首届杰出商业女性奖、国会嘉奖令等等表彰予以肯定。

（二）商界名人—前纽约州财长罗顿

故事的另一位主角是白宫政府全美国州、郡政府管理委员会常委、首席顾问、州长顾问委员会秘书长，同时兼任纽约亚洲商贸理事会主席—麦克·罗顿。他少年得志，1962 年步入政坛，年轻时已担任纽约州经济预算部主任、宪法委员会常委、亚历山大市建设部部长等政府职务。之后，更步步高升，1985—1994 年间被联邦政府任命为大学委员会总裁，在凯利任州长时，他是州财政部部长，掌握着纽约州的经济命脉。现在的纽约市著名的南街渔港（South Street Seaport）就是当年由他一手创办的，这是个集海鲜批发、名牌服装展销于一体的旅游中心，20 多年的历史证明，他当时的眼光是独到的，因为今日的南街渔港已经是纽约市的一个重要景点，并且一直长盛不衰。尽管罗顿先生与凯利年龄相差20岁，但是情如手足，几十年来相知相识，他们当年是上下级关系时，就配合得天衣无缝。

上述两位政坛精英，在美国和世界经历2008年的金融风暴之后，仍旧是今天纽约政界的话题。

（三）话当年

让时光回到1999年，翻开中美关系备忘录的那一页，重温当年朱镕基总理访问纽约的一幕。据悉，当年在事前已经有一大帮亲中的美国政客、大企业公司的总裁，包括凯利和罗顿都曾经游说当年的纽约州长柏德基，对朱总理的到访有所表示。而中国驻纽约总领事馆也一直为此事与州政府接触，然而直至朱总理到达纽约的当日——1999年4月12日，柏德基还是没有任何表示。正当这位顽固的死硬派州长令所有的美国亲中派政客和中国人失望的时候，情况发生了意想不到的变化。

4月12日，这是一个吉祥的日子。这天的傍晚，东方一颗光芒耀眼的政治之星——朱镕基总理，踏入世界大都会之首的纽约市。正当中国人欢呼雀跃地迎接自己的总理时，在这大都会的另一处—曼哈顿一座高层大厦顶层的俱乐部——NY Life Building - Sky Club云集了美国上流社会的众多名流绅士，其中有当任州长柏德基、当任纽约市市长朱利安尼、联邦参谋员、众议员、美国前500名大公司的一些董事长、总裁等。他们都来为德高望重的前州长凯利祝寿，他的儿子和以前的部下为他举办了一个大型生日会，纽约名流有四百人参加，还有一些是特意从外地赶来的。而作为莫逆之交的罗顿先生，理所当然地应邀赴会。在他赴宴前，笔者与理事会会长许伟文不失时机地再次请求罗顿先生见到州长时，为促成“两基”（朱镕基、柏德基）会面作最后冲刺。罗顿先生留下一句“一定尽力”，便匆匆奔赴纽约市赴宴去了。

（四）晚宴上进言，州长松口

宴会上，凯利瞅准机会，突然向州长柏德基说：“中国的朱镕基总理已到达纽约，你应该去拜会一下他，他是一个在国际上口碑相当不错的人，处事干练并且很有风度。”当时在场的是罗顿先生和一位大公司的董事长，这家大公司在中国有很多分公司，在国际上非常活跃而且极有影响。当时柏德基听到这一番话后，先是一愣，后是一阵子的沉默，这时，罗顿先生插话打破尴尬说：“朱先生在纽约只停留两天，后天早上便要前往波士顿了。”跟着，那位大公司董事长则半开玩笑地说：“如果你想我们支持你以后的竞选，请不要在这件事上令我们失望。”跟着大家都笑起来。

站在柏德基州长面前的都是有头有面的人，特别是前州长凯利。柏德基平时在国际事务上都很尊重他的意见。这时，柏德基州长沉思了一下说：“各位，请再给我一个晚上的时间考虑。”大家笑一笑，放过了他，又拿起酒杯……

（以上细节，由当事人麦克·罗顿先生向笔者叙述。）

4 月 13 日早上，经过一夜深思之后，州长果然没有让他的好朋友们失望，或者他觉得此时的确是亲自见识一下中国高级领导人风采的时候了。他一改过往对中国领导人的冷漠态度，勇敢迈步，走近中国。

因此，4 月 13 日清晨，州长办公室的电话拨到中国驻纽约领事馆……

即日中午，朱总理在曼哈顿华尔道夫大酒店与纽约州最高层人物柏德基州长亲切会面，掀开了当年纽约州长与中国政府高层官员正式接触的一页。朱镕基总理的大家风度和幽默，给柏德基州长留下了深刻的印象。而柏德基州长的及时出现，也使朱镕基总理的纽约之行更加完美。难怪朱总理给纽约留下这样一个形容词——“Wonderful day——美妙的一天”。

4 月 13 日，纽约亚洲商贸理事会的中国人得知州长将会拜会朱镕基总理时，内心充满喜悦。当晚特别留意中、英文电视台的新闻节目，当看到这位死硬派保守州长和中国总理在愉快友好的气氛中会面时，大家终于松了一口气。纽约终于走近中国！一种难以言表的感觉伴着一种很复杂的心情油然而生。或者，这是作为一个中国人，又作为一个美国公民，身在异国他乡时最乐意看到的画面。

纽约亚洲商贸理事会在朱总理访美期间，并没有参加任何欢迎活动，但他们却在欢腾热闹的背后，静静地享受着另一种欢乐，那是来自内心的快慰，是一种只有自己才能感觉到的满足。因为，表面的东西可能只是一刹那的光辉，远远不及内心的那份满足来得踏实、来得惬意、来得心安理得！

故事篇

滚滚红尘美利坚

尽管在美利坚的阳光下，每一个移民如同一滴露水，最终只会是不留痕的过客。对于每年拥进美国的千千万万的他乡游子，他们的目的皆因美国梦是滚滚红尘世界里难以抗拒的诱惑！

但是对于所有的美国人来讲，不管什么肤色人种“故乡的云”对于他们又有几多意义呢？亲情、爱情、友情、故乡情、大千世界的林林总总、复杂多变的人世间、凡尘俗世的外因内因、金钱物质、名誉地位、在异国他乡扬起的滚滚红尘，他们是如何面对呢？你又如何去面对呢？

America in Love

The American woman gives her life and soul to the men of her love. His betrayal brings the end to her beating heart and living soul. Yet she holds her tears and hides her pain in order to keep his glory and throne. She grieves till the day she rests in peace, who will bring justice to her suffering pain?

有一天，一位学武术的女性朋友对我说：你是否可以写一些我们女性在美国成功的故事？现在外面的报道也好、文学作品也好，很多都在写女人失败的故事，不是事业不如意，就是婚姻失败，简直把我们现代的女人说的一塌糊涂。

我看着她，心想她可是一个充满自信心的女人，这可能与她学武术出身有关。学武的人本来就比普通人乐观，而且她来美国之后嫁了一个白人丈夫，开了一家武馆，拥有一群对中国功夫很着迷的学武术的美国门生，她自己每周还被邀请到州政府里面教那些政府职员打太极拳，那是有些美国政府部门设立的一种员工福利，让那些整天坐着工作的人伸展一下。她能够把中国的太极拳带进这样一个地方推广，的确是不简单，也是值得她骄傲的。一个搞中国武术的女人来到美国发展，能有这样的成绩，是真的很不错了。在我认识的朋友里面，有一位20世纪70年代初在中国很出名的女人，就是演出京剧“智取威虎山”的小常宝的齐淑芳，她来到美国后的发展，都没有这位开武术班的朋友那么体面、那么风光。

于是我对她说，写你吧？她立即摇头摆手的说：不，不行，我真的还没够资格。我建议你去写“她”吧。

“她”是我们大家都认识的一位朋友。

对了，我怎么没想到她呢？她算得上是一个神话！（为了尊重本人的意见，本文就不用名字来称呼，只用“她”来称呼）。在别人的眼中“她”算是一个很幸运的女人，有一位朋友曾经这样说：为什么命运对她特别的好，上帝将女人的好东西都给了她，她有一个聪明、孝顺、又能干的女儿，一个看起来很体贴的丈夫。中国刚开放她就有机会来了美国，中国最动荡、最困难的年代她是小孩子，艰难的岁月她体会不深，来到美国很快她就有了自己的生意，近十年她有很高的社会地位、她得到美国主流社会很高层次的褒奖，她是华人在美国成功的一个故事。她的经历很符合我的作品的主题，我需要一个生活原型是在美国生活得很写意、很成功、很幸福的优雅女人的故事。“她”外形美丽飘逸、谈吐有深度，的确是我一个很好的生活原型。当时出版社的责任编辑给了我一个很好听的标题：“凤舞美利坚”！

所以我觉得这个学武术的朋友给我的提议真的不错，于是在一个风和日丽的下午，我去“她”的办公室找“她”，但出乎我的意料，“她”的员工告诉我，她已经两个月没有回来了，她还说没有什么特别的事情就连电话都不要打给她。因为我和她是好友，所以我毫不犹疑的拨了个电话给她，电话通了，她告诉我，她现在在“大佛寺”清修，已经两个月了，她打算再多留一个月才回家。我愣了一下，感觉是很愕然。我知道她是很信“观音菩萨”的，但她并不是佛教徒，更从来没有听说过她会进佛堂清修这回事，再说她应该也不会有这样的闲情逸致。哎，不要去研究那么多了，既然跟她联系上了我就干脆说明我找她的意思，并告诉她，如果她同意当我故事的主角我就会在明天去“大佛寺”见她。她听了我的要求，并没有马上拒绝，只是犹豫了一下说：“那你就来吧，来了再说吧。”

第二天，我开了两个多小时的车，来到了我们华人都很熟悉的“大佛寺”的山脚，沿着弯曲的上山公路小心的慢慢前进。那里山明水秀，庄严、清静，是著名华人建筑师贝聿铭的杰作。

进入山门，一对忠于职守的石狮子仿佛对每一个来自尘世的人说：“欢迎光临！”进入了通向寺庙的小路，钟鼓楼迎面耸立，令人想到这暮鼓晨钟曾经送走了多少个清晨和黄昏。这里是另一个世界，这里花红柳绿，碧草如茵、苍松翠柏林立。在庭院深处是一座座佛堂、殿堂、清修堂，远处的山边建造了一排一排的住房，那些是专门用来接待前来清修的信徒或宾客住宿的地方。所谓的清修，就是一些凡夫俗子来避世的地方，任何人只要交一些费用，就可以食住在寺庙里面，每天听经诵佛。不限时间，来去自由。通常有两种人会来住上一段时间，一类是已经皈依的佛教俗家弟子，另一类是遇到烦恼的凡人。她不是皈依了的佛教徒，但她却在寺庙里住上两个月还准备要继续住下去。直觉告诉我，她遇到了烦恼，而且是很难解开的难题。这时候，我访问的初衷开始动摇了，因为我不知道会听到什么故事。

当我的车开到寺庙的牌楼下面时，已经见到她站在高高的台阶上向我遥遥招手，我停好车，沿着水泥筑成的小路往她的方向走去，木鱼声声，像是在敲打人心灵上的灰尘，走到平台上，观音亭迎面而立，救苦救难的观音大士微微含笑，慈颜永驻，似有不尽的思索。她在想什么？是对滚滚红尘里的众生无限的怜悯，还是对茫茫宇宙真理的解读？当你向她合掌跪拜时，你的心灵又在何处？

正在我想得入神时，她已经来到我的身边，她把我带到观音大殿的打坐室里，原来她早已在那里泡好了一壶龙井香茶等着我来，果然是我多年的老朋友啊！

她给我递上一杯还冒着热气的香茶，不等我开口就笑笑说："很奇怪吗？"

我也不客气，单刀直入地问她："遇到什么不顺心的事吗"？她收起笑容，很久才"嗯"了一声，然后一阵沉默。我开始觉得不对劲，因为平日她是一个说话很快、性格很开朗的女人，跟她一起永远不会冷场，古今中外、天文地理总有说不完的话题。今天真是太反常了，这时候尽管我有千百个问她的理由，但我还是没有去打破彼此间的沉静，就让空气继续的凝固，就让女人的悲伤暂时得逞，我相信她在我这个好朋友面前一定会把心里的委屈、不愉快和生命的无奈全部吐出来，在好朋友面前不需要将滚到眼眶的泪水逼回去。因为我们曾经一起走过人生的高低起落，我们是很多年的朋友，尽管平日不是经常相聚，但大家都为对方在心里留下了一个一生不变的位置。我知道她这一次一定是受了天大的委屈了！我从门外望去，慈祥的观音菩萨像两旁的红漆柱子上是一副对联："千处祈求千处应，苦海常作渡人舟。"我已经很清楚她来这里所谓清修的目的了。只是有点可惜，世事难料，人生风云变幻，她已经不可能成为我故事里面的女主角了，因为我想无常世事，她已经不再是别人眼中的幸运女人了！

哨……一声长长的钟声在山谷中久久回荡，这是寺庙里的大铜钟敲响了。佛门钟声惊醒了她，也打破了沉默的空间。她抬起头说："那是全寺庙和尚集合上课诵经的号令"，她每天都听几次暮鼓晨钟，听得多了心灵就会从一开始产生的震荡，再慢慢变得平静，然后慢慢学着去放开，学着从"牛角尖"里面走出来。

她平静地、慢慢地这样对我说了以下的一段话：

"我是在这里听到2009年的第一声新年钟声的，新年的第一抹晨曦照

进这个山谷的时候，寺庙的住持就对我说：‘施主，新的一年已经到来，你要除旧迎新，放开怀抱，迎接新的一年了！’

我谢过了大师的祝福。但是过去的发生了就是发生了，要完全忘记又谈何容易呢！2008年对于人类来说真的是不堪回首的一年，全球性的金融风暴、中国四川大地震，这些灾难，人类能忘记吗？可以忘记吗？

但是，一个人只是一个个体，在这样的世界大环境下，如果再要去面对个人的不幸，你可以冷静吗？我可以告诉你，是不行的，而且这些都可能不只是一时的打击，而是一生的伤害、一生的遗憾，是影响一生的灰色记忆。2008年是我人生的最低潮，在这一年里发生的事件足可以令人精神崩溃，这是非常黑暗的一年。是我有生以来最不堪回首的岁月，翻开我的记事本：

1. 2008年的第一个月，抚养我长大成人的恩重如山的母亲去世了。

2. 2008年的第三个月，我曾经无条件地、无私地、给予帮助的姐妹兄弟，不会感恩反而抱怨，最后反目。

3. 2008年的第六个月，我的女儿大学毕业要到外州工作，半年才回家一次，我一下子很难适应这种女儿长时间不在身边的日子。

4. 2008年的第七个月，跟我相处了20多年的丈夫，在我完全没有思想准备的情况下离家出走了。那一天是2008年的7月4日，美国独立日，他选择这一天离开，可能是要还他自由的意思，但当时我很担心，以为他出了什么事，到处找他，整整的一天。当全国人民在放烟花、在开‘派对’庆祝节日的时候，我像个疯婆般不停地给朋友打电话查找他的下落，我的朋友们陪我到处找他，最后是在警察局的帮助下打通了他的手机，之前他一直不听电话。原来他搬到了他妹妹的家里去，他妹妹对我一直都有很深的成见，我们一直没有来往。是她挑拨我丈夫离家出走的，理由是她认为她的哥哥不应该生活在一个比他强的妻子的阴影之下，天下间的男人最怕的莫过于被别人说不如他身边的女人，这绝对是所有男人的死穴！

5. 2008年的第十个月女人更年期前的生理反应突然在我毫无准备的时候到来，严重地干扰了我原来正常的身体状况。于是我失眠、烦躁、颓丧，我感觉自己好像掉进了一个深渊，我担心自己迟早会患上‘忧郁症’。

6. 2008年的第十一个月我来到了‘大佛寺’。

这就是2008年我的遭遇，有人对我说，佛门不是避难所，但我认为起码是清静地，这里可以帮助我过滤一些世间的尘埃。

但是我们永远不要去相信童话，童话的世界不在人间！”

我静静地看着她，看着她脸上挂着的泪水，想起了两位曾经生活在位高权重的男人身边的女人。这两位白种女人是我和她都认识的朋友，她们一个叫斯达、一个叫迪娜。她们曾经都分别贵为美国著名的大州的州长夫人，但是她们的丈夫却同时都在任期内因为性丑闻而被迫下台，时间都是2008年。又是2008年，可怕的一年。一位因为公开嫖妓，另一位因为与下属搞同性恋。在美国当在任的政府高官身陷性丑闻时，他们的妻子通常都会面带悲伤地站在丈夫的身边继续表示支持，究竟她们在想什么？也许，我们永远无法知道。她们站在丈夫的身边表示支持，到底支持什么呢？是支持自己的丈夫继续去“嫖”呢？还是为了某种原因不得不这样做呢？我想不会有女人会去支持自己的丈夫去“嫖”的吧！然而，作为一个妻子，发生这样的事情已经够伤心难过的，但还要抹干眼泪强装大方地站出来力挺对自己不忠的丈夫，这些可怜又可敬的美国上流社会的女人，当男人背叛你的时候，你将眼泪往心里流；当男人需要你的时候，你又义无反顾地挺起胸膛让男人踏着你的肩膀往上爬；当男人再次伤害你的时候，你又为了保住他的宝座和你自己头上的光环和脸上的傲气，而不得不忍受心灵的伤痛、爱情的背叛和自尊心的重创，挑战自己的极限，与多次背叛自己的男人，一同站在人生的舞台上，被世人审判，还要强装笑颜。这些伟大的美国女人，在别人的故事里流着自己的眼泪，却在自己的故事里欲说还休。现实也未免太残忍了吧！

正在我沉思的时候，她突然说：“哎，斯达和迪娜都在这里，她们是被我带到这里来的，后来她们都爱上了‘大佛寺’，尽管她们都信基督教，但她们觉得这个地方更加能让她们感到舒服，她们感叹在美利坚的大地有这一片东方净土，她们有世外桃源的感觉，是她们心灵的另一片净土。她们现在每个星期都会来住一两天，她们之前要每周看两次心理医生，现在已经不需要了，每一次她们都很虔诚地坐在蒲团上面听经课。其实我和她们一样都听不懂经课，只有出家人和皈依了的佛教徒才能听懂，普通人靠心灵感应，但是在美国很多佛书都有英文版，所以她们对这里很了解，她们捧着佛经看得津津有味。我在她们两个美国女人身上得到了很多启示，再强的女人其实都是弱者，感情是最可以左右她们一生的致命弱点。大家都认为，美国是一个女权主义的国家，普遍认为女人在这个国家被重视、有特权。但事实上女人在这个国家是被歧视多于被重视，没话事权多于特权。作为一个职业女性，你会感觉到男同事对你的排挤，特别当你能力强、职务高于他们的时候，你的感受会更加强烈、更加明显。你很难爬上企业的最顶峰，无论你是如何的努力，你的上面永远会有一个男上司压着你。但是在美国如果你选择去乖乖地当一名家庭主妇，优哉游哉地过日子，无怨无悔地去相夫教子，你随时可能要面对反叛的儿女和出轨的丈夫。”

我听完她的如泣如诉的叙述后，心情真有些沉重了。

红尘中最难解的是一个“缘”字，因为自从人类的词典有了“缘分”这两个字，就有了亲人、情人、友人之间的区别，在茫茫人海中的一个偶遇、一个回眸一笑、一次牵手，都可以是缘分的开始，但是有时有些开始只是人生际遇中的一个偶然，生命中瞬间的昙花盛放。更多的时候你要放弃最初的一些东西，因为很多时候，我们要面对很多人生的十字路口。滚滚红尘，芸芸众生，每一个人降临到这个世界上的时候，便充满了无奈、充满了抉择、充满了放弃。如果你拥有了中华民族的博大精深，你便放弃了美利坚的热情叛逆，反之亦然。

但是，当情浓时男女之间无尽的爱意、无奈时人世间悲欢离合的沧桑、爱与恨的千古愁，生活在海外的人面对“根与翅膀”的选择，你可以挥一挥衣袖，不带走一片云彩吗？

很多时候我都会问问自己，如果生活允许我重写自己的历史，我还会来美国吗？答案是：还会的！尽管在美利坚的阳光下，每一个移民如一滴露水，最终只会是不留痕的过客。对于每年涌进美国的千千万万的他乡客，他们的目的皆因美国梦是滚滚红尘世界里难以抗拒的诱惑！

但是对于所有的美国人来讲，不管什么肤色人种“故乡的云”对于他们又有几多意义呢？亲情、爱情、友情、故乡情，大千世界的林林总总，复杂多变的人世间，凡尘俗世的外因内因，金钱物质，名誉地位，在异国他乡扬起的滚滚红尘，他们是如何面对的呢？你又如何去面对呢？当夜深人静的时候，我们蓦然回首，不难发现，在我们尘封多年的记忆中，总有一些人是我们一直隐隐约约惦记着的，总有一些事是我们一直想忘却又偏偏忘不了的。那就是“根”的感应，亲情的召唤。但在他乡的红尘世界里面，“翅膀”需要动力、需要能量，够硬的翅膀才能飞得高，飞得远，飞到“梦”乡！

见完她，我知道“凤舞美利坚”一时三刻是没有办法动笔写了，因为我一时间没有了故事的原型。她只让我感到人世间多了几分沧桑！

离开“大佛寺”，我依然感到迷茫，寺内是清凉世界，寺外是红尘世界。

一首古诗掠过我的脑际：

“滚滚红尘古路长，不知何事走他乡？回头日望家山远，满目空云带夕阳。”滚滚红尘路上，不管身在何方，让我们珍惜光阴，珍惜生命，珍惜每一份机遇、每一份情缘，把握生命的每一寸时光！

情归何处*

（又名：爱在深秋的女人）

世事往往很奇怪，有些事，当你千辛万苦得到之后，又会觉得不外如是。在美国二十多年的生活，她失去了许多，她没有传统，她有时甚至不知道自己是谁、在生活中要扮演何种角色。她经常自问许多哲人、文人都问过的“终极”问题：“我从哪里来？我往何处去？”“什么才是我可以立足的人生意义？”她寻找归宿的圈圈，却又一直被划在圈圈之外……

Where Should My Love Go

Offend times we strive so hard for something, but at the end realize that the outcome is not what we had pictured. During the course you sacrificed and lost a lot. You start to wonder the definitive questions of life: where am I going, what am I searching for, where am I from? You start to realize that the true meaning is no longer within the realm of your strive.

---

* 本文被中国文联选载入《第四届世界妇女代表大会特刊》。

柔和的舞场灯光下，一双双、一对对衣着高雅的中年男女，在踏着华尔兹舞步。这里没有迪士高强烈的节拍，只有优美而浪漫的旋律，这是纽约医生协会每年举行的平安夜派对。一曲终了，女医生珍妮·林轻轻地放下同行兼舞伴戴维斯医生的手，自个儿回到座位上坐下了，戴维斯紧跟着她，在她旁边坐下，望着表情木讷的珍妮凄楚地说："珍妮，你太执著了，我们六年的感情，你20年的奋斗，难道你甘心丢掉吗？"

珍妮呷了一口香槟，默然。

"你忘记了当年你为了居留权而经历的艰辛吗？"戴维斯紧跟着进攻，并目不转睛地盯着珍妮，期待着她回心转意。

因为一个月前珍妮终于提出分手，理由是她经过半年的深思熟虑，决定回香港或广州生活，因此，她决定转让现有的诊所和一部分财产，希望戴维斯代找买主。并特别强调："我已看透，对情爱不再幻想。"说完这句话时，还特别看了戴维斯一眼，对方当然会意和明白话中的分量。但又如何？近年珍妮曾多次表示要回广州，他已预感到什么。但他并没有可能也没有勇气用一纸婚书作回报。奈何！

一曲探戈旋律奏起，戴维斯起立并向她伸出手。

珍妮摇摇头。

戴维斯无奈地坐下。

珍妮终于感慨地说："世事往往很奇怪，有些事，当你千辛万苦得到之后，又不外如是。在美国20年的生活，我失去了最后一点可怜的中国记忆，我是个在美国世界里太中国、在中国世界里太美国的落魄客。我没有传统，我甚至有时不知道自己是谁、在生命中要作何种角色，我经常自问那许多哲人、文人都问过的'终极'问题：'我从何处来，我往何处去？什么才是我可立足的人生意义？'我寻找归宿的圈圈，却又一直被划在圈圈之外。这些年来，我得到的远远无法平衡我所失去的。我甚至后悔当年为圆这花旗梦所付出的代价。”

戴维斯怏怏地说：“那么，我呢，我是否已经补偿了你的一部分损失？”

“嗯，就凭你陪我这六年无名无份的关系？”

戴维斯哑然。

珍妮盯着舞场中央那变幻着各种色彩的旋转灯球，思绪在追索着、追索着20多年前那一段段支离破碎的记忆，伴着那黑猫探戈旋律，眼前幻化出一叠叠在脑海中定了格的往事图片……1960年在中国某省医学院的毕业典礼上，珍妮是为数不多的女毕业生之一，她是舞会上的主要角色，舞伴换了一个又一个，因为女同学太少，供不应求之故。

同年她与同学刘永良结婚，不久怀孕，孩子未出生，丈夫被批准赴港探亲，一别五年没见面，珍妮被留下做人质，过着无了期的分居生活。

五年后，幸运地遇上政策的变动，珍妮意外地被批准赴港与丈夫团聚，她拖着年幼的女儿离开了中国。

在香港的日子，并非想像中的天堂。珍妮并不开心，当时她在香港家计会当医生，丈夫自己开诊所，珍妮的收入和地位当然远远比不上对方。

当日在香港，可能是自命不凡的个性、誓与丈夫一争高下的使命感，令他们的婚姻危机四伏，而且五年的分离感情多少会疏远，加上男方家人的冷言冷语，宁为二十四孝子、誓不作老婆奴的丈夫，将婚姻关系推向恶化。鉴于那种环境下，珍妮被迫单身赴美，发誓要在这个所谓平等自由的天堂一展宏愿。

抱着理想、织着梦，珍妮终于在20世纪70年代初，只身以旅游者的身份来到美国，幸运地被一间诊所雇用，并以专业人才的理由被雇主担保，领取了临时居留证。珍妮兢兢业业地工作，全心全意地为病人施展中国的国宝医术—针灸。忙的时候连假日都放弃，不计报酬，因而深得雇主和病人的爱戴。然而，劳累的工作之余，午夜梦回，伴着她的是孤独、失落和思念。与其说人到中年万事忧，倒不如说，人离故乡倍思乡，刚刚步入中年的珍妮，对留在香港的一对年幼的儿女，是何等的思念；一个母亲，自己没有尽职尽责，是何等的内疚；作为一个女人，正值盛年，失去丈夫的爱，没有感情的慰藉，是何等的失落和孤寂……

这样捱了四年，珍妮倾尽积蓄，聘请移民律师办居留权身份。珍妮先后请了四个律师，前两个都是“合法骗子”，各人收了500美元的手续费首期，一点名堂也办不出来，反而拖了半年光阴而不了了之。第三个是当时国务卿的侄儿，来头可谓不小，结果还是草包一名。第四名是报界人士专业的律师，名誉颇响，但价格昂贵，许下100%成功的诺言。珍妮为一圆美国梦，破釜沉舟地选择了他。因为四年的艰辛、四年的煎熬，她从未打过退堂鼓，只是为了梦寐以求的“绿卡”。

然而，后来不久的一天，盼来决定她生命转折点的一封移民局来信，给她四年的焦灼与期待蒙上一层黑暗。当时对于珍妮，那种震撼、失望，犹如五雷轰顶，她失魂落魄地捧着移民局的通知书，惶惑地跑到律师楼……

结果，同样震惊的律师也六神无主。但是职业的本能使他很快镇定下来，他对珍妮说：“您有两个选择，其一是在离境限期到来之前回香港，以示清白，希望将来有机会能再申请来美。其二，您可以留下来与移民局打官司。”

对珍妮来说，这一纸通知书意味着她编织已久的美国梦即将破碎。她呜咽地问律师打官司的成功率有多大？律师从当初许下的100%的保证退到只有50%的希望。

已经用去了8000美元的律师费以及四年的等待，珍妮已经别无选择。她决定孤注一掷，选择和移民局打官司这一步。

距离开庭时间还有60天，尽管珍妮期望一切如愿，但也不得不作最坏打算。她向老板和病人解释自己有可能要离开他们，回到香港，因为是移民局的命令。但另一方面，又做着有可能对她申请居留有用的任何工作。根据律师指示，她不辞劳苦地征集了200多封支持信，证明她是一个专业人才，对美国社会有特殊贡献的人。当然，这些支持者都是尝过中国针灸好处的她的病人以及病人的家属，还有就是不想失去廉价劳力的她的雇主。

经过了彷徨失落与思念孤独交煎的等待，上庭的日子终于来临。经过律师的精心设计，上庭那天，珍妮按律师吩咐，穿了件白色恤衫、黑色套裙、黑色的半高跟鞋，把卷曲的长发扎成小辫子放在脑后，打扮成一个朴实忠厚的职业女性形象。由两位律师和一位朋友陪同出庭。

貌似庄严肃穆的法庭，聚在这里的人各怀目的：律师为收取客人的后一半律师费而大费唇舌，旁听者为了吸取经验，大法官似在执行严明的法律。只有珍妮在为自己的前途忧心，为圆花旗梦而祈祷，为未知的结果而忐忑不安，那心情决不逊于等待一道生死牌。

“起立”，雄浑的男声敲击着珍妮的脑际，她本能地跟着别人站起来。定神一看，原来是大法官大人驾到，那男法官五十多岁，一头服帖的金发，一袭黑色的官袍，一副黑色的玳瑁眼镜，尽管职业的本能令他有点像一个机器人，但严肃的表情中，还可觉一丝柔情，总之不会令人望而生畏。

随着法官的出现，本来喧闹的法庭，顿时鸦雀无声，只有法官用他那雄浑的声音开始一切程序，他读着珍妮的名字、文件号码，以及珍妮并不太懂的移民法律……

珍妮表情木讷，对一切似懂非懂，由于连日来的忧虑与睡眠不足，此刻脑间像灌满了铅。近乎麻木了。

“珍妮·林。”法官叫着！

珍妮本能地从座位上弹起来，接着机械地、傻傻地向法官递上200多封支持信，然后呆呆地望着法官。

法官没有接过来，并用手势示意她收回去。

珍妮更呆了，捧着大叠信的双手停在半空……

这时从法官的口中吐出一串决定她命运的字句：“我代表美国移民局批准您永久居留，你会在两个星期后收到即绿卡。”

太突然了，珍妮无法从本来极度失望的情绪中应变过来，更难以相信这个事实。但是，望着每个人的笑脸，律师又惊又喜地伸手来道贺。终于她清醒了，相信梦境成真了，但事出突然，她还是傻傻地，泪盈盈地向法官报以一个傻笑，法官还给她一个微笑。

律师也无法解释这突变，尽管心中觉得蹊跷，但无论如何对他本人，在名在利，都是一个很好的结果、一个丰富的收获。他也懒得去考究，只是没有忘记在离开时提醒珍妮：“别忘了明天上律师楼结账。”

这时的珍妮只是嗯嗯啊啊，怎么都会答应了。

正值深夜时分，不知是兴奋还是情绪在悲喜逆位时过于急促的缘故，珍妮总是睡不着，便回忆这两个月来发生的事，特别前后结果的差距，实在令人难以捉摸。细细思量，只有一个多月前的一件小事和一个人似乎与今天的结果有多少联系。

珍妮记起的是她的一个患喉癌的病人，对于这种病戒烟是关键，因为尼古丁会对神经系统造成成瘾性，吸烟会令他更痛苦和更快走向死亡，他的自制力无法控制这种成瘾性，西医已束手无策，最后是珍妮用中国的针灸法帮他戒了烟瘾，并且他们成了好朋友。

一个多月前的一天，病人来到她工作的诊所，当时珍妮曾伤感的对他说，她可能被美国移民局命令离境，以后难再见面，并祝福他身体健康。对方听后，握着珍妮的手诚恳地说："你可否把证件号码给我，让我试试能否帮助你。"

珍妮求之不得，也别无选择，于是就告知了他详细情况。

想着想着，珍妮入睡了，两个月来，甚至四年多来，第一次可以如此轻松地、甜甜地入睡，她实在太累了。

第二天，她照常到诊所工作，迎接她的当然是老板和同事朋友们的祝贺。但她心里却盼着一个人的出现，因为他能证实一个谜一样的结局。

一周后，病人朋友来到诊所作定期治疗。病人朋友一进门便伸手对珍妮表示祝贺，并询问她法官态度如何，有否为难她。此时的珍妮已心中有数，但聪明的她却不动声色，最后病人朋友问她知否法官是何人，此时谜底终于揭开了。

原来病人是一间股票公司的董事长，法官是他的股票公司的一个大客户。过去的日子，他不但帮法官在股票上赚了很多钱，而且多年交往也发展成好朋友，这次是他向法官求情，以报答珍妮对他在医疗上的帮助。

谜底揭开了，珍妮想不到"法律不外是人情"这句中国人的古训条，竟然应验在所谓完全法治的美国。

梦是圆了，等待珍妮的又是一条怎样的人生路呢？以后的事实证明，经过千辛万苦之后，花旗梦实现了最关键的一步。但情关，她却没有那么幸运地跨过了。

一年后，她顺利地把香港的丈夫、孩子移民到美国，满以为这是最好的、最完美的归宿了。

但有时命运就是这么残酷，偏不让人两全其美，特别是太好强的女人，终会在情感世界里一败涂地。不少个性强的女人在鱼与熊掌之间无法取舍时，迎接她们的往往是情爱海洋无情的风浪与暗礁，尽管她们曾经竭尽所能地付出和挽救，结局都是令她们失望的。属于这类女人的珍妮，她的遭遇当然不会例外。

她的丈夫到美国后不久，迎接他的当然是所有新移民要面对的一切：寂寞、乡愁，加上语言不通，令他日夜烦躁，没有合适的工作、不能屈就的个性、经济上不愿意与妻子易位的男性自尊心，令他更加思念香港高尚的职业和丰厚的收入。尽管珍妮对负担一个家庭的开支并无怨言，而且更加勤勤恳恳地工作，然而一个她一直怕面对的现实，终究是逃不脱的。

一天晚饭后，丈夫一直坐在一旁抽烟，三个小时默不作声，史无前例地连续抽了两包特长万宝路香烟。

夜深沉，后花园里一群秋虫的交鸣，令这个夜更觉孤清。儿女早已各自回房睡了，珍妮也觉困倦，但她已意识到什么，终于，还是一向豪爽的她先打破沉默。

“你有话直说吧，不要闷自己。”珍妮果断地说，却做好了犹似战士临上阵前的一切思想准备。

五分钟后，他们夫妇之间潜伏多时的一颗炸弹，终于炸开了。

“我决定回香港。”从那个男人的嘴里吐出这句经过几个月来思想上及心灵上苦苦挣扎的结语。

“为什么?”珍妮近乎绝望地叫道!

“我不习惯。”

“慢慢会习惯，每个人开始都不习惯。”珍妮调整一下情绪，放软声调地解释。

“我觉得我永远都不会习惯。”那男人固执地说。

“你过一段时间再决定吧。”

“我一天都不想再等了，我明天就去买机票。”

“那么，我们呢?”

“一齐回香港。”

“不可能，你知我们的居留权得来不易，我做了四年开荒牛的生活并不好过。”珍妮本能地叫道。

“我管不了那么多，我只想回香港。你不愿意，可以留下。”

面对如此固执的丈夫，珍妮双眼饱含泪水，近乎乞求地说：“你再适应一下吧，时间长了就会习惯。”

“我想我不可能适应的。”丈夫冷冷地抛下这么一句，径自回房睡觉了。

这一夜珍妮躺在沙发上过了一夜，第二天早上又匆匆赶回诊所为病人针灸。难言的苦衷、难以承受的压力，近一个月与丈夫的冷战，令她的精神及体力近乎崩溃，她瘦了十多磅。珍妮不得不重新为自己的前途作出抉择。最后，她在事业与婚姻之间，毅然地选择了前者。

决意已定的一周后，珍妮单独把丈夫带到住家附近一家格调相当高雅的牛扒屋共进晚餐。席间，珍妮十分平静地对丈夫说："如果你真的决定回香港，我也不想再勉强你，只希望你能让两个孩子留下来，让他们在美国受教育。"

丈夫沉默片刻说："孩子方面没有问题，我只是想知道你有没有考虑清楚关键的问题，我们结婚12年，聚少离多。今日一别，将是无了期的分离，这样成夫妻吗?"

"这个问题我早已想过，但我别无选择。"珍妮淡淡地说。

"那么你愿意承受后果?"丈夫再问。

"我已有心理准备。"珍妮简单地答。

"你不怨我?"丈夫轻轻地说，似乎动了少许感情。

"我只怨我自己，但我认命。"珍妮平静地说，表情是一个无奈的苦笑。

至此，两人都清楚事情已无可挽救，因为他们都是受过高等教育的人，深知夫妇之间经过一段时间的嘈吵之后，突然平心静气的各自表态，足可证明双方都已经经过深思熟虑，各自的决定都是不易动摇的。通常在这种情况下，双方都不会留有回旋的余地了。

一周后，珍妮把丈夫送上飞机，机场候机室一个吻别意味着一段曲折的姻缘将会画上句号。

珍妮又过回孤独的生活，与以往不同的是，将要背起一个沉重的包袱—养育孩子的全部责任，独立在异国的土地上艰难地前行。

半年后，珍妮收到丈夫从香港寄来的离婚协议书，并在信中要求珍妮不要在法律上与他争夺香港的财产。她如有任何经济上的要求，请与他私下解决，他会全力支持她。望着这封挂号信，珍妮冷笑，并速速签了名，没有提出任何要求和异议，便寄回香港。因为一切已在她意料之中。

强者的泪往心里流，强者的灵魂与命运抗衡。

四年后，珍妮全凭自己的努力，开办了自己的诊所，生意红火，她拥有美国人中上等的生活水准。她在华人社区是一位成功的女人，她凭本领打入美国主流社会，她被推荐为当地华人社区主席。人们羡慕她的成功，赞扬她的毅力。但没有人去探讨她成功之前的路，没有人知道那路上曾经有过的泥泞和崎岖。

现实就是如此冷酷，当你成功的时候，人们拥着你，为你欢呼；当你失意的时候，想找一个倾诉的对象都没有。美国拳王泰森有一句话道尽了玄机，他说："当你成功得意的时候，是人们来认识你；当你失意、失败的时候，是你去认识人、认识朋友。"

又过了六年，戴维斯医生闯进了珍妮的生活，令她本来看似平静的心湖，泛起了阵阵涟漪。

戴维斯与珍妮同年，是一个很有教养的白人，金发、蓝眼、高高的身材。因为职业上的关系，他们经常接触。戴维斯欣赏珍妮那东方女性的坚毅与真诚，温柔与含蓄。后来，他们的感情发展成爱情，那段时间，珍妮春风满面。

难怪乎男人视女人为弱者，不是吗？一滴爱情甘露，竟可改变一个女人的心态。但遗憾的是，爱神始终不肯怜惜珍妮。因为后来，珍妮发现戴维斯有一个未离婚的分居妻子居住在洛杉矶。他们之间谁也不去主动办离婚手续，但却各自风流，妻子拥有戴维斯的附属信用卡，戴维斯每月都得支付她的月结账单。珍妮就是在账单上发现这个秘密的。戴维斯的妻子很聪明，每月的开支都是适度而止，永远不会让戴维斯经济超负荷。因此戴维斯见数目不太大，也不去计较，就这样一直拖着。但珍妮毕竟是中国女人，她要求名分，要求全部拥有。但西方人认为爱情也罢、婚姻也罢，不一定要全部拥有，不一定要天长地久，只在乎双方快乐，甚至可以接受一夜情缘。这就是东方人与西方人之间对待爱的差异。

在美国苦苦挣扎了20年的珍妮，开始感到累了，当年的锐气已经削减，当年的豪情更加荡然无存，无可奈何，又或者实在寂寞，因子女已长大，也大学毕业了。女儿选择了和她一样的职业—当医生，不过是美国医学院培养出来的西医；儿子在名校康乃尔商科毕业。她可算是尽足母亲的职责，无愧于一个有能力的母亲了。这些也是她近年来唯一的安慰。

但是上帝在造女人的时候，就把一个弱点加在她们身上，女人的弱点是重情重爱，特别是中年女人，更需要感情慰藉。珍妮与戴维斯的感情，本可以弥补这个空白，无奈戴维斯又有点玩世不恭，而她又要求过高。结果呢，总是令她苦恼，一种患得患失的感觉在折磨着她。但“道行高深”的戴维斯一直“耍太极”，大放温柔箭，结果一直拖了六年。其实在美国，同美国男人讲归宿，讲名分有时候只是梦。

终于有一天，珍妮的归宿论、“终极”理论又冒了出来，这个“心魔”一直缠着她，她苦恼极了。女人最害怕的事情，莫过于青春已逝，随之而来的恐惧、寂寞、空虚，就像三座大山，压得人喘不过气来。加上儿女已成家立业，就更感孤清了。每日回家守着一栋大大的空屋，珍妮时常感叹：情归何处?!

与戴维斯的感情不冷不热，毫无进展可言。最主要的是大家的人生观和恋爱观不同，一个求归宿，讲名分；另一个求风流，讲浪漫，最终也难以走在一起到白头的。在极度失落的心态下，珍妮决定回香港和大陆走一走，如有机会还想回去发展。对此，尽管戴维斯多番挽留，她还是下了决心。

圣诞节后的一个月，也是中国新年的前夕。珍妮登上飞往大洋彼岸的飞机，准备回到20多年前她毅然离开的地方。在候机室里，珍妮和戴维斯吻别，在同一个地方不同的时间、不同的感觉，与两个男人吻别，相隔了十八年，只是调换了位置，因为这次登机的是珍妮，不是那些男人。

今日的吻别，是否意味着诀别？是否也给他们六年的感情画上句号？不得而知，听天由命吧！

由于孩子们告密，当飞机到达香港机场时，前夫已在等候接机了。两人相见都觉分外伤感，但却相对无言，大家毕竟是有文化的人，都很会控制情绪和处理场合。后来是前夫刘永良先开口邀请珍妮到他家住，因他家有两间客房。

珍妮婉拒，因为她知道他早已再婚，并有两个儿子，新夫人是20世纪70年代末期从大陆私渡到香港的，年龄比他小15岁多。在这种情况下，珍妮当然不会接受刘永良的好意，谁都明白她这样处理是相当聪明的。免人误会，也免自己伤感，因为双方都是女人，何必尴尬。

结果刘永良开车送珍妮去租酒店，刘永良执意要用信用卡为她登记付房租，珍妮坚决拒绝，相持不下，却为难了服务台的小姐。最后是珍妮发威，她威胁服务台小姐，如不用她的信用卡，她就转去别的酒店，说完弯腰提起皮箱。真是最有杀伤力的一张王牌，那服务小姐马上让步，因为涉及酒店的利益。她一手接过珍妮的信用卡，另一只手退回刘永良的信用卡，并抱歉地一笑，说：“对不起，先生。”刘永良理解地报回一个微笑，收回信用卡。回头对珍妮说：“你还是和20年前一样!”

珍妮两肩一缩，摊摊双手。一个美国人惯做的表情动作算是她的反应。

刘永良帮她把行李搬到房间，珍妮借故旅途劳累，需要休息，相约第二天晚上在楼上咖啡厅再见。

刘永良知趣地告辞。

情爱就像一杯鸡尾酒，调成什么味，全凭个人的功力和造化。她可以是香醇可口，可以是辛辣苦涩；你可以为她起一个温馨的名字，也可以是一个可恶的名字；她可以是“天使之吻”，也可以是“魔鬼之爱”；她可以是“白雪公主”，也可以是“丑小鸭”；她可以是“灰姑娘”，也可以是“拿破仑”；她可以是“蒙娜丽莎”，也可以是“汤姆大叔”。总之，就按你自己的经历来为他们选一个名字吧。

至于刘永良和珍妮会为他们各自的情爱鸡尾酒起一个怎样的名字呢，就不去考证了，只知当日他们这一对曾经相对十几年的夫妻分开十几年后再相见，竟然客气得连朋友都不如，回想昨日痴缠，珍妮的心中确是五味俱全。

刘永良走后，珍妮哪里睡得着，尽管疲劳，但香港时间正是中午一点，烈日临窗难入睡。她起身站在窗前，居高临下俯瞰半个香港，尽管建设一日千里地进行，但好些街道和建筑物都依稀可辨。她突然想起一首李煜的诗词：

“无言独上西楼，月如钩。寂寞梧桐深院锁清秋。

剪不断，理还乱，是离愁。别是一番滋味在心头。”

珍妮触景伤情，往事无法控制地在她乱石嶙峋的思路上走过……

最后，珍妮走出酒店，汇入川流不息的人流中，漫无目的地走着。她耳边回响着在美国时与一位懂易学的好朋友的一段闺房话。

那是两个女人的悄悄话：

……

女朋友南希：“珍妮，别傻了，何必背上与人争丈夫的臭名，况且我们毕竟是中国人，在他们的眼中是外族，何苦在别人的圈子里去争一件东西，最后吃亏的可能是你自己，女人的归宿不一定是婚姻，不一定是男人。女人的归宿有时可以是自己。”

珍妮：“我大半生最遗憾的是感情生活，这么多年来，不是空白，就是波涛汹涌，总没有一个归宿感。经过几十年的挣扎，我才知道感情的空白是任何东西都不可以弥补的。爱，绝对可以左右一个人的情感世界，假如可以让我重新开始，我一定选择一段浪漫的爱情，一个完美的婚姻结局。如果再让我选择，我宁可放弃事业、放弃奋斗，其实做女强人要付出相当沉重的代价。女强人根本就是苦行僧的代名词。”

南希：“珍妮，你太执著了，你将精神生活看得太重要，所以你苦闷。你对待任何事都这么认真，力求十全十美，所以你要付出更多。如果将精神生活与传统与现实分开，或者好些，学习一下美国人的观念‘不要在乎长久，只要曾经拥有’，这样你就没有那么大的压力了。人生根本就是一场游戏，由不得你去认真，去执著，时至今日，你如果还是抛不开，就干脆认命吧，锻炼自己心如止水，冷眼旁观俗世尘嚣。女人不要梦想将感情寄托于情爱。既然一切难逃命运安排，何不为自己的心灵找块净土。当你修炼成无欲无求的境界，世人在你眼中都是美，因为你已不再与他们争什么。”

想着想着，珍妮暗自苦笑，不知不觉走到黄大仙庙，望着一群群善男信女，捧着香烛，举着风车。旁边的阿叔阿婶在向她兜售拜神用品，她下意识地买了一份，朝着庙堂走去。

身后留下做了她生意的阿婶的一串话音：“太太，黄大仙签好灵呀，大年三十，许个愿，祈个福吧！明年一定心想事成啦……”

珍妮听了，并没有回头，也没有回应，继续朝前走去……

她在为自己的心灵找块净土。

锁在梦里的爱情

……三天后的一个晚上，中国女孩南斯突然打开大卫的房门，一个非常残酷的事实，证实了南斯前一段时间的怀疑！愤怒、尴尬、羞耻，令南斯无地自容。她抱着头，夺门而出。

……那一串串往事，她的初恋，她的爱情，曾经幻想的将来，都锁在梦里……

Love Story Locked in the Dream

Love can bring us the greatest joy in life, but it is also the deadliest weapon to life.

南斯·陈是纽约州政府一个部门的文员，她的上司杰克是她母亲的好友，因此，杰克对她格外关照。情人节那天，杰克一大早便吩咐她可以离开办公室。23岁的南斯，属于活在童话里的女孩，早早下班，好让她有足够的时间打扮，与情人度过一个罗曼蒂克的情人节夜晚。然而，对于上司的厚待，南斯并没有流露出特别的喜悦。

当夜幕在这个美丽的城市落下时，南斯已坐在百老汇大道一间别致的意大利餐厅的一个偏僻的角落。这几年，她和大卫都是在这里庆祝情人节的。因此，这里有她的梦，她的爱……

“小姐，要点什么?”很礼貌的男侍应，站在面前等待南斯的回答。

南斯：“烛光情人餐。”

侍应：“小姐，情人餐是两位用的。”

南斯：“我知道。”

侍应：“是，小姐。”

侍应转身的时候留下奇怪的一瞥，南斯感觉到那目光，却目无表情。几分钟后，侍应送来两杯鸡尾酒，并报上酒名：“天使之吻。”

南斯毫无表情地答：“谢谢!”

情人套餐陆续上台，当最后一道心形蛋糕送上时，桌上的菜依然如故，两杯“天使之吻”却饮得精光。被烛光映照着的南斯，很漂亮但很木讷，突然她的眼睛紧紧地盯着前面墙上的大镜子，大镜子倒映着南斯背后不远处的一张桌子，烛光里两个男人正在吃着跟她一样的情人套餐，他们很亲昵地靠在一起，不时在互相喂食物给对方，南斯第一时间的反应是：“一对基佬”(同性恋)。

她厌恶的闭上眼睛，但幻觉里却无法控制地出现一对肉虫在床上拥抱着，那也是两个男人，名字叫大卫和占森，大卫是她相爱了五年的男朋友，是她的初恋。一个漂亮的中美混血儿，他继承了他的美国父亲的高大英俊，同时也继承了中国母亲的温柔大方，他的优秀气质令很多女孩子着迷。

她和大卫是大学的同学，他们的相爱被他们的朋友视为完美的组合、美丽的童话。他们走在一起令众人羡慕。为此，南斯曾经编织着一个个美丽的梦，在梦里曾经多次出现他们一同走入教堂，一同抱着孩子，手挽手在漫长的人生路上走到白头。但，梦毕竟是梦，终于一个非常可怕的事实，将这些美丽的梦击得粉碎……

在两三个月前，大卫经常借故推掉南斯的约会，南斯打电话到他的独立住所，却经常听到占森的声音。占森是大卫的师兄，同一个生物研究所，同一个导师教导。大卫对南斯的解释是：他和占森要共同研究一个新项目，故此经常要在一起工作。日复一日的都是这个永恒不变的解释，终究令南斯起了疑心。一天，大卫对南斯说："我的钥匙不好用，花很久才可插入门锁，可能坏了。你先把你的那把给我用吧。"

南斯回答："钥匙在家里，明天带给你。"

几小时后，某商场配钥匙的地方，南斯在复制大卫家的钥匙。

第二天，南斯交给大卫那把原装的钥匙，大卫接过后特意嘱咐南斯说："以后你要过来先打个电话给我，我会开车来接你。"南斯点点头。

三天后的一个晚上，南斯突然打开大卫的房门，一个非常残酷的事实，证实了南斯前一段时间的怀疑。她的眼前是脱得光光的两个男人，在床上搂在一起，那是大卫和占森，顿时，她愤怒、尴尬、羞耻，在那一刻南斯无地自容，她抱着头，夺门而出。

她记不清后来的情形，只记得一阵海风吹来，她稍微清醒，那时她已坐在哈德逊河边的石凳上不知过了多久。抬头只见月亮已隐没在乌云里，一片漆黑，没有星光，只有路灯映出她孤独的影子。四周静悄悄，又一阵海风吹过，她颤抖了一下，冬夜的寒风，钻心刺骨，她下意识地裹紧了大衣。

"小姐，我们10点钟关门。"

侍应很礼貌的声音，把南斯的思绪从痛苦的回忆中拖出来。她定一下神之后，从手袋里拿出一张百元大钞放在桌上，站起来走出了门。侍应望着她的背影，手上拿起那百元大钞，心想60多元的情人套餐，还剩下30多元呢，应该算小费吗？侍应呆了几秒钟之后，心想："噢！我发财了。"

路灯下的柏油马路，南斯漫无目的地开着车，突然她一转方向盘，冲入87号高速公路，猛踩油门，狂奔……

一串串往事，初恋、爱情，曾经幻想的将来，都锁在梦里！

灵魂在飘
——“9·11”的故事

……他唯一的儿子在这场灾难中死去了，留下年轻的妻儿，在灾难后的第一个新年前夕，他的儿媳妇做了一个梦，梦中，儿子告诉她，他的几十位一同遇难的同事拉着他，不让他回家过新年……

后来，依据佛家的做法，在世贸遗址上点燃香烛，捧上一把泥土带回家供奉，此后……

“9·11”

History can never be rewritten and time can never go back. Life is very precious, we need to live everyday to its fullest and pray that time will slowly heal our pain from the past.

（序）

七年前，当地球上所有有正义感的人为2001年“9·11”灾难震惊和哀痛的时候，当美国人为“9·11”所造成的创伤和损失而无限沉痛的时候，当纽约人为承受这极大伤害而无法自持的时候，转眼间，漫长的日子过去了。人们努力用时间磨平心灵的伤痛，七年后我们不妨尝试用童话的思维方式去看待这场世纪灾难，实不失为一服治疗纽约人心灵创伤的良药……

（一）

纽约，一个多么响的名字。她的辉煌、灿烂，是因为她的繁荣，是因为她牵动世界金融命脉的华尔街，是因为她代表经济强势的世界双子大厦，是因为她100年前就建成的布鲁克林大桥和曼哈顿的地铁网。她曾经是世界的童话，美国人的骄傲。但是，新禧世纪的开始，她受伤了，伤得很重，2001年9月11日美国历史上是最伤痛的日子。在纽约人的心中，那锥心的痛随着几个中东人的劫机行动开始，纽约最高的建筑物世贸双子大厦在瞬间全部毁灭，化成灰烬。从此，辉煌的纽约、美丽的哈德逊河，在一片硝烟和尘埃中度过了半年，纽约写下了历史上最黑、最灰的一页。有100多年历史的纽约唐人街也随即跌进深谷，经济一蹶不振……但是，以上所有这些，对于中国姑娘穆珍珍来讲，都不算什么，令她最伤最痛的，是一段彻底毁灭的异国恋，一场没有来得及进行的异国婚礼。在那一天，她的感情世界彻底崩溃了，她跌进了生命的底谷。因为她的未婚夫在这一天遇难了。他带着那天早上准备送给她的结婚钻戒，埋葬在世贸大厦倒塌后的瓦砾中，最后，连骸骨都找不到了。那场准备好的婚礼变成了一场追思。在追思会上，很多很多在纽约的中国人，很多很多在纽约的美国人都来了，很多很多认识和不认识他们的人都来了。纽约自由女神披着世贸爆炸尘埃的一身灰色，将眼泪洒在大西洋的口岸，与穆珍珍滴血的心遥相呼应……

（二）

七年后的9月11日，香港女孩穆珍珍在这一天神情哀伤地来到世贸遗址凭吊台，追思她那在“9·11”灾难中逝世的未婚夫。她清楚记得2001年9月11日的上午9时，她坐着地铁正从住所前往下城世贸中心顶楼的旋转餐厅与未婚夫阿当约会。阿当是一位英国裔的美国白人青年，是哈佛大学的毕业生，在一间著名的国际公司任职，每天都在世贸中心北楼上班。他们是在阿当到香港公司公干时认识的。穆珍珍代表她任职的公司接待了阿当。由于阿当的英俊有礼，加上丰富的学识，令穆珍珍神魂颠倒。在20多天的相处中，穆珍珍多次暗示了自己的爱慕之情。穆珍珍是一位新潮的女子，毕业于香港大学，后来在一间金融公司任职。她有中国南方女子的娇小身材，美丽的丹凤眼是她整张脸上的特征，说话时加上动感的双唇，双目更显神采。阿当也非常喜欢这位美丽的中国女孩，但他了解中国几千年的文化背景。在他的概念中，亚洲女子是温柔、专一的，贤良淑德的，对爱情和婚姻都是崇尚从一而终的。她们向往“执子之手，与子偕老”的人生旅程。尽管事实上现代的中国人的思想和婚姻恋爱已经全部改变，有些人的开放和前卫以及玩世不恭，令多少中国人自己瞠目和担忧。但是天真的外国人总会一厢情愿地看中国人的感情世界。所以，阿当认为，他才29岁，还是风流快活的阶段，与他交往过的女子多到连他自己都记不清楚。从中学时的少年初恋，到大学时的雾水情缘，这当中有一晚情，也有长达三年的同居生活，但始终他还未有想过结婚。所以他很善良地认为，一旦与中国女子相爱，就必须考虑结婚。因为这是她们的文化。真是傻得可爱。而穆珍珍是他第一位长时间接触的中国女孩。他欣赏她的娇俏，喜欢她那东方女子的含蓄，更赞赏她充满灵性的思想和独立的个性。她保留了东方女子的优点，也有西方女子的独立和事业心。在他们的相处中，他当然接收到穆珍珍的暗示，所以他才考虑了这么多。他很天真和善良地认为，如果他接受了穆珍珍的爱，就要考虑结婚的问题了。因为他认为，中国女子要的会是归宿和名分。这意味着他过去的风流生活就要画上句号了。除非他愿意亲手破坏他们之间的感情。他反反复复地思考后，结合他对中国现代人爱情观的一知半解。最后，他还是在回纽约的前一晚，用美国人很直接的表达方式，在香港尖沙咀一间高级餐厅，借着一杯红酒和一束红玫瑰的浪漫，向穆珍珍说了一句“I love you”。从此开始了他们的爱情短跑。一年后的夏天他们计划结婚。在他们开始恋爱后，穆珍珍还经常取笑他当初对中国文化和中国人爱情和婚姻观念的误解，她告诉他，自从上世纪40年代初，随着中国现代文人的出现，女作家张爱玲和陆小曼就已经开始向封建礼教的挑战。中国人的观念也随之开始变化。到了现代更加变本加厉。随着近年相继出现的婚姻家庭问题，中国人自己已经意识到现代观念的危机。尽管很多中国人开始怀念和留恋“执子之手，与子偕老”的婚姻观念，但社会上已经搞浑了的水，很难一时之间澄清了。但穆珍珍非常欣赏这位黄头发、蓝眼睛的孔夫子。因为在今日的中国，孔夫子已经很难寻找了。所以，她视他为极品珍品，还给他改了一个非常有趣的中文名字叫蓝夫子，意思是蓝眼睛的孔夫子。他们的开始是认真的，他们的结合是真心诚意的。本来，他们的婚后生活会是愉快和长久的。可惜一场突然的灾难降临，将他们阴阳分隔了。穆珍珍清楚地记得那天早上，她精心打扮，将前一晚刚下飞机的长途劳累抹去，从阿当在曼哈顿的高级公寓中走出来时充满喜悦和快乐。因为阿当告诉她，他早上9点与他的上司有一个重要会议所以先出门去，然后他顺道会去银行保险箱取他预备送给她的结婚戒指。他会在午饭时间，相约他的同事在世贸中心顶楼旋转餐厅向他们介绍穆珍珍—他的中国未婚妻，给他的同事认识。临出门，他还在她的额上深深地吻了一下。没想到，这一吻竟成了他们永远的诀别。在阿当出门后的半小时，穆珍珍因为喜悦和激动，无法再入睡，所以起床准备提早出门，顺便去世贸中心首层的店铺逛逛，看有什么名牌服装。但是，正当她走出地铁出口并向前走了几步后，突然一阵震耳欲聋的巨响在头顶轰鸣，向前望去，世贸中心北楼火光冲天。初时，她不知道发生了什么事，只知道此时阿当在那楼上开会。本能反应，她向着北楼方向拔腿狂奔。开始的时候，路人还在驻足观望，但后来不久，又一阵飞机轰鸣，随着一阵爆炸声，飞机拦腰撞入了世贸南楼。路人开始惊慌逃走。但是穆珍珍还是与人流反方向奔跑，她要去找阿当。突然间，她的后面传来了一声巨响。她回头一望，一位女性的尸体血肉模糊地从上面坠下。她惊慌失措的连爬带跑继续前进。她此时心中只想到阿当在哪里、在哪里？突然她被一件软物绊倒，当她趴在那件东西上再睁眼一看时，吓得半死。因为那是一条男人的大腿，脚上还穿着一只黑色的男装皮鞋。后来她才知道那是从楼上跳下来的逃生者的尸体残肢。她身上、手上沾满了那残肢的血。当时，她顾不了那么多，发狂地，失去理智地继续狂奔。直到一声巨响，世贸南楼倒塌。震耳欲聋的声音，呛人的气味，灰色的尘埃，令她几乎窒息，天空完全灰色。几分钟后，北楼相继倒塌。人们在末路狂奔，在尖叫，在哭叫。此时的穆珍珍已经完全丧失理智，还在与逃命的人群反方向狂奔。突然，一位白人男士拖着她的手，将她拉回头，一起狂奔。她才捡回一命。跑到唐人街，那位好心的白人男士将她交给一位开礼品店的中国女人，说了声："她可能是你的同胞，但受了严重惊吓和刺激，请你照顾她"，便自己走了。据后来这位女店主告诉穆珍珍，她当时衣服沾满血，头上铺满灰尘，脚上只有一只鞋，披头散发，目光呆滞地坐在地上。后来是这位女店主将她送回阿当的住所，并帮她通知在纽约的朋友和香港的家人。当然更大的打击是阿当在那次灾难中带着准备送给她的结婚钻戒去世了。之后的七年，她在悲伤中生活，她无法从那哀痛中走出来。她要接受长时间的定期的心理治疗。她经常在噩梦中惊醒。她不敢望男人的脚，不敢进入男装皮鞋店。因为她一看到男装皮鞋就会想起那血淋淋的逃生者的残肢。她所经历的"9·11"比死去更恐怖。这七年，她一直生活在阴影中。她经常思考的一个问题是，为什么人的生与死，可以在一秒之间，到底谁在主宰人类。她不知道阿当在生命最后的瞬间怎么样。她一直期望他们可以在梦中相见。但令她很失望的是，尽管她这两年经常在梦中惊醒，但阿当从未出现在她的梦中。为什么呢？一个解不开的谜，令她鼓足勇气，在七年后的"9·11"重临纽约这个令她伤心欲绝的地方。她站在世贸中心遗址的凭吊台上久久不愿离去。眼前重现了七年前的一幕幕可怕情景。

突然，背后一个男声对她说了一句，姑娘节哀吧。她回头一看，是一位长者。后来，这位长者告诉她，他唯一的儿子在七年前这场灾难中死了，留下年青的妻儿。他的儿媳一直想念他。后来在之后的第一个新年前夕，他的儿媳做了一个梦。在梦中，他告诉她，他的几十位一同遇难的同事拉着他，不让他回家过新年。后来他依据佛家的做法，在遗址上点燃香烛，捧上一把泥土带回家供奉之后，他儿媳就经常在梦中见到她死去的丈夫了。这位长者提议她不妨试一下中国人的做法。第二天她便跑到唐人街买了香烛，照那位长者的做法做了一遍。并将一捧泥土装入瓶内，带走了。结果是太不可思议。那天晚上，穆珍珍早早就觉得睡意浓浓。她晚饭后，懒洋洋地躺在沙发上，她婉拒了好朋友蓝晶宁外出游玩的邀请。以前，她在未认识阿当之前，她每一次来纽约都是住她家里。她们是大学的同学，后来蓝晶宁全家移民纽约，并在纽约经营珠宝生意。近年更开始了一种很有趣和特别的项目，就是将原只养殖珍珠经过加工浸在一个盒子内出售。顾客可以买回去后，自己打开蚌壳，亲手取出珍珠。美国的男女喜欢买来送给自己心爱的人。因为蓝晶宁介绍她的商品的寓意是表示珍重对方，向心爱的人打开心扉。当然，这是商业手法，但因为蓝晶宁的推介手法聪明，很多人都会认同这个寓意和尝试逗自己心爱的人开心。

当夜幕完全落下，天上的星星闪着亮光，月亮的清辉透过薄薄窗纱，洒在蓝晶宁那布置得很高雅的客厅上时，穆珍珍却抱着世贸遗址上的那瓶泥土在沙发上睡着了……

迷迷糊糊中，她看见一位穿白衣的金发姑娘微笑着向她伸出手。当穆珍珍不自觉地将手放在金发姑娘的手上时，她马上从沙发上站起来，只觉得整个人都像轻飘飘的感觉，金发姑娘拖着她飘呀飘呀，很快便来到了一座白屋子里面。金发姑娘双手一拨，白屋子打开了一道缝。金发姑娘拖着穆珍珍轻快地进入了白屋子。原来里面是密封的，没有窗户，也没有门。她奇怪地到处看，她好奇地问金发姑娘，这是什么地方？你是谁？这时金发姑娘警告她：我是你的朋友，但等一会，你可不能出声说话，等一下，我会告诉你。

过了沉默的一会，突然金发姑娘轻轻地在白屋子的一边拨开了一道缝，对穆珍珍说：你过来，不过只能看，不能出声。穆珍珍向外一望，即时打了个冷战。她看见阿当和他的同事在世贸的原址上忙忙碌碌地工作。他们手上都拿着一个遥控器。每人都向着天上一个方向不停地按，像输送着一些信号……突然间，穆珍珍眼前一片白雾，再定一下神，发现眼前只见到世贸遗址的一片空地，黑黑的、冷冷清清的，一个人影都没有。她奇怪地看着金发姑娘，金发姑娘看出她的疑惑，笑笑对她说：其实你不用太伤心。阿当和其他遇难者，只是离开了他们的肉体，在另一个空间生存着。每一年的9月11日他们都会回到这个地方，向他们现在居住的星球，发出地球上的信息。他们是在大楼爆炸的一刹那被外星人救走了。外星人是你们人类所讲的神仙和上帝，只不过他们也分居在不同的星球上。这时的穆珍珍搞不清自己身在何方，她吃惊地问金发姑娘："你是谁？这是什么地方？"金发姑娘说："我叫苏珊娜，和你们的民族很有渊源，你自己现在在哈德逊河上向北漂流，我带你去我的祖居地，但你不要害怕，我讲一些你们人类会认为荒唐的故事给你听，希望这些故事可以帮你摆脱心灵的伤痛。你的未婚夫阿当在去年的9月11日重返地球，在世贸遗址上遇到我时，希望我有机会遇到你，帮助你摆脱痛苦，重新生活，好好地过完人生的旅程。阿当还托我告诉你，人生苦短，地球人尔虞我诈，争名夺利。但是纵使你拥有了地球上的一切，到离开时，也只不过是一个灵魂飘飘然，回到宇宙的空间。所以，他希望你能开开心心地生活，好好地做人。"

穆珍珍将信将疑，但直觉告诉她，这位苏珊娜姑娘，是位诚实善良的姑娘。于是她好奇地问金发姑娘：既然你们都神通广大，为什么要让这两栋美丽的大楼毁于一旦，你知道这是人类多少年的心血结晶？金发姑娘长长地叹了一口气说：哎，谁可以阻止呢？对方是无恶不作，凶残成性的撒旦魔鬼，他是来报仇的。因为十年前，美国在海湾战争中的一枚飞弹在穿越长空时无意间将他的宫殿击落了一角。他怒气冲天，发誓要惩罚美国，后来他的手下化身在一名退役美军身上，炸了美国政府一栋大楼，但是之后两三年，美国将这名犯罪的退役美军处了死刑。结果他就进行"9·11"这次大规模的报复行动。本来他还准备进攻纽约的首府，后来我们及时地请来各方各路天神一齐阻止。我还请来了你们东方的观音女神，以及你们东方的天龙王，地龙王，海龙王，一齐降临，这才制服了魔鬼撒旦的下一步行动。不过也全赖在那个地方有几千年前，你们东方的灵气留在那里，我现在带你去参观那个地方，也就是我的故乡哈德逊河的中部……

穆珍珍感觉到她的灵魂在飘，地球在她的下面变得越来越小。突然间一个声音在她周围回荡……地球需要和平！和平……

一个原国民党军官的故事*

……我意识到老人的故事讲完了，却不知应该对他讲些什么，安慰吧，似乎不需要，同情吧，似乎无必要。当他的神态恢复时，我对他表示理解，他很高兴地对我说："尽管你生活在美国，但你依然是中国人"。

我望着他渐渐远去的背影，心想，尽管我和他素昧平生，但是，他以及他的故事恐怕很难从我的记忆中抹去。

A Chinese Nationalist Soldier's Story

Our love for our country is our duty. Our love for our brotherhood is passion. When these love conflicts, it brings us life – filled pain and sorrow (*This essay has been honored with many national level awards in China*).

* 本文获第三届中国全国广播节目特等奖。

一个偶然的机会，我听到一个真实的故事。

那是在一次飞行旅途上，邻座一位老先生的神态引起了我的注意。从香港启德机场到日本东京，一路上，他都是闭目养神。三个多小时的旅程，他的姿势居然没有什么大的变动，毕竟是古稀之人了，我担心他的身体会有什么突然变故。直到飞机开始降落时，他才睁开眼睛，看来他是单身一人出来的，而且好像心情不太好。

下了飞机，我们一同到候机室，在那里他依然是闭目养神。很巧合的是，换乘飞往美国的飞机后，他仍然是我的邻座，因此，我们互相打了招呼。此后的空中旅程，彼此便开始交谈了。

从言谈中，我得知他十多年前从台湾到美国定居，这次是取道香港回大陆探亲的。他告诉我，尽管他已入藉美国，但他希望生命终结的时候，会留在大陆，而且正在实施这个计划。出于好奇，我对他感起兴趣来。我认真地打量一下他，从身材上看，年轻时，他一定是个魁梧的人，从眼神，端正的鼻梁到棱角分明的嘴，整张脸尽管已刻下了岁月的风霜，但依然令人感到英气犹存。我猜想他过去可能是位军人。为了证实我的猜想，我开始从各方面试探他。说来也奇怪，他对我毫无戒心。可能他看我是个年轻女子，而且在飞机上又实在太闷的缘故吧。他与先前的神态判若两人，很有兴趣地向我介绍他在大陆旅游的见闻。他津津乐道地讲述北京故宫的历史、天坛的典故、南京中山陵的宏伟建筑、杭州岳坟等地的故事，他似乎对中国历史很通晓。

但当他讲到回故乡山东探亲的时候，神情又变得深沉起来了。他沉思一会儿，便打开轻巧的手提皮箱，取出一叠相片递给我看，其中大部分是他在各地旅游的相片，但有一张我觉得纳闷：照片上一位老人正伏在一个坟头上哭泣。我看不到那个人的脸孔，但从衣着和外表上看，我知道是他。那座坟，看来是一座较古老的坟了，我想他哭得如此伤心，坟里埋的一定是他的父母吧，或者是当年留在大陆的发妻。他看出我的疑惑，就对我讲，你想知道那里面的人和我的关系吗？我点点头。于是，他向乘务员要了一杯咖啡，神色沉重地对我叙述了一段悲凉的往事……

“那是民国三十二年（公元 1943 年），那时的中国大地正被日军的铁蹄肆意践踏着，我和那座坟里的人，当时都是血气方刚的青年。我们曾一同考上了北京大学，又是同乡，也都姓陈，我们的双亲是很好的亲戚。我十六岁那年成了孤儿，全靠他父母收养了我。他的曾祖父是晚清举人，父亲是乡村教师，为了供我俩上大学，他父母连家传的古董都变卖了。我当时很感动，发誓日后要好好报答两位老人家。我的那位兄长比我大三岁，我们很要好，在其他方面很合得来，但一谈到政治，彼此观点便有分歧了，我们时常争得脸红耳赤，结果总是各持己见。后来我们终于分道扬镳了，临分手时，我们都立誓：‘为了中华民族，甘洒一腔热血。’后来他加入了共产党的军队，我加入了国民党的军队。但当时我们的理想却是一致的，都是要打倒日本侵略者、挽救中国，只不过是信仰不同罢了。我们分手两年后，在一次战役中，我立了功，升了官。但我的那位兄长，却在那次战役中战死沙场。这件事我是隔了一个月后才知道的，我整整哭了一个晚上，尽管他不是倒在我的枪下，但不知为什么，我总觉得是自己的枪打中了他，我一直无法从这种感觉中解脱出来。

事后，我托人送些钱和衣物给他妻子及我的养父母，因他留下一对不满两岁的双胞胎儿子，生活一定很困难。但几次送去的东西，都被退了回来。我内心感到很不安。1949 年，我随军队到了台湾，从此就没有他们的音讯了。但我内心那种不安的感觉一直没有减轻，而且随着年龄的增长而加剧，有时还梦见和他在争论，时常从梦中惊醒。我总怀疑是他的灵魂在责备我，我无法将这些往事从记忆中抹去。

后来，在无法取得心理平衡的情况下，我决定趁有生之年回家乡一次。通过朋友的帮忙，我和大嫂取得了联系，我们开始通信来往，可能是由于时间的流逝，他们似乎对过往的事淡忘了很多，很少谈及过去的事，只询问我的近况，介绍了家乡的变化。大嫂还在来信中告诉我，两位老人已经去世，临终前一年还不时提及我，惦念我的下落。大哥的双胞胎儿子已经各自成家了，大嫂已退休安享晚年。来信多次希望我能回乡一叙。我在亲情催促之下，稍做准备，就起程回去了。在家乡停留了 10 天，他们热情地招待了我。我看到家乡的变化很大，尽管他们的生活水平还不可能跟美国相比，但每个人都生活得很安然和愉快。临别时，我们都哭了，他们希望我常回来，我则要求他们能在我的养父母及兄长的坟旁留一块空地给我，让我百年的时候能在那里安身。我生前无法诉说一切，让我在黄泉之下能倾诉别离。他们表示理解，欣然答应了我的要求。就这样，我带着他们的热情祝福回来了。这次回去，尽管心理上得到安慰，但心情却像波涛起伏，无法平静下来。”

我意识到老人的故事讲完了。却不知应该对他讲些什么？安慰吧，似乎不需要，同情吧，似乎无必要。当他的神态恢复时，我对他表示理解，他很高兴，对我说：“尽管你生活在美国，但你依然是中国人。”并问我：“你关心不关心两岸的发展？你是否希望海峡两岸和解？”我很坦白地说：“我无所谓，因为我对政治不感兴趣。”想不到我的回答激怒了他，老人激动地说：“小姐，你好幸运！你年轻，你没有经历过战争，你没有多少沉痛的往事！但你不知道西方有些人经常拿大陆和台湾的关系作话柄，作为他们报纸杂志上耻笑的内容吗？每当有人问我，你是台湾人，还是大陆人时，我就难受，我会大声回答：什么台湾人，大陆人，都是中国人！不是吗？都是炎黄子孙，只是像吵了架的两兄弟，赌气分开了，就像我和我的兄弟一样，虽然分道扬镳了，但是我不管到哪里，还是系着那缕不断的情丝……”说到这里，他已激动得说不下去了，一阵沉默。我看着他，一种无法形容的情感涌上心头，是惭愧？是不安？还是他的话激发了我的民族情感？

临别，他告诉我，他打算将所有财产转回大陆，在家乡建一座大型图书馆和一座比较先进的医院，然后在那里安度晚年。他的太太早已去世，四个儿女分别在西德、荷兰及台湾地区，他一个人在美国很孤单，倒不如来个叶落归根。

当飞机降落在底特律机场时，我们分手了，因我还要转机到纽约。我望着他渐渐远去的背影，心想，尽管我和他素昧平生，但是，他以及他的故事恐怕很难从我的记忆中抹去了。

附：浅谈“一个原国民党军官的故事”*

叙述和白描是《一个原国民党军官的故事》采用的两种主要表现手法，它不借助于情节离奇的故事、环境气氛的渲染和过多的修饰，而是力求以精当准确的语言直接写人写事，做到情真意挚，自然朴实。

A Reader finds the auther's words concur and passionate.

* 作者为中央电台主任编辑洪永固。

在第三届全国广播优秀节目评选会上，美藉华人张咏霞撰写的文章“一个原国民党军官的故事”（以下简称“故事”），以它寓意深刻的思想内容、沉重郁闷的语调和自然朴实的文笔，在本届72个获奖节目中独得最高奖项“特等奖”。本文就“故事”的主题、基调和手法试作一简析。

（主题）

“故事”讲的是一个原国民党军官在探亲返程路上，向邻座的一位素昧平生的小姐述说自己经历的故事。原来他在大陆一无父母，二无妻儿，他回山东探亲是为了摆脱漫长岁月里的心理阴影。他的家早在日寇侵华时破碎了，他有个比他大三岁的同乡好友，在他成为孤儿时，好友的父母抚养他生存下来。后来他和他兄弟一同考进了北京大学，发誓“为了中华民族，甘洒一腔热血”。他的兄弟参加了共产党的军队，他则走进了国民党的兵营，但他们都同样是怀着打倒日本侵略者，拯救中国的理想。在一次战役中，他的兄弟战死沙场，而他却立了功，升了官。尽管他的兄弟不是直接倒在他的枪口下，可他总是觉得是自己的枪打死他的，四十多年来一直受着良心的责备。他想到他兄弟的妻子、他的养父母和他兄弟留下的一对不满两岁的双胞胎儿子，生活一定很困难。他几次寄去钱物表示心意，却都被退了回来，这使他更加感到不安。在探亲潮中，为了摆脱这种苦楚，他终于设法和大嫂取得了联系，回来探望她们。作者如实地记下了这位老人的故事，着力探寻他心里的隐秘，反映他对这段历史的反思和猛醒。在记叙中，作者不失时机地渗进了自己的思想倾向和感情上的变化。

这是一个很普通的国民党军官的经历，他和他的兄弟由于政治观点不同而分道扬镳以及其间发生的家庭变故，在实际生活中不乏其例。作者所叙述的故事也没有什么特别复杂离奇的情节，但它却生动地展示了一个原国民党军官的隐秘而复杂的内心世界，收到了平中见奇的效果。

作者通过这个听来的故事，一经组织成篇，便开掘出深含的意义，使之跳动着民族和时代的脉搏。请看，老人的故事讲完了，他胸中激荡的感情已无法抑制，容不得缓缓的陈述，作者觉得水到渠成，笔锋一转，让老人满腔激情直接喷涌而出。它是老人对历史进行反思的猛醒，作者把自己最后的思考铸进军官形象里，让那段历史教训浓缩在老人的体验中。

（基调）

为了准确地表达出内在感情的发展和变化，不论写什么样题材的文章，都必须先要定好最适宜表现主题的基调。

“故事”的笔调一开头就是沉重的。作者反复交代这位老人一路上总是闭目养神，心情不好，好像遇到了什么不幸，让人一开始就感到郁闷。它与下文作者要叙述的故事和谐地衔接了起来，下文作者叙述老人谈起回山东探亲，取出一叠相片给小姐观赏，其中一张引起了作者关注，因为照片上的他，正伏在一个坟头上哭泣，而且哭得很伤心。这情节让人感到心情沉重，觉得这人世间的一场悲剧已经发生。“故事”发展到最后，这种沉重郁闷之情达到了顶点，老人无法再沉默不语，他的感情像地下泉水喷涌而出。当他听到小姐的答话：“我无所谓，因为我对政治不感兴趣”时怒不可遏，“小姐，你好幸运，你年轻，你没有经历过战争，你没有多少沉痛的往事……”老人敞肺腑于直陈，他痛恨扼杀他兄弟的那场战争，他了解这悲剧的原因。“故事”至此已由沉重升华为觉醒，由郁闷升华为奋起，启人以思，让人醒悟。

基调是关联全篇的，我们看到“故事”里也讲到老人在大陆旅游的见闻，津津有味地诉说北京故宫的历史、天坛的典故、南京中山陵的宏伟建筑、杭州岳坟等地的故事，所有这些无疑是生活的乐趣。但开篇的基调一经定下，这些悲中有乐的插笔都仿佛是一缕瞬间即逝的烟云，只能徒增听众的惆怅了！

（手法）

叙述和白描是“故事”采用的两种主要表现手法，它不借助于情节离奇的故事、环境气氛的渲染和过多的修饰，而是力求以精当准确的语言直接写人写事，做到情真意挚，自然朴实。

“故事”用倒叙的方法，先讲一个老人探亲回程路上心事重重，给听众展示一个传神剪影。这位老人到底遇到了什么不幸？他心里在想些什么？这就产生了悬念。这个悬念强烈而又无声地吸引着听众听下去。

繁笔写心态，简笔写过程。繁简得宜，详略得当。同主题关系密切的事情详叙，同主题关系不大的事情简述。成功的叙述可以说都是这样的。作者有时好像躲在背后，对军官的自述作了客观的记录，不加任何渲染和评论，有时情不自禁地抒发几句。作者和军官的对话也很普通，一路上两人均无惊人之举，看全篇也无骇人之语。作者要传达的是军官的真情实感。这种真情实感通过朴实无华的文字手段展现在听众面前，便具有自然之美，无雕琢之痕，于朴实之中散发一股感人的力量。

广播稿描写人物，一般来讲切忌浓墨重彩，因为它没有太多篇幅，也没有必要那样去刻画人物形象，而宜采取白描手法。“故事”开篇之后，首先从外形特征“切入”描写老人。寥寥几句，一个原国民党军官的身材容貌宛然在目。军官怀着沉积心底几十年的浓情去看望大嫂，见了面，作者却笔锋一转，感情来了个巨大的反差。那大嫂“似乎对过往的事淡忘了很多，很少谈及过去的事，只询问我的近况，介绍家乡的变化”。用这种对比手法写心态，越发映衬了大嫂感人的形象，为文章的正面效果又加上了一层铺垫。

作者在表达自己感情上的转变时，语言上也很讲究含蓄，节制。比如：“我看着他，一种无法形容的情感涌上心头，是惭愧？是不安？还是他的话激发了我的民族情感？他以及他的故事恐怕很难从我的记忆中抹去了。”分明是表达又浓又重的情感，却写得如此举重若轻，用的是含蓄、节制的语意，但它同样是点明题意，深化主题。

香港千千结——一位美籍华人的童年阴影

这篇文章的主角是一位在美国生活了很多年的中国人，这件往事是他一生都挥之不去的一个童年阴影。在香港回归的时候，他很激动地对我讲了一段他童年在香港生活的遭遇和他父亲的经历，我用第一人称记录下来，并为他套上一个题目："香港千千结"。

……我爱香港是因为我父亲的经历，我恨香港是因为我自己的遭遇，与香港结下这爱恨交织的情意结，要从我的上一代讲起……

Hong Kong A Thousand Knot

My love and hate of Hong Kong.

我爱香港是因为我父亲的经历，我曾恨香港是因为我自己的遭遇，与香港结下这爱恨交织的情意结，要从我的上一代讲起……

我的家乡是与香港毗邻的深圳大亚湾，早在抗日战争期间，仅一水之隔的香港就成为当年东江游击队的一个重要据点。抗日英雄刘黑仔与我父亲叶锋，经常出入于香港，当时我父亲看到列强下的中国和殖民统治下受尽屈辱的中国香港，感慨万千，也更坚定了他要战斗到底的决心。他出生在深圳市大鹏城一个富裕的封建家庭，五兄弟中排行第四，除了三哥勇敢地独自跑到广州岭南大学（中山大学的前身）读书外，其他几个都是安分的满足于继承父亲小生意的人。唯独他背叛家庭，离家与刘黑仔一起，睡山头，吃野菜，明刀明枪地参加了抗日战争，那一年他才16岁。为此，我的祖父视他为不孝子，直至临终分家产时，也没有分给我父亲半个铜板。

但他个性坚强、我行我素，年纪轻轻便会双手开枪。当时的大鹏城是广东人民抗日游击队东江分队的一个重要据点，抗日活动十分活跃，也就更引起日军的注意。终于敌人由水路进攻，一场你死我活的厮杀便开始了。我父亲曾被抓，在行刑的生死关头，日军司令突然想利用他来引同伙上钩，幸得组织巧妙安排，战友们劫狱成功，令他逃过一死。之后，他又经历了无数次战斗。刘黑仔牺牲前，将他唯一的遗物——一支钢笔交给我父亲，请他无论如何转交给他弟弟刘锦材，嘱咐他要把中国革命的历史写下去。后来，我父亲千方百计地找到了刘锦材，把刘黑仔的遗物和遗愿转交给他。从那以后，我父亲也正式转入地下工作，成为驻香港联络点的地下中共党员。那时他以商人的身份公开活动，经常来往于香港与日本，为东江纵队筹集经费和药物。

当年在日本，他是一个神秘人物，留意他的人都觉得他背景不寻常，表面上是一个香港商人，但他会用双枪，会开快艇，开汽车和开小型飞机。有一次，由于国民党特务的告密，他的组织遭到血洗，在一个黄昏，大批的日本警察重重包围了他的郊外别墅，幸好他及早收到信息，化妆逃到码头，独自一人开着快艇冲出公海，跳上路遇的大船，逃回香港，那一年是 1948 年。

我在 1954 年的秋天来到香港，童年的我对于环境的转变，除了感到新奇一点外，并没有太多的疑问。但见到严肃的父亲时，除了陌生，还是陌生。我当时不知道他是干什么的，连我母亲也不清楚。在家乡的时候，只知道定期会有人送生活费来，其他的什么也不知道。我初到香港时是寄住在我的堂姑姑家中，我的堂姑姑就是现在的香港著名艺员叶德娴。我们年龄差不多，小时候经常在一起玩，那段日子还不觉得什么。我当时在亚皆老街的德明小学读书。直到有一次，我校学生和英军发生了冲突，我才真正去学习思考，也是从那时开始，我才真正认识我父亲，我们之间的隔阂也是从那时开始消失的。

那一年是 1957 年，有一天正轮到我当学校风纪队员，学校每一天都会有风纪队站在马路上指挥过往的车辆，让学生安全过马路。就在那一天下午，一辆英军的车直冲而来，根本对我们风纪队的暂停旗视若无睹，向着我们一群年幼的生命横冲过来。我当时看到车上的英军挥着帽子，大声吆喝，来势汹汹，只好急急逃避，而来不及逃的学生就被车撞倒，其中我的三个同学被撞倒，当场死亡。此情此景，令我们一队学生发狂似地追上军车，后来大家一齐到了差馆（即警察局），那个警察模样的白头英国佬连哄带骗把我们这一群怒发冲冠的小学生打发走后，随后也放走了这些凶手。后来尽管学校多方交涉，但在英政府的势力下，还是不了了之。那几天，学校里一片愁云惨雾，死难学生的家长呼天叫地的哭声，撕扯着我们童年的心。昔日校园的欢笑声再难出现，无数幼小的心灵从此蒙上一层挥之不去的阴影，从那时起在我心头结下的这个仇恨，几十年来都解不开，直至现在，我一提起这件事，都会很激动。

那次经历使我对香港感到恐惧，也产生了香港到底是谁的地方这个问号。终于有一次在与父亲见面时，我流着眼泪给他讲了这件事并提出了我的疑问，我对他讲：“我不喜欢香港，我要回大鹏城去”。他听完我的话后，一言不发，沉默良久后才对我说：“走，我带你去看大鹏城。”于是他带我来到大雾山顶，指着大海那边一个模糊的点说：“那就是大鹏城，与香港仅一水之隔。你说香港这块土地能长出与我们的皮肤和样貌千差万别的红毛绿眼的英国佬来吗?”我听着这番话，迷惘地抬头望着他，不知说什么，他摸着我的头并轻轻转向另一边，我看到一片更宽阔的海洋，他伸手指向更远的方向说："那是伶仃洋，再前面是狮子洋，在狮子洋的入口处有个地方叫虎门，在上一个世纪，那里发生了一场因为鸦片而引起的战争，当时由于清政府的腐败，被迫签订了一系列不平等条约，其中一条就是割让香港领土，因为这个条约，令中国人背负了100多年的耻辱。"

"那么，香港其实是中国领土?"我抬头问。

"对！所以，我们不但要爱这块土地，还要让这片土地不再被英国人蹂躏，直到中国收回香港，当中或者我们会经历很多艰辛，经受很多屈辱。例如，你的那次经历，但我相信始终会有一天，中国人会从英国政府手上收回这块土地的，但是如果大家都像你一样，因为恐惧、因为害怕而离开，英国人就更加肆无忌惮地占据香港了。"父亲语重心长地说着。

稍作停顿，又拍拍我的肩头继续说："我们这一代人用了大半生精力赶走了日本军国主义，或者看不到收回香港了。但你们这一代人一定会看到的，这一天，不应该太远了。"

从大雾山回来，我豁然开朗，从那时开始我和我父亲之间的距离也缩短了。在以后父子相处的岁月中，他给我讲了很多他过去的革命经历，令我懂得了更深一层的人生意义。尽管后来他的经济出现了问题，我依然与他在一起度过，我因此没有更多的机会读书，没有达成父亲希望我上大学的愿望。为了自立，我只能上夜校，白天去南洋纱厂当维修学徒工。我经历了香港后来的几次灾难，例如缺水、暴动等等。

很多年以后，经过香港人不懈努力，香港进入了繁荣时代，我就听到一些人讲："这是港督府的功劳，是英国政府给香港人的恩典。"对于这种说法，我坚决不认同，香港之所以有今天的繁荣昌盛，是六百万香港中国人的努力成果。翻开香港150年的沧桑史，英国政府何曾付出过什么？日本军国主义入侵香港，香港沦陷时，英国政府何曾保护过、关心过香港人民？对中华民族除了巧取豪夺，还有什么？70年代初香港经济腾飞了，英国政府向香港人索取的远远超过它付出的。

1997年7月1日，香港终于回归祖国怀抱了，我曾经为这举世瞩目的时刻来临而欢呼，在那一个晚上，我失眠了！我落泪了！我百感交集！我终于可以告慰我父亲的在天之灵。真的不出他所料，我们这一代人终于见证了这历史性的时刻，中国历史的百年耻辱终于在这一刻得到洗雪！

后　记

当我完成了《滚滚红尘美利坚》这本书之后，我发现，原来我个人情感的定位依然在中国！在那一片黄土地上！

当我们在面对“根与翅膀”的时候，我们不要去做选择，让我们“把根留住”的同时“带着翅膀高飞”。

滚滚红尘路上，让我们带着中华民族的悠悠历史光辉，活得更加精彩。

在同一个月亮下，让我们互相珍惜，在潇洒之中留下一丝牵挂。

在别人的文化里，让我们保留住外婆的故事……

最后，写一首歌献给全球华人，让我们共勉！

同一个月亮

一首全球华人共同的歌

同一个时空下，
月亮今晚照着我，
明晚照着你，
同一个天空下，望着月亮，
我们没有距离，
月亮下，我想着遥远的家，
月亮下，你牵挂着他乡的我。

月亮上住着嫦娥，只有你和我知道。
这不是秘密，只是因为你和我才会相信。
因为只有你和我的外婆，才对我们讲了这同一个故事。
我们的心没有距离，因为有同一个月亮。
我们的心没有隔阂，因为有同一个故事。
我们举头望明月，低头思故乡。
思念着故乡的你，他乡的他！

Author's Notes and One Moon

Once I have completed this novel, I realized that I still have roots in China. Although I reside in America and conduct me businesses here, I still realize that my culture will always shape who I am. Many people find it hard to balance such life style, but I have come to realize that it is not about balancing or forgetting your roots, it is about understanding. Only through understanding may this world be at peace and human beings be unified.

One Moon

Tonight I see your moon, last night you saw my moon. We dream of one moon.